Z

18782

BIBLIOTHÈQUE
LATINE-FRANÇAISE

PUBLIÉE

PAR

C. L. F. PANCKOUCKE.

INTRODUCTION.

L'*Invention* est-elle un ouvrage distinct de la *Rhétorique à Herennius?* ou bien n'est-elle, sous un autre nom, qu'une nouvelle édition, une épreuve plus brillante qu'aurait donnée Cicéron de cet essai de sa jeunesse?

L'*Invention*, il est vrai, offre, avec la *Rhétorique*, plusieurs traits de ressemblance; quelquefois les expressions, les exemples, les divisions sont les mêmes; mais ces traces du premier ouvrage, que l'on rencontre çà et là dans le second, ne suffisent pas pour les confondre en un seul, pour ne voir dans l'*Invention* que la *Rhétorique*, revue, corrigée, augmentée, et comme le pense un savant, une contrefaçon exécutée par Cicéron lui-même, qui, pour enlever à Herennius, devenu son ennemi politique, la gloire que devait attacher à son nom la dédicace de la *Rhétorique*, aurait cherché à anéantir son premier ouvrage en le faisant paraître sous un nouveau titre. Une autre raison alléguée en faveur de l'identité de la *Rhétorique* et de l'*Invention*, c'est l'absence même des derniers livres de l'*Invention*. Cicéron, dit-on, voulant donner, non un ouvrage nouveau, mais une nouvelle édition de la *Rhétorique*, n'en aurait refait que les deux premiers livres; et les deux derniers livres de l'*Invention*, bien que promis, n'auraient jamais existé. Mais c'est là une supposition que rien ne justifie. Quant aux

ressemblances qui se trouvent entre les deux ouvrages, ces ressemblances ne s'expliquent-elles pas par la date même des deux traités, tous deux œuvres de la jeunesse de Cicéron ? Pour un écrivain, comme pour un peintre, que sont les premiers travaux, sinon un croquis, un canevas, et pour ainsi dire un fond où sont jetées brutes et confondues les couleurs, les images, les pensées, la vie intellectuelle ou morale qu'il en doit faire sortir un jour ? Quel est l'auteur, orateur ou poète, philosophe ou historien, qui n'ait déposé, dans un premier ouvrage, le germe de tous ses travaux futurs ? Les meilleurs livres ne sont que les développemens d'une pensée primitive : Rousseau est tout entier dans le *Discours sur les Sciences;* Cicéron et ses plus beaux traités oratoires dans la *Rhétorique;* s'ensuit-il que ces traités et l'*Invention* ne soient que le thème varié, le motif étendu et embelli de la *Rhétorique ?* et à côté des ressemblances qui paraissent rapprocher la *Rhétorique* et l'*Invention*, ne se trouve-t-il pas des différences profondes qui les séparent ? Que se propose en effet Cicéron dans la *Rhétorique*, et quel en est le caractère particulier ?

Fidèle au titre même de son ouvrage, Cicéron expose d'abord dans la *Rhétorique* les genres sur lesquels s'exerce l'éloquence, et les qualités nécessaires à l'orateur : l'invention, la disposition, l'élocution, la mémoire, la prononciation. Le premier livre est presque tout entier consacré à l'INVENTION, qui renferme l'exorde, la narration, la division, la confirmation et la réfutation. La réfutation et la confirmation dépendant de l'état de cause,

Cicéron établit ensuite les principes des trois états de causes ou questions; la question conjecturale ou question de fait; la question de droit et la question juridiciaire.

Les définitions de ces trois genres de questions, et la manière de traiter chacune d'elles, remplissent le second livre de la *Rhétorique*, et une partie du troisième, dont le reste est consacré à tracer les règles de la DISPOSITION, la seconde des qualités nécessaires à l'orateur. Cicéron renvoie au quatrième livre l'ÉLOCUTION, puis il traite de la PRONONCIATION, et finit par la MÉMOIRE. L'ÉLOCUTION, les différens genres de style, ses diverses qualités, la correction, l'élégance, la noblesse, les figures de mots et de pensées, font la matière du quatrième livre.

Est-ce là le plan et le but de l'*Invention?* Dans l'*Invention*, Cicéron, il est vrai, semble suivre en commençant la même marche : il parle du genre, du devoir, de la fin, de la matière et des parties de la rhétorique; il distingue les trois genres : le démonstratif, le délibératif et le judiciaire; il marque les cinq parties de la rhétorique : l'invention, la disposition, l'élocution, la mémoire et le débit. Vous le croiriez encore dans les formes et sous les impressions de son premier ouvrage, repassant dans les mêmes voies, faisant mieux, avec plus d'ordre et d'étendue, mais non autre chose que ce qu'il a fait dans la *Rhétorique*. Mais bientôt il vous échappe; bientôt il s'élance dans une carrière nouvelle, et nous indique lui-même cette distinction profonde et trop peu remarquée entre ses deux premiers ouvrages. Passant légèrement sur les formes de la

rhétorique, et pour ainsi dire sur le côté artificiel de son ouvrage*, il va droit au fond, à l'invention. L'invention, partie préliminaire seulement, et en quelque sorte accessoire de la *Rhétorique à Herennius*, joue ici le rôle principal; elle saisit l'ouvrage tout entier; elle le domine, elle lui donne son nom. Aussi les parties qui se rattachent directement à l'invention, qui en sont le fond et le soutien, rapidement, brièvement traitées dans la *Rhétorique*, le sont ici avec beaucoup d'étendue, de soin et de force. C'est qu'en effet l'accessoire, dans la *Rhétorique nouvelle*, « Nova Rhetorica, » la *Rhétorique à Herennius*, est le principal dans la « Vetus Rhetorica**, » l'*Invention*. Dans le premier ouvrage, Cicéron a surtout pour but de donner les règles de l'art d'écrire; dans le second, celles du raisonnement : la *Rhétorique* est un traité de style; l'*Invention*, un modèle d'argumentation, et, pour ainsi dire, un arsenal d'éloquence judiciaire, un répertoire de lieux communs, une recette de ressources et de finesses oratoires.

Deux choses à remarquer sur l'éloquence ainsi ré-

---

* « Nunc his rebus breviter constitutis, eas rationes, quibus ostendere possimus genus, et officium et finem hujus artis, aliud in tempus differemus, nam et multorum verborum indigent, et non tantopere ad artis descriptionem et præcepta tradenda pertinent. » (Cap. VII.)

** F. Victorin, précepteur de saint Jérôme, dans ses *Commentaires sur la Rhétorique à Herennius*, et sur l'*Invention*, appelle la première *Nova Rhetorica*, et la seconde *Vetus Rhetorica*, parce que celle-ci est plus dans le genre grec. Quelques savans donnent indistinctement, mais ne donnent qu'à la *Rhétorique à Herennius* le titre de *Rhetorica Nova*, *Rhetorica Vetus*.

duite en formules, sur l'indignation, la plainte, l'amour, la colère, le blâme, l'éloge, les vices et les vertus, en un mot toutes les affections de l'âme évoquées, classées, étiquetées, pour ainsi dire, comme auxiliaires ou ennemis de l'orateur; deux choses, la forme et le fond.

La scolastique, nous l'avons dit quelque part*, est plus vieille que son nom, plus vieille que le moyen âge; elle est née avec Aristote; avec lui, elle s'est établie dans les écoles des sophistes de la Grèce; puis elle a, au septième siècle, pénétré chez les Arabes, d'où elle est revenue, au onzième siècle, régner dans les écoles du moyen âge auxquelles elle a donné son empreinte, et qui lui ont donné leur nom. Pierre le Lombard, dans son *Livre des Sentences*, a posé les principales questions qui se débattaient dans les écoles; il en a donné la formule et la solution. Raymond Lulle, dans son *Ars universalis*, présente également une espèce de machine dialectique, où toutes les idées de genre sont distribuées et classées de manière que l'on peut à volonté se procurer, dans telle ou telle case, tel ou tel principe. Cicéron ne fait pas autre chose, pour l'éloquence judiciaire, que ce que font pour la théologie Pierre le Lombard et Raymond Lulle. Il a, lui aussi, des solutions toutes faites; de la colère, de la pitié, des larmes toutes prêtes. Dans cette guerre savante de la parole, à laquelle se prêtaient si bien les formes compliquées, la marche symbolique, les expressions sacramentelles, toutes les fictions dramatiques de la jurisprudence romaine, il a des réponses pour toutes les questions; pour toutes les surprises, des détours. Pour

---

* *Histoire littéraire du moyen âge*, page 136.

lui chaque fait a toujours une double face, un double sens, une interprétation facile et probable. Si la morale n'applaudit pas toujours à cette fécondité de moyens, à cette indifférence pour le fond qui sacrifie tout à la forme, à cet optimisme d'avocat qui voit la justice dans le succès seul, ce n'est pas à Cicéron qu'il faut s'en prendre; car cette indifférence entre le bien et le mal, entre le juste et l'injuste, elle ne lui est pas naturelle; elle lui vient d'ailleurs; il l'a reçue, avec la scolastique, de l'esprit grec. C'est à la Grèce, en effet, que remonte cet art de dénaturer l'équité, de faire paraître bonne une mauvaise cause, et une bonne cause, mauvaise; art sinon inventé, du moins admirablement perfectionné par Gorgias; art reproché à Socrate par les calomniateurs de ce grand philosophe[*], quoique Socrate en fût l'ennemi le plus déclaré. Car Socrate, ou plutôt Platon, ce n'est pas l'esprit grec, c'est un esprit plus ancien et plus élevé; c'est l'esprit de synthèse et d'unité, l'esprit opposé à la scolastique, celui qui devait la vaincre au quatorzième siècle; celui qui a répandu dans les ouvrages oratoires et les discours de Cicéron, ces hautes pensées, ces larges développemens, cette vie morale qui les anime.

Il y a loin, en effet, de cette facilité sans scrupules avec laquelle, dans l'*Invention*, Cicéron cherche, dans toute question, des argumens pour ou contre, à cette austérité qui, plus tard, lui fera si souvent et si solemnellement proclamer l'alliance intime et nécessaire de la vertu et de l'éloquence; à cette divine philosophie platonicienne qui éclatera en termes si magnifiques dans le traité de

---

[*] Platon, *Apologie de Socrate*.

l'*Orateur*. Toutefois, dans l'*Invention* même s'annonce déjà cette influence ; le magnifique tableau des avantages et des inconvéniens de l'éloquence, de la nécessité de l'étudier pour les biens qu'elle procure à l'homme et à la société, de l'obligation où est chaque homme de bien d'enlever aux méchans une arme dangereuse*; le caractère de probité rendu à l'éloquence, tout cela forme un beau préambule, et comme un brillant programme de cette union de la vertu et du talent à laquelle Cicéron restera fidèle. Ainsi ne commence point la *Rhétorique à Herennius* : là Cicéron est encore sous le joug d'Aristote ; ici il s'inspire de Platon, il est Romain, il est lui-même.

Desmeuniers et M. Lonquêue, qui les premiers ont traduit l'*Invention*, ne s'accordent pas sur le mérite de cet ouvrage. Desmeuniers, qui n'a traduit que le second livre, maltraite fort le premier ; M. Lonquêue, qui n'a traduit que le premier, ne prise pas beaucoup le second. Nous croyons que les défauts et les qualités de cet ouvrage sont à peu près les mêmes dans les deux livres, et que la prévention paternelle des traducteurs a pu seule y voir la différence qu'ils indiquent.

Ces formules étroites, cette science artificielle, ces divisions méthodiques, tout cet appareil scolastique et mystérieux, qui, dans l'*Invention*, enveloppent la pensée de Cicéron, ne la peuvent entièrement étouffer ; elle perce à

---

* « Quare, meo quidem animo, nihilominus eloquentiæ studendum est, etsi ea quidem et privatim, et publice perverse abutuntur : sed eo quidem vehementius, ne mali magno cum detrimento bonorum, et communi omnium pernicie, plurimum possint.» (*De Invent.*, lib. 1, cap. 4.)

travers les subtilités aristotéliques, et sous les classifications inflexibles des rhéteurs grecs : Hermagoras ne peut triompher du bon sens de Cicéron. Si, plein encore des leçons de ses maîtres, Cicéron s'appuie de leur autorité, s'il adopte leurs divisions, si, par le fond des doctrines, et un peu aussi par la manière de les présenter, il reste Grec, par la clarté du tour, par la netteté de l'expression, il est Latin, il est libre et spontané. Chez lui, la sécheresse des préceptes est heureusement tempérée par des traits d'une philosophie douce et aimable, par quelques-unes de ces réflexions vives et touchantes qui répandent sur ses autres ouvrages un charme si doux et si puissant; enfin, par une distribution habile et une gradation savante des matières et des moyens que doit développer l'orateur.

Ce livre présente un autre intérêt, un intérêt d'instruction locale : ce sont les exemples pris de la jurisprudence romaine, dont Cicéron appuie et éclaircit ses préceptes. Le droit, on le sait, est le trait prononcé et distinctif de la physionomie et de la nationalité romaines : c'est là que se retrouve le génie grave et majestueux du Latium. Les citations assez nombreuses empruntées à la procédure latine, que l'on trouve dans l'*Invention*, si elles sont un embarras pour le traducteur qui rencontre difficilement, dans les termes du code, les expressions exactes et correspondantes, sont une instruction de plus et un attrait pour le lecteur.

Ce traité est donc digne de Cicéron et de l'attention de tout homme studieux. Oubliez l'enveloppe scolastique et étrangère qui le recouvre, et au milieu de l'ari-

dité des classifications, de la misère des subtilités, vous verrez circuler une sève de jeunesse, abondante et féconde : dans l'élève d'Aristote, vous saisirez l'orateur romain, le rival de Démosthène. Après tout, cette allure méthodique, ces catégories immuables, ce joug scolastique ne sont peut-être pas sans avantages.

Sans doute les traités plus importans dans lesquels Cicéron nous a révélé, avec une expression si brillante, une si noble philosophie, les théories les plus élevées et les plus complètes de l'éloquence, ces traités auront surtout notre admiration. Mais après ces magnifiques développemens, ou plutôt avec eux, nous consulterons ces études plus simples, ces esquisses crues, mais hardies, où un grand écrivain a déposé le germe et comme le secret de son génie. En lisant le beau morceau dans lequel Buffon a tracé à grands traits les préceptes de l'art d'écrire, on regrette quelquefois, au milieu de la pompe du style et de la généralité des préceptes, des révélations plus naïves, des confidences plus familières; on voudrait que le peintre couvrît moins le dessinateur, on aimerait à surprendre le premier trait, le trait nu, le jet naturel de l'auteur. L'art varié et difficile de la peinture ne s'apprend point dans un salon, mais dans un atelier : pour saisir le faire d'un grand maître, il faut l'étudier au milieu de ces canevas épars où il laisse courir négligemment sa main et son génie; sous ces lignes vagues et incertaines, dans ces traits confus et irréguliers où son imagination doit répandre l'ordre, la vie, le mouvement et l'éclat. Cette toile détendue, ces couleurs jetées au hasard, tout ce désordre

apparent vous instruiront mieux que les théories les plus savantes, le plus brillant coloris : il en est de même de l'éloquence. Si elle ne se perfectionne qu'à la vue et à la contemplation des grands modèles, peut-être ne pénètre-t-elle bien dans l'esprit que par l'étude des détails, par l'analyse des formes, par une décomposition attentive des expressions, des tours, des pensées. Ces secrets, moins relevés, mais indispensables, que l'on demanderait vainement à des ouvrages plus parfaits, on les trouvera dans l'*Invention*, qui nous semble encore, après tant de *Rhétoriques* modernes, le meilleur manuel que puisse consulter la jeunesse : les cahiers* de Cicéron sont des ébauches de Raphaël.

J. P. CHARPENTIER.

---

* « Quæ pueris aut adolescentulis nobis ex commentariolis nostris inchoata ac rudia exciderant. » (*De Orat.*, 1.)

TRAITÉ
DE
L'INVENTION

TRADUCTION NOUVELLE

PAR MM. J. P. CHARPENTIER

PROFESSEUR DE RHÉTORIQUE
AU COLLÈGE ROYAL DE SAINT-LOUIS

ET E. GRESLOU.

SOMMAIRE DU LIVRE PREMIER.

Chap. I. De l'éloquence, de ses avantages et de ses inconvéniens; à quelle condition elle peut être souverainement utile. — II. De son principe, de sa naissance et de ses progrès. — III. De ses abus, et des malheurs qui en ont été la suite. — IV. De la nécessité de l'étudier pour les biens qu'elle procure à l'homme et à la société. — V. Du genre, du devoir, de la fin, de la matière et des parties de la rhétorique. Définitions. La matière se divise en trois genres, le démonstratif, le délibératif et le judiciaire, suivant la division d'Aristote, contraire à celle de Gorgias. — VI. Réfutation d'Hermagoras. — VII. Les parties de la rhétorique sont au nombre de cinq : l'invention, la disposition ou la division, l'élocution, la mémoire et le débit. Cicéron remet à un autre temps le genre, le devoir et la fin de la rhétorique, pour ne s'occuper ici que de sa matière et de ses parties. — VIII. De l'invention. De la question dans tout état de cause. Question de fait ou conjecturale, de nom ou de définition, de genre et de récusation. — IX-X. Réfutation de la doctrine d'Hermagoras à propos de la question de genre. — XI. Divisions de la question de genre et subdivisions. — XII. Des causes; elles sont simples ou complexes. — XIII-XIV. Discussion portant sur un raisonnement ou sur un texte; cinq espèces de ce dernier genre de cause. De la question, du raisonnement, du point à juger, des preuves confirmatives. Six parties du discours, l'exorde, la narration, la division, la confirmation, la réfutation, la conclusion. — XV. De l'exorde; son but. Différentes sortes de causes auxquelles il faut l'approprier. Exorde direct et par insinuation. — XVI. Moyen d'arriver au but de l'exorde, qui est de gagner la bienveillance, l'intérêt et l'attention. — XVII. Manière de traiter l'exorde par insinuation. — XVIII. Règles communes aux deux genres d'exordes. — XIX. De la narration; elle est de trois sortes. Exemples. — XX-XXI. Qualités de la narration : brièveté, clarté, vraisem-

blance. Des cas où il faut supprimer la narration. — XXII. De la division : elle a deux parties; de ses qualités. — XXIII. Suite du précédent. Exemples. — XXIV-XXVIII. Exposé général et sans ordre de tous les moyens qu'on peut tirer des personnes et des choses. Des argumens. — XXIX-XXX. Deux sortes d'argumens, probables ou nécessaires; définition; du dilemme, de l'énumération et de la simple conclusion. — XXXI. De l'induction et du syllogisme. Exemple de l'induction. — XXXII. Règles de l'induction. — XXXIII. Autre exemple de l'induction. — XXXIV-XXXVII. Du syllogisme. Division de ses parties, suivant Aristote et Théophraste : 1° proposition ou majeure; 2° preuve de la proposition; 3° assomption ou mineure; 4° preuve de l'assomption; 5° conclusion. Exemples et réfutations des autres divisions qui donnent moins de cinq parties au syllogisme. — XXXVIII. Exemple du syllogisme à cinq parties. — XXXIX. Exemples de syllogismes à quatre, à trois parties, etc. — XL. De la conclusion; des cas où il faut la supprimer, et de ses différentes espèces. — XLI. Variété dans l'emploi et dans la forme des raisonnemens. — XLII. De la réfutation. Elle puise aux mêmes sources que la confirmation. Manières de réfuter une proposition. — XLIII-LI. Réfutation des argumens probables ou nécessaires; d'une comparaison, d'un jugement cité, d'un dilemme, d'une énumération, de la majeure ou de la mineure d'un syllogisme, de leurs preuves, ou de la conclusion, etc. Exemples de chaque réfutation. — LII. Conclusion ou péroraison. Avant cette dernière partie du discours, Hermagoras place la digression. Pourquoi Cicéron ne l'admet pas. La conclusion a trois parties : l'énumération ou récapitulation, l'indignation et la plainte. Différentes manières de traiter l'énumération. — LIII-LIV. L'indignation, son but et ses moyens, les lieux communs où elle doit les prendre, et qui sont au nombre de quinze. — LV. La plainte, le but qu'elle se propose, et les lieux communs qu'elle doit développer : ils sont au nombre de seize. Fin du premier livre, et renvoi au livre second pour la suite des préceptes.

RHETORICORUM

seu

DE INVENTIONE RHETORICA

LIBER PRIMUS.

I. Sæpe et multum hoc mecum cogitavi, bonine, an mali plus attulerit hominibus et civitatibus copia dicendi, ac summum eloquentiæ studium. Nam quum et nostræ reipublicæ detrimenta considero, et maximarum civitatum veteres animo calamitates colligo, non minimam video per disertissimos homines invectam partem incommodorum. Quum autem res ab nostra memoria propter vetustatem remotas ex litterarum monumentis repetere instituo; multas urbes constitutas, plurima bella restincta, firmissimas societates, sanctissimas amicitias intelligo quum animi ratione, tum facilius, eloquentia comparatas. Ac me quidem diu cogitantem ratio ipsa in hanc potissimum sententiam ducit, ut existimem, sapientiam sine eloquentia parum prodesse civitatibus, eloquentiam vero sine sapientia nimium obesse plerumque, prodesse nunquam. Quare si quis, omissis rectissimis atque honestissimis studiis rationis et officii, consumit

RHÉTORIQUE

OU

DE L'INVENTION ORATOIRE

LIVRE PREMIER.

I. J'ai souvent et beaucoup réfléchi sur la question de savoir si le talent de la parole et l'étude approfondie de l'éloquence ont été pour les hommes et pour les sociétés la source de plus de biens ou de plus de maux. Si je considère les désastres de notre république, si je me rappelle les calamités qui ont désolé autrefois les cités les plus puissantes, je trouve que des hommes très-éloquens ont été pour beaucoup dans ces malheurs. Mais si, à l'aide des traditions historiques, je remonte à des temps plus reculés, je découvre que c'est la sagesse, et plus encore l'éloquence, qui a fondé bien des villes, éteint beaucoup de guerres, établi les plus solides alliances, noué les plus saintes amitiés. De sorte qu'après de longues méditations sur ce sujet, je suis amené par la raison même à croire que la sagesse est peu utile aux états sans l'éloquence, mais que sans la sagesse l'éloquence leur est presque toujours très-funeste et jamais utile. C'est pourquoi l'homme qui néglige la noble et sainte étude de la morale et du devoir, pour se livrer exclusivement à l'exercice de la parole, ne sera jamais

omnem operam in exercitatione dicendi, is inutilis sibi, perniciosus patriæ civis alitur; qui vero ita sese armat eloquentia, ut non oppugnare commoda patriæ, sed pro his propugnare possit, is mihi vir et suis, et publicis rationibus utilissimus, atque amicissimus civis fore videtur.

Ac si volumus hujus rei, quæ vocatur eloquentia, sive studii, sive artis, sive exercitationis cujusdam, sive facultatis a natura profectæ considerare principium; reperiemus id ex honestissimis causis natum, atque ab optimis rationibus profectum.

II. Nam fuit quoddam tempus, quum in agris homines passim bestiarum modo vagabantur, et sibi victu fero vitam propagabant; nec ratione animi quidquam, sed pleraque viribus corporis administrabant. Nondum divinæ religionis, non humani officii ratio colebatur; nemo nuptias viderat legitimas; non certos quisquam adspexerat liberos; non, jus æquabile quid utilitatis haberet, acceperat. Ita propter errorem atque inscientiam, cæca ac temeraria dominatrix animi cupiditas, ad se explendam viribus corporis abutebatur, perniciosissimis satellitibus. Quo tempore quidam, magnus videlicet vir et sapiens, cognovit, quæ materia esset, et quanta ad maximas res opportunitas in animis hominum, si quis eam posset elicere, et præcipiendo meliorem reddere: qui dispersos homines in agris, et in tectis silvestribus abditos, ratione quadam compulit unum in locum, et

qu'un citoyen inutile à lui-même, et nuisible à sa patrie. Celui, au contraire, qui se revêt des armes de l'éloquence, non pour attaquer, mais pour défendre les intérêts de son pays, me semble aussi utile à l'état qu'à lui-même, et le meilleur des citoyens.

Et si je remonte à l'origine de ce qu'on nomme l'éloquence, soit que je la considère comme le résultat d'une étude, comme un effet de l'art, comme un produit de l'exercice, ou comme un don de la nature, je reconnais qu'elle doit sa naissance aux plus nobles motifs et aux causes les plus honorables.

II. Car il fut un temps où les hommes erraient dispersés dans les campagnes comme les animaux, et n'avaient, pour soutenir leur vie, qu'une nourriture sauvage. Ce n'était point la raison, mais la force matérielle, qui gouvernait tout. Le culte des dieux et les devoirs de l'homme envers l'homme étaient également ignorés. Point d'unions légales, point de paternité certaine; les bienfaits de la justice n'étaient point connus. Dans cet état d'ignorance et de barbarie, l'âme était la proie d'un instinct brutal et déréglé qui, pour se satisfaire, abusait de la supériorité funeste que lui donnaient les forces du corps. Un homme alors, un grand homme, un sage, comprit ce qu'il y avait de puissance et de grandeur dans l'âme humaine, pour qui saurait développer ce germe, et le perfectionner par une culture habile. Voyant les hommes épars dans les campagnes, ou cachés dans les profondeurs des forêts, il trouva le moyen de les rassembler en un même lieu, de les réunir; il leur apprit à aimer tout ce qui est utile et honnête, et, malgré les résistances qu'ils opposèrent

congregavit, et eos in unamquamque rem inducens utilem atque honestam, primo propter insolentiam reclamantes, deinde propter rationem atque orationem studiosius audientes, ex feris et immanibus mites reddidit et mansuetos. Ac mihi quidem videtur hoc nec tacita, nec inops dicendi sapientia perficere potuisse, ut homines a consuetudine subito converteret, et ad diversas vitæ rationes traduceret. Age vero, urbibus constitutis, ut fidem colere, et justitiam retinere discerent, et aliis parere sua voluntate consuescerent, ac non modo labores excipiendos communis commodi causa, sed etiam vitam amittendam existimarent : qui tandem fieri potuit, nisi homines ea, quæ ratione invenissent, eloquentia persuadere potuissent? Profecto nemo, nisi gravi ac suavi commotus oratione, quum viribus plurimum posset, ad jus voluisset sine vi descendere : ut inter quos posset excellere, cum iis se pateretur æquari, et sua voluntate a jucundissima consuetudine recederet, quæ præsertim jam naturæ vim obtineret propter vetustatem. Ac primo quidem sic et nata, et progressa longius eloquentia videtur; et item postea maximis in rebus pacis et belli cum summis hominum utilitatibus esse versata. Postquam vero commoditas quædam, prava virtutis imitatrix, sine ratione officii, dicendi copiam consecuta est; tum ingenio freta malitia, pervertere urbes, et vitas hominum labefactare assuevit.

d'abord à des préceptes nouveaux pour eux, il finit par les rendre plus dociles par l'ascendant de la raison et de l'éloquence, et fit succéder des habitudes plus douces et plus humaines à leurs mœurs sauvages et grossières. Je ne crois pas que, sans la parole et sans le secours de l'éloquence, la sagesse toute seule ait pu obtenir ce beau triomphe, de changer tout à coup les habitudes des hommes et leur donner de nouvelles mœurs. Je dirai plus, les villes même une fois bâties, comment les amener à garder la bonne foi, à pratiquer la justice, à maintenir l'obéissance volontaire, à travailler, à mourir même dans l'intérêt de tous, si la raison n'avait trouvé dans l'éloquence le moyen d'établir et de faire aimer ses préceptes? Sans doute il n'y avait que le charme et l'autorité du discours qui pussent amener la force à plier volontairement sous la justice, déterminer les forts à se rendre les égaux des faibles qu'ils pouvaient dominer, et à renoncer d'eux-mêmes à de douces habitudes, auxquelles le temps avait donné la puissance de la nature même. Tels me paraissent avoir été les commencemens et les progrès de l'éloquence, que nous voyons plus tard, dans la paix comme dans la guerre, rendre aux hommes les plus importans services. Mais dès qu'un vil intérêt, envahissant le domaine de la vertu, put atteindre au talent de la parole, sans y joindre l'étude de la sagesse, on vit la perversité se faire une arme du talent pour bouleverser les états et troubler toute la vie humaine.

III. Atque hujus quoque exordium mali, quoniam principium boni diximus, explicemus. Verisimillimum mihi videtur, quodam tempore neque in publicis rebus infantes et insipientes homines solitos esse versari, nec vero ad privatas causas magnos ac disertos homines accedere; sed quum a summis viris maximae res administrarentur, arbitror alios fuisse non incallidos homines, qui ad parvas controversias privatorum accederent. Quibus in controversiis quum saepe a mendacio contra verum homines stare consuescerent, dicendi assiduitas aluit audaciam, ut necessario superiores illi propter injurias civium resistere audacibus, et opitulari suis quisque necessariis cogerentur. Itaque quum in dicendo saepe par, nonnunquam etiam superior visus esset is, qui, omisso studio sapientiae, nihil sibi praeter eloquentiam comparasset, fiebat, ut et multitudinis et suo judicio, dignus, qui rempublicam gereret, videretur. Hinc nimirum non injuria, quum ad gubernacula reipublicae temerarii atque audaces homines accesserant, maxima ac miserrima naufragia fiebant. Quibus rebus tantum odii atque invidiae suscepit eloquentia, ut homines ingeniosissimi, quasi ex aliqua turbida tempestate in portum, sic ex seditiosa et tumultuosa vita se in studium aliquod traderent quietum. Quare mihi videntur postea cetera studia recta atque honesta, per otium concelebrata ab optimis, enituisse; hoc vero a plerisque eorum desertum obso-

III. Il faut montrer l'origine de ces maux, causés par l'éloquence, puisque nous avons développé l'origine de ses bienfaits. Je suis porté à croire qu'à une certaine époque ce n'étaient point des hommes sans sagesse et sans éloquence qui s'occupaient des affaires publiques, et que les plus habiles orateurs ne se mêlaient point des causes particulières. Mais tandis que les plus grands hommes gouvernaient les intérêts généraux, d'autres hommes, qui n'étaient pas non plus sans talent, se livraient à la discussion des intérêts étroits et particuliers. Accoutumés dans ces luttes à plaider le faux contre le vrai, l'habitude de la parole accrut leur audace au point qu'il fallut que les hommes supérieurs vinssent empêcher les maux qu'ils faisaient, et secourir contre eux leurs parens et leurs amis. Et comme l'orateur qui avait laissé de côté la sagesse pour se livrer exclusivement à l'éloquence, égalait souvent, surpassait même quelquefois son adversaire, il arrivait à croire lui-même, et à persuader à la multitude, qu'il était capable d'administrer la république. Aussi, le gouvernail de l'état une fois remis aux mains de ces hommes ignorans et précipités, on vit les plus grands et les plus terribles naufrages. La défaveur et la haine que ces maux attirèrent à l'éloquence firent que les hommes supérieurs, comme on cherche un port dans la tempête, se dérobèrent aux agitations et aux orages de la vie publique, pour s'enfermer dans de paisibles travaux; et voilà pourquoi, par la suite, les autres belles connaissances que les plus grands hommes cultivaient ainsi dans la retraite, brillèrent d'un si vif éclat; tandis que l'éloquence fut généralement négligée par eux dans le temps même où il importait de s'y attacher davantage et de lui donner plus

levisse eo tempore, quo multo vehementius erat retinendum, et studiosius adaugendum. Nam quo indignius rem honestissimam et rectissimam violabat stultorum et improborum temeritas et audacia, summo cum reipublicæ detrimento; eo studiosius et illis resistendum fuit, et reipublicæ consulendum.

IV. Quod nostrum illum non fugit Catonem, neque Lælium, neque horum (vere dicam) discipulum Africanum, neque Gracchos Africani nepotes : quibus in hominibus erat summa virtus, et summa virtute amplificata auctoritas, et, quæ his rebus ornamento, et reipublicæ præsidio esset, eloquentia. Quare, meo quidem animo, nihilo minus eloquentiæ studendum est, etsi ea quidam et privatim, et publice perverse abutuntur : sed eo quidem vehementius, ne mali magno cum detrimento bonorum, et communi omnium pernicie, plurimum possint : quum præsertim hoc unum sit, quod ad omnes res et privatas, et publicas maxime pertineat; hoc tuta, hoc honesta, hoc illustris, hoc eodem vita jucunda fiat. Nam hinc ad rempublicam plurima commoda veniunt, si moderatrix omnium rerum præsto est sapientia; hinc ad ipsos, qui eam adepti sunt, laus, honos, dignitas confluit; hinc amicis quoque eorum certissimum ac tutissimum præsidium comparatur. Ac mihi quidem videntur homines, quum multis rebus humiliores et infirmiores sint, hac re maxime bestiis præstare, quod loqui

de ressort. Car, plus cette noble et salutaire puissance était indignement prostituée par les hommes ignorans et pervers qui la tournaient à la ruine de la république, plus c'était le devoir des gens de bien de leur résister avec courage, et de venir au secours de la patrie.

IV. Cette considération n'a point échappé à notre illustre Caton, ni à Lélius, ni à Scipion l'Africain, que je puis appeler leur disciple, ni aux Gracques ses petits-fils; tous hommes également grands par leur mérite supérieur, par l'autorité que ce mérite leur donnait, et par leur éloquence qui relevait l'éclat de ces brillans avantages, parce qu'ils la consacraient à la défense de la patrie. Je pense donc que, loin de nous laisser détourner de l'éloquence par l'abus criminel qui s'en fait dans les affaires publiques et particulières, nous devons, au contraire, l'étudier avec plus d'ardeur, et ne pas souffrir que la puissance des méchans se fortifie pour le malheur des gens de bien et la ruine de tous. Nous le devons d'autant plus, que l'éloquence touche à tous les intérêts publics et privés, et que c'est elle qui fait la sûreté, la moralité, la gloire et le charme de la vie; c'est elle en effet qui, assistée de la sagesse comme d'un guide suprême, devient pour les états une source de prospérités; c'est elle qui réunit sur ceux qui la cultivent avec succès, les honneurs, les dignités, la gloire; c'est elle, enfin, qui procure à leurs amis la protection la plus sûre et la plus puissante. Si c'est à la parole que l'homme, inférieur aux animaux sous beaucoup de rapports, doit sa haute supériorité, je ne connais pas de plus beau privi-

possunt. Quare præclarum mihi quiddam videtur adeptus is, qui, qua re homines bestiis præstent, ea in re hominibus ipsis antecellat. Hoc si forte non natura modo, neque exercitatione conficitur, verum etiam artificio quodam comparatur; non alienum est videre, quid dicant ii, qui quædam ejus rei præcepta nobis reliquerunt.

Sed antequam de præceptis oratoriis dicamus, videtur dicendum de genere ipsius artis, de officio, de fine, de materia, de partibus. Nam his rebus cognitis, facilius et expeditius uniuscujusque animus ipsam rationem ac viam artis considerare poterit.

V. Civilis quædam ratio est, quæ multis et magnis ex rebus constat. Ejus quædam magna et ampla pars est, artificiosa eloquentia, quam rhetoricam vocant. Nam neque cum iis sentimus, qui civilem scientiam eloquentia non putant indigere; et ab iis, qui eam putant omnem rhetoris vi et artificio contineri, magnopere dissentimus. Quare hanc oratoriam facultatem in eo genere ponemus, ut eam civilis scientiæ partem esse dicamus. Officium autem ejus facultatis videtur esse, dicere apposite ad persuasionem; finis, persuadere dictione. Inter officium autem et finem hoc interest, quod in officio, quid fieri; in fine, quid officio conveniat, consideratur: ut medici officium dicimus esse, curare ad sanandum apposite; finem, sanare curatione. Item

lège que cette supériorité sur les hommes dans ce qui constitue la prééminence des hommes sur les animaux. Si donc l'éloquence n'est pas seulement un don de la nature et un fruit de l'exercice, mais encore l'effet d'un art, il n'est pas inutile de connaître les traités des auteurs qui nous en ont tracé les règles.

Mais, avant de parler de ces préceptes, je crois devoir m'expliquer d'abord sur le genre même de l'art, sur son devoir, sa fin, sa matière et ses parties. Cet enseignement préliminaire rendra plus facile et plus prompte l'intelligence de l'art lui-même et de ses moyens.

V. La science de l'homme d'état comprend un grand nombre de parties importantes. Une de celles qui y occupent le plus de place, est cette éloquence artificielle à laquelle on a donné le nom de rhétorique; car, si je ne partage pas l'avis de ceux qui prétendent que l'éloquence n'est pas nécessaire à l'homme d'état, je pense encore bien moins que la science du gouvernement soit tout entière comprise dans l'art et le talent du rhéteur. Je dirai donc simplement que le talent oratoire est une partie de la science du gouvernement; que le devoir de l'orateur est de parler d'une manière propre à persuader, et que la fin qu'il se propose est d'arriver à la persuasion par la parole. La différence du devoir et de la fin, c'est que le devoir se rapporte à ce qu'il faut faire pour atteindre le but, et que la fin exprime le but même qu'on veut atteindre. Nous disons que le devoir du médecin est d'administrer les remèdes qu'il faut pour guérir, et que la

oratoris quid officium, et quid finem esse dicamus, intelligemus, quum id, quod facere debet, officium, esse dicemus; illud, cujus causa facere debet, finem appellabimus.

Materiam artis eam dicimus, in qua omnis ars, et ea facultas, quæ conficitur ex arte, versatur. Ut si medicinæ materiam dicamus morbos, ac vulnera, quod in his omnis medicina versetur : item, quibus in rebus versatur ars, et facultas oratoria, eas res materiam artis rhetoricæ nominamus. Has autem res, alii plures, alii pauciores existimaverunt. Nam Gorgias Leontinus, antiquissimus fere rhetor, omnibus de rebus oratorem optime posse dicere existimavit. Hic infinitam et immensam huic artificio materiam subjicere videtur. Aristoteles autem, qui huic arti plurima adjumenta atque ornamenta subministravit, tribus in generibus rerum versari rhetoris officium putavit, demonstrativo, deliberativo, judiciali. Demonstrativum est, quod tribuitur in alicujus certæ personæ laudem aut vituperationem. Deliberativum, quod positum in disceptatione et consultatione civili, habet in se sententiæ dictionem. Judiciale, quod positum in judicio, habet in se accusationem et defensionem, aut petitionem et recusationem. Et, quemadmodum nostra quidem fert opinio, oratoris ars et facultas in hac materia tripartita versari existimanda est.

Nam Hermagoras quidem, nec quid dicat, attendere,

guérison est la fin qu'il se propose ; ainsi l'on doit me comprendre quand, pour expliquer ce que j'entends par le devoir et la fin de l'orateur, je dis que le devoir indique ce qu'il doit faire pour arriver au but qui est la fin.

J'appelle matière de l'art ce qui tient au domaine général de l'art, et aux applications qu'on en peut faire. Comme on dit que les maladies et les blessures sont la matière de la médecine, parce que la médecine roule tout entière sur ces deux objets. Ainsi, tout ce qui se rapporte à l'art et au talent de l'orateur forme la matière de la rhétorique. Tous les auteurs ne s'accordent pas sur les limites qu'il faut donner à son domaine. Gorgias de Léontium, le premier peut-être qui ait écrit sur la rhétorique, prétend que l'orateur doit être en état de bien parler sur tous les sujets possibles. C'est assigner à la rhétorique une matière immense et infinie. Mais Aristote, qui a répandu tant de lumière sur ces règles de l'art, borne le devoir de l'orateur à trois genres : le démonstratif, le délibératif et le judiciaire. Le démonstratif se propose l'éloge ou le blâme d'une personne déterminée ; le délibératif, consacré aux discussions politiques, renferme l'énoncé d'une opinion ; le judiciaire, propre aux jugemens, renferme l'attaque et la défense, la demande et la récusation ; et c'est aussi mon avis, que tout l'art et toute la pratique de l'orateur sont compris dans cette triple division de la matière.

VI. Car il me semble qu'Hermagoras ne pense pas à

nec quid polliceatur, intelligere videtur; qui oratoris materiam in causam et in quæstionem dividat. Causam esse dicit rem, quæ habeat in se controversiam in dicendo positam cum personarum certarum interpositione; quam nos quoque oratori dicimus esse attributam. Nam tres ei partes, quas ante diximus, supponimus, judicialem, deliberativam, demonstrativam. Quæstionem autem eam appellat, quæ habeat in se controversiam in dicendo positam, sine certarum personarum interpositione, ad hunc modum : « Ecquid sit bonum præter honestatem? Verine sint sensus? Quæ sit mundi forma? Quæ solis magnitudo? » Quas quæstiones procul ab oratoris officio remotas, facile omnes intelligere existimamus. Nam, quibus in rebus summa ingenia philosophorum plurimo cum labore consumta intelligimus, eas, sicut aliquas parvas res, oratori attribuere, magna amentia videtur. Quod si magnam in his Hermagoras habuisset facultatem, studio et disciplina comparatam, videretur fretus sua scientia, falsum quiddam constituisse de oratoris officio, et non quid ars, sed quid ipse posset, exposuisse. Nunc vero ea vis est in homine, ut ei multo rhetoricam citius quis ademerit, quam philosophiam concesserit. Neque id eo dico, quod ejus ars, quam edidit, mihi mendosissime scripta videatur; nam satis in ea videtur ex antiquis artibus ingeniose et diligenter electas res collocasse, et nonnihil ipse quoque novi pro-

ce qu'il dit, et ne comprend pas la portée de sa promesse, quand il divise la matière de la rhétorique en deux parts : la cause et la question. Il appelle cause une discussion à soutenir par la parole avec intervention de personnes déterminées. Je la mets comme lui dans le domaine de l'orateur, par la division que j'ai établie plus haut des trois genres, démonstratif, délibératif et judiciaire. Il nomme question un point à discuter par la parole, mais sans intervention de personnes ; par exemple : « Est-il un bien plus grand que la vertu ? Le témoignage des sens est-il véritable ? Quelle est la forme du monde ? Quelle est la grandeur du soleil ? » Tout le monde comprend sans doute que de pareils sujets n'entrent point dans le partage de l'orateur, et que c'est une grande folie de lui donner à traiter comme des points ordinaires ces hautes questions sur lesquelles se sont consumés le génie et la patience des plus grands philosophes. Si la science et l'étude avaient donné à Hermagoras une claire intelligence de ces grands objets, il faudrait dire que le sentiment de sa force lui a fait mal définir le devoir de l'orateur, et qu'il a tracé les limites de ses propres connaissances plutôt que celles de l'art. Mais c'est un homme à qui il serait plus facile de contester le titre d'orateur que d'accorder celui de philosophe. Et, si j'en porte ce jugement, ce n'est pas que son *Traité de rhétorique* me semble tout-à-fait mauvais ; je trouve au contraire qu'il résume et classe avec esprit et méthode les préceptes des anciens rhéteurs, et que lui-même y ajoute des aperçus nouveaux. Mais il y a peu de mérite pour l'orateur à parler de l'art oratoire, comme il a pu le faire ; il y en a beaucoup plus à parler selon les règles de l'art, et nous voyons tous qu'Hermagoras ne l'a point fait. Je main-

tulisse : verum oratori minimum est de arte loqui, quod hic fecit; multo maximum ex arte dicere, quod eum minime potuisse, omnes videmus. Quare materia quidem nobis rhetoricæ videtur ea, quam Aristoteli visam esse diximus.

VII. Partes autem hæ sunt, quas plerique dixerunt, inventio, dispositio, elocutio, memoria, pronuntiatio. Inventio est excogitatio rerum verarum, aut verisimilium, quæ causam probabilem reddant. Dispositio est rerum inventarum in ordinem distributio. Elocutio est idoneorum verborum, et sententiarum ad inventionem accommodatio. Memoria est firma animi rerum ac verborum ad inventionem perceptio. Pronuntiatio est, ex rerum et verborum dignitate, vocis et corporis moderatio.

Nunc his rebus breviter constitutis, eas rationes, quibus ostendere possimus genus, et officium, et finem hujus artis, aliud in tempus differemus. Nam et multorum verborum indigent, et non tantopere ad artis descriptionem et præcepta tradenda pertinent. Eum autem, qui artem rhetoricam scribat, de duabus reliquis rebus, de materia artis, ac partibus scribere oportere existimamus. Ac mihi quidem videtur conjuncte agendum de materia ac partibus. Quare inventio, quæ princeps est omnium partium, potissimum in omni causarum genere, qualis debeat esse, consideretur.

tiens donc la définition de la matière oratoire donnée par Aristote.

VII. Ses parties, suivant la division généralement admise, sont l'invention, la disposition, l'élocution, la mémoire et le débit. L'invention comprend la recherche des raisons vraies ou vraisemblables qui peuvent appuyer la cause ; la disposition consiste à les mettre en ordre ; l'élocution doit approprier les mots et les idées aux moyens fournis par l'invention. La mémoire a pour objet de graver fidèlement dans l'esprit les idées et les mots déjà trouvés. Le débit, enfin, met le geste et la voix en harmonie avec les idées et les expressions.

Ces points établis en peu de mots, je renvoie à un autre temps les explications sur le genre, le devoir et la fin de la rhétorique ; outre qu'elles exigent de longs développemens, elles ne tiennent pas aussi étroitement à l'exposition de l'art et de ses règles, et c'est surtout à la matière de la rhétorique et à ses parties qu'on doit s'attacher dans un traité de ce genre. Je crois devoir m'occuper conjointement de ces deux objets. Comme l'invention est la première de ces parties de l'art, je vais commencer par en établir les règles, pour tous les genres de causes.

VIII. Omnis res, quæ habet in se, positam in dictione aut disceptatione, aliquam controversiam, aut facti, aut nominis, aut generis, aut actionis continet quæstionem. Eam igitur quæstionem, ex qua causa nascitur, constitutionem appellamus. Constitutio est prima conflictio causarum ex depulsione intentionis profecta, hoc modo: « Fecisti. — Non feci, aut jure feci. » Quum facti controversia est, quoniam conjecturis causa firmatur, constitutio conjecturalis appellatur. Quum autem nominis, quia vis vocabuli definienda verbis est, constitutio definitiva nominatur. Quum vero, qualis sit res, quæritur, quia et de vi, et de genere negotii controversia est, constitutio generalis vocatur. At quum causa ex eo pendet, quod aut non is agere videtur, quem oportet, aut non cum eo, quicum oportet, aut non apud quos, quo tempore, qua lege, quo crimine, qua pœna oportet, translativa dicitur constitutio; quia actio, translationis et commutationis indigere videtur. Atque harum aliquam in omne causæ genus incidere necesse est. Nam in quam rem non inciderit, in ea nihil esse poterit controversiæ. Quare eam ne causam quidem convenit putari.

Ac facti quidem controversia in omnia tempora potest distribui. Nam quid factum sit, potest quæri, hoc modo: « Occideritne Ajacem Ulysses? » Et quid fiat, hoc modo: « Bonone animo sint erga populum romanum Fregellani? » Et quid futurum sit, hoc modo: « Si Carthagi-

VIII. Toute chose qui porte en elle quelque sujet de développement ou de discussion, renferme une question de fait ou de nom, de genre ou d'action. La question qui donne lieu à la cause s'appelle état de cause : c'est le premier conflit des causes ; il résulte de la défense opposée à la poursuite, comme dans ces deux termes : « Vous avez fait cela. — Je ne l'ai pas fait, ou j'avais droit de le faire. » Quand la discussion roule sur un point de fait, comme la cause s'appuie sur des conjectures, on l'appelle conjecturale ; quand c'est sur un nom, il faut définir le sens du mot, et vous avez un état de définition. S'il s'agit de qualifier une chose, comme alors la question porte sur son genre et sur ses qualités, c'est une question de genre. Quand la cause roule sur ce que l'action n'est pas intentée par et contre qui de droit, ni régulière quant aux juges, au temps, à la loi, au crime ou à la peine, c'est un état de récusation, parce qu'il faut que la cause soit changée et portée devant un autre tribunal. Toute cause présente nécessairement quelqu'une de ces questions, car autrement le point de discussion manquerait, et par là même il n'y aurait plus de cause.

La question de fait embrasse tous les temps. Elle peut rouler sur un fait accompli, comme : « Ulysse a-t-il tué Ajax ? » — Sur un fait actuel : « Les Frégellans sont-ils bien disposés pour le peuple romain ? » — Sur un fait à venir : « Si nous épargnons Carthage, en résultera-t-il quelque dommage pour la république ? »

nem reliquerimus incolumem, num quid sit incommodi ad rempublicam perventurum? »

Nominis controversia est, quum de facto convenit, et quæritur, id quod factum est, quo nomine appelletur. Quo in genere necesse est [ideo nominis] esse controversiam [non quod de re ipsa non conveniat], non quod de facto non constet, sed quod id, quod factum sit, aliud alii videatur esse, et idcirco alius alio nomine id appellet. Quare in hujusmodi generibus definienda res erit verbis, et breviter describenda : ut, si quis sacrum ex privato surripuerit, utrum fur, an sacrilegus sit judicandus. Nam id quum quæritur, necesse erit definire utrumque, quid sit fur, quid sacrilegus, et sua descriptione ostendere alio nomine illam rem, de qua agitur, appellari oportere, atque adversarii dicant.

IX. Generis est controversia, quum et quid factum sit, convenit, et quo id factum nomine appellari oporteat, constat; et tamen, quantum, et cujusmodi, et omnino quale sit, quæritur, hoc modo : Justum, an injustum; utile, an inutile; et omnia, in quibus, quale sit id, quod factum est, quæritur, sine ulla nominis controversia.

Huic generi Hermagoras partes quatuor supposuit, deliberativam, demonstrativam, juridicialem, negotialem. Quod ejus, ut nos putamus, non mediocre peccatum, reprehendendum videtur, verum brevi; ne aut, si

Il y a question de nom, quand, d'accord sur le fait, on cherche le nom qu'il faut lui donner. Le débat, dans ce genre de causes, ne porte que sur le nom ; car on est d'accord sur la chose même, et le fait est reconnu constant ; mais comme chacun l'envisage d'un point de vue différent, chacun aussi lui donne un nom différent. Il faut alors la définir et en faire une courte description. Comme quand il faut savoir, par exemple, si l'homme qui a pris des vases sacrés dans une chapelle particulière, doit être jugé comme voleur ou comme sacrilège : il est évident qu'on doit, dans ce cas, définir le vol et le sacrilège, et montrer, par l'exposé, qu'il ne faut pas donner au fait dont il s'agit le nom que lui donnent les adversaires.

IX. Il y a question de genre, quand, d'accord sur le fait, d'accord même sur le nom qu'il faut lui donner, on ne l'est pas sur ses rapports, sur son importance, en un mot, sur ses qualités, quand il s'agit de savoir, par exemple, si une chose est juste ou injuste, utile ou nuisible, et généralement toutes les fois qu'il est besoin de qualifier un fait, sans disputer sur son nom.

Hermagoras divise cette question de genre en quatre parties : la question délibérative, la question démonstrative, la question juridiciaire, et la question *négociale*. C'est, à mon sens, une grande erreur ; il faut la réfuter, mais en peu de mots : n'en point parler pourrait donner à croire

taciti præterierimus, sine causa non secuti eum putemur; aut, si diutius in hoc constiterimus, moram atque impedimentum reliquis præceptis intulisse videamur.

Si deliberatio et demonstratio genera sunt causarum, non possunt recte partes alicujus generis causæ putari. Eadem enim res alii genus esse, alii pars potest; eidem genus esse et pars non potest. Deliberatio autem, et demonstratio, genera sunt causarum. Nam aut nullum causæ genus est, aut judiciale solum, aut et judiciale, et demonstrativum, et deliberativum. Nullum dicere causæ esse genus, quum causas esse multas dicat, et in eas præcepta det, amentia est. Unum autem judiciale solum esse qui potest, quum deliberatio et demonstratio, neque ipsæ similes inter se sint, et ab judiciali genere plurimum dissideant, et suum quæque finem habeat, quo referri debeat? Relinquitur ergo, ut omnia tria genera sint causarum. Deliberatio igitur, et demonstratio, non possunt recte partes alicujus generis causæ putari. Male igitur eas generalis constitutionis partes esse dixit.

X. Quod si generis causæ partes non possunt recte putari, multo minus recte partis causæ partes putabuntur. Pars autem causæ, constitutio est omnis. Non enim causa ad constitutionem, sed constitutio ad causam accommodatur. Sed demonstratio et deliberatio, generis causæ partes non possunt recte putari, quod ipsa sunt genera. Multo igitur minus recte partis ejus, quod hic

que je n'ai point de motif pour m'écarter de son opinion; en parler trop longuement retarderait mal-à-propos l'exposition des autres préceptes que je dois tracer.

Si le délibératif et le démonstratif sont des genres de causes, on ne peut raisonnablement les classer comme espèces de quelque genre. Que l'un appelle genre ce qu'un autre nomme espèce, je le conçois; mais il est impossible qu'une chose soit regardée en même temps comme genre et comme espèce par la même personne. Le genre délibératif et le genre démonstratif sont deux genres; car, ou il n'en faut admettre aucun, ou le judiciaire seulement, ou le judiciaire, le démonstratif, et le délibératif. Dire qu'il n'y a aucun genre de causes, alors même qu'on dit qu'il y a plusieurs causes, et qu'on en trace les préceptes, c'est une folie. D'un autre côté, comment n'y aurait-il qu'un seul genre, le judiciaire, quand le délibératif et le démonstratif, ne se ressemblant pas entre eux, et encore moins au judiciaire, ont chacun leur but particulier? Donc il ne reste qu'à maintenir les trois genres de causes; donc le délibératif et le démonstratif ne peuvent être les espèces de quelque genre; donc Hermagoras se trompe en les classant comme espèces de la question de genre.

X. S'il n'y a point de raison à les considérer comme espèces d'un genre de cause, encore bien moins doit-on en faire des espèces d'une espèce, car tout état de question est une partie de la cause. La cause ne se règle pas sur l'état de question, mais c'est ce dernier qui est déterminé par la cause. Il serait absurde de regarder le genre délibératif et le genre démonstratif comme des espèces d'un genre de cause, puisqu'ils sont eux-mêmes genres de causes; à plus forte raison ne doit-on pas les

dicit, partes putabuntur. Deinde si constitutio, et ipsa, et pars constitutionis ejus quælibet, intentionis depulsio est; quæ intentionis depulsio non est, ea nec constitutio, nec pars constitutionis est. At si, quæ intentionis depulsio non est, ea nec constitutio, nec pars constitutionis est; demonstratio et deliberatio, neque constitutio, nec pars constitutionis est. Si igitur constitutio, et ipsa, et pars ejus, intentionis depulsio est; deliberatio et demonstratio, neque constitutio, neque pars constitutionis est. Placet autem ipsi, constitutionem intentionis esse depulsionem. Placeat igitur oportet, demonstrationem et deliberationem non esse constitutionem, nec partem constitutionis. Atque hoc eodem urgebitur, sive constitutionem, primam causæ accusatoris confirmationem dixerit, sive defensoris primam deprecationem. Nam eum eadem omnia incommoda sequentur.

Deinde conjecturalis causa non potest simul ex eadem parte, eodem in genere, et conjecturalis esse, et definitiva. Rursus nec definitiva causa potest simul ex eadem parte, eodem in genere, et definitiva esse, et translativa. Et omnino nulla constitutio, nec pars constitutionis potest simul et suam habere, et alterius in se vim continere: ideo quod unaquæque ex se, et ex sua natura simpliciter consideratur; altera assumta, numerus constitu-

classer comme espèces d'une espèce, ainsi que fait Hermagoras. Ensuite, si l'état de question, lui-même, ou quelqu'une de ses parties, consiste dans la réponse que le défendeur oppose à la demande, ce qui n'est pas la réponse opposée à la demande ne peut être ni l'état de question, ni aucune de ses parties. Et si tout ce qui n'est pas la réponse opposée à la demande n'est pas non plus l'état de question, ni aucune de ses parties, ni le genre délibératif ni le démonstratif ne sont l'état de question, ni aucune de ses parties. Si donc l'état de question, lui-même, ou quelqu'une de ses parties, résulte de la réponse faite à la demande, le genre délibératif ni le démonstratif ne sont ni l'état de question, ni aucune de ses parties. Or, ce rhéteur convient que c'est la réponse faite à la demande qui fixe l'état de question ; il est donc forcé de convenir en même temps que le genre délibératif ni le démonstratif ne sont l'état de question, ni quelqu'une de ses parties ; et cette conséquence est également forcée pour lui, soit qu'il trouve l'état de question dans la formule générale de l'accusation, soit qu'il le place dans la formule générale de la défense : car les mêmes difficultés le suivront toujours.

Ensuite il n'est pas possible qu'une cause de conjecture soit, à la fois et dans un même genre, cause de conjecture et cause de définition. De même une cause de définition ne peut être, à la fois et dans un même genre, cause de définition et de récusation. Aucun état de cause, ni en lui-même, ni dans aucune de ses parties, ne peut avoir à la fois ses propres qualités et des qualités étrangères, par la raison qu'il faut considérer chaque chose en elle-même et dans sa propre nature. Ajoutez un autre état de question, vous doublez le

tionum duplicatur, non vis constitutionis augetur. At deliberativa causa simul ex eadem parte, eodem in genere, et conjecturalem, et generalem, et definitivam, et translativam solet habere constitutionem, et unam aliquando, et plures nonnunquam. Ergo ipsa nec constitutio est, nec pars constitutionis. Idem in demonstratione solet usu evenire. Genera igitur, ut ante diximus, hæc causarum putanda sunt, non partes alicujus constitutionis.

XI. Hæc ergo constitutio, quam generalem nominamus, partes nobis videtur duas habere, juridicialem, et negotialem. Juridicialis est, in qua æqui et iniqui natura, præmii aut poenæ ratio quæritur. Negotialis est, in qua, quid juris ex civili more, et æquitate sit, consideratur: cui diligentiæ præesse apud nos jurisconsulti existimantur.

Ac juridicialis quidem ipsa in duas distribuitur partes, absolutam et assumtivam. Absoluta est, quæ ipsa in se continet juris et injuriæ quæstionem. Assumtiva, quæ ipsa ex se nihil firmi dat ad recusationem; foris autem aliquid defensionis assumit. Ejus partes sunt quatuor, concessio, remotio criminis, relatio criminis, comparatio. Concessio est, quum reus non id, quod factum est, defendit, sed, ut ignoscatur, postulat. Hæc in duas partes dividitur, purgationem et deprecationem. Purgatio est, quum factum conceditur, culpa removetur. Hæc partes habet tres, imprudentiam, casum, necessitatem.

nombre des questions sans donner plus d'étendue à la première. Mais une cause délibérative renferme ordinairement, sur le même point et dans le même genre, une et quelquefois plusieurs questions de conjecture, de genre, de définition et de récusation : elle n'est donc ni l'état de question, ni une de ses parties. Il en est de même le plus souvent pour le genre démonstratif. Il faut donc, ainsi que nous l'avons établi ci-dessus, les regarder comme des genres, et non comme des espèces de quelque état de question.

XI. Dans ce que j'appelle état de question de genre, je trouve deux parties, la juridiciaire et la *négociale*. La juridiciaire comprend la discussion sur le droit ou le tort, sur la récompense ou le châtiment. La question négociale porte sur l'examen de ce que permettent le droit civil et l'équité : je la classe dans les attributions des jurisconsultes.

La question juridiciaire se divise elle-même en deux espèces, l'une absolue et l'autre accessoire : l'absolue renferme en elle-même la question de droit ou de tort ; l'accessoire est celle qui, offrant par elle-même peu de force à la défense, va chercher quelques moyens en dehors de la cause. Elle offre alors quatre parties : l'aveu, le recours, la récrimination, la comparaison. La concession a lieu quand l'accusé ne se défend pas du fait, mais en demande le pardon. Cette espèce offre deux parties : la justification et la déprécation. La justification consiste à avouer le fait, mais à repousser la culpabilité, en s'excusant sur l'ignorance, le hasard, la nécessité. Par la déprécation, l'accusé, tout en confes-

Deprecatio est, quum et peccasse, et consulto peccasse reus se confitetur, et tamen, ut ignoscatur, postulat : quod genus perraro potest accidere. Remotio criminis est, quum id crimen, quod infertur, ab se et ab sua culpa, vi et potestate in alium reus removere conatur. Id dupliciter fieri poterit, si aut causa, aut factum in alium transferetur. Causa transfertur, quum aliena dicitur vi et potestate factum. Factum autem, quum alius aut debuisse, aut potuisse facere dicitur. Relatio criminis est, quum ideo jure factum dicitur, quod aliquis ante injuria lacessierit. Comparatio est, quum aliud aliquod alicujus factum rectum aut utile contenditur, quod ut fieret, illud, quod arguitur, dicitur esse commissum.

In quarta constitutione, quam translativam nominamus, ejus constitutionis est controversia, quum aut quem, aut quicum, aut apud quos, aut quomodo, aut quo jure, aut quo tempore agere oporteat, quæritur, aut omnino aliquid de commutatione, aut infirmatione actionis agitur. Hujus constitutionis Hermagoras inventor esse existimatur, non quod non usi sint ea veteres oratores sæpe multi, sed quia non animadverterint artis scriptores eam superiores, nec retulerint in numerum constitutionum. Post autem ab hoc inventam multi reprehenderunt, quos non tam imprudentia falli putamus (res enim perspicua est), quam invidia atque obtrectatione quadam impediri.

XII. Et constitutiones quidem, et earum partes ex-

sant sa faute et l'intention de la commettre, demande qu'elle lui soit pardonnée : ce genre de cause est fort rare. Le recours a lieu quand l'accusé rejette le fait sur un autre, en soutenant qu'il n'a eu ni l'intention, ni les moyens, ni la puissance de le commettre. Il se fait de deux manières : en attribuant à un autre la cause du fait, ou le fait lui-même. On rejette la cause, en montrant que le fait résulte d'une force et d'une puissance étrangère; le fait lui-même, en soutenant que c'est un autre qui a dû, qui a pu s'en rendre coupable. Il y a récrimination quand on cherche à justifier le fait par une injuste provocation. La comparaison consiste à parler de quelque action utile ou honorable qu'on avait en vue d'imiter quand on a commis le fait en question.

Dans le quatrième état de cause, que j'appelle état de récusation, la question est de savoir qui doit intenter l'action, contre qui, comment, devant quel juge, selon quelle loi, dans quel temps il convient de l'intenter ; en un mot, s'il n'y a aucun vice qui doive annuler ou faire changer l'accusation. Hermagoras est regardé comme l'inventeur de cet état de question : non qu'une foule d'orateurs ne l'aient souvent employé avant lui, mais parce que les auteurs qui ont écrit sur l'art ne l'avaient pas remarqué, ni classé parmi les autres états de question. Plusieurs lui ont depuis contesté le mérite de cette découverte ; et c'est un tort qu'il faut moins attribuer, je crois, à leur ignorance, car la chose est trop claire, qu'à un esprit d'envie et de malignité.

XII. Nous avons classé les états de question et leurs

posuimus : exempla autem cujusque generis tunc commodius exposituri videmur, quum in unumquodque eorum argumentorum copiam dabimus. Nam argumentandi ratio dilucidior erit, quum et ad genus, et ad exemplum causæ statim poterit accommodari.

Constitutione causæ reperta, statim placet considerare, utrum causa sit simplex, an juncta; et si juncta erit, utrum sit ex pluribus quæstionibus juncta, an ex aliqua comparatione. Simplex est, quæ absolutam in se continet unam quæstionem, hoc modo : « Corinthiis bellum indicamus, an non ? » Conjuncta ex pluribus quæstionibus, in qua plura quæruntur, hoc pacto : « Utrum Carthago diruatur, an Carthaginiensibus reddatur, an eo colonia deducatur. » Ex comparatione, in qua per contentionem, utrum potius, aut quid potissimum sit, quæritur, ad hunc modum : « Utrum exercitus in Macedoniam contra Philippum mittatur, qui sociis sit auxilio; an teneatur in Italia, ut quam maximæ contra Annibalem copiæ sint. »

XIII. Deinde considerandum est, in ratione, an in scripto sit controversia. Nam scripti controversia est ea, quæ ex scriptionis genere nascitur. Ejus autem genera, quæ sunt separata a constitutionibus, quinque sunt. Nam quum verba ipsa videntur cum sententia scriptoris dissidere, tum inter se duæ leges, aut plures discrepare, tum id, quod scriptum est, duas aut plures

parties : quant aux exemples, je crois qu'ils viendront plus utilement quand j'aurai à traiter des argumens qui conviennent à chacune de ces espèces. Les règles de l'argumentation seront plus faciles à saisir, parce que je pourrai les approprier en même temps au genre de la cause, et à l'exemple que j'en voudrai donner.

L'état de question une fois trouvé, il faut examiner si la cause est simple ou complexe, et, dans ce dernier cas, si elle l'est par la réunion de plusieurs questions, ou par une comparaison. Une cause est simple quand elle renferme une seule question absolue, comme celle-ci : « Faut-il ou ne faut-il pas déclarer la guerre aux Corinthiens ? » Une cause complexe, parce qu'elle renferme plusieurs questions, est celle-ci : « Faut-il détruire Carthage, la rendre aux Carthaginois, ou y conduire une colonie romaine ? » Une cause complexe à cause d'une comparaison renferme un parallèle qui a pour but de déterminer quelle est la meilleure de deux ou plusieurs choses, comme ici : « Vaut-il mieux envoyer en Macédoine une armée contre Philippe et au secours de nos alliés, ou la conserver en Italie, pour opposer le plus de forces possible à Annibal ? »

XIII. Il faut ensuite examiner si la discussion roule sur un raisonnement ou sur un texte. On appelle question d'écrit toute contestation sur des textes : elle offre cinq genres qu'il ne faut point confondre avec les questions. Il peut arriver que les mots n'accusent pas la pensée de l'auteur, que deux ou plusieurs lois se contredisent, que l'écrit présente deux ou plusieurs sens, qu'on trouve dans ce qui est écrit un sens nouveau au-

res significare; tum ex eo, quod scriptum est, aliud quoque, quod non scriptum est, inveniri; tum vis verbi, quasi in definitiva constitutione, in quo posita sit, quæri. Quare primum genus, de scripto et sententia; secundum, ex contrariis legibus; tertium, ambiguum; quartum, ratiocinativum; quintum, definitivum nominamus. Ratio autem est, quum omnis quæstio non in scriptione, sed in aliqua argumentatione consistit.

At tum considerato genere causæ, et cognita constitutione, quum, simplexne, an conjuncta sit, intellexeris, et scripti, an rationis habeat controversiam, videris; deinceps erit videndum, quæ quæstio, quæ ratio, quæ judicatio, quod firmamentum causæ sit : quæ omnia a constitutione proficiscantur oportet. Quæstio est ea, quæ ex conflictione causarum gignitur controversia, hoc modo : « Non jure fecisti. » — « Jure feci. » Causarum autem hæc est conflictio, in qua constitutio constat. Ex ea igitur nascitur controversia, quam quæstionem dicimus, hoc modo : « Jurene fecerit. » Ratio est, quæ continet causam, quæ si sublata sit, nihil in causa controversiæ relinquetur, hoc modo, ut docendi causa in facili et pervulgato exemplo consistamus : Orestes si accusetur matricidii, nisi hoc dicat, « Jure feci; illa enim patrem meum occiderat : » non habet defensionem. Qua sublata, omnis quoque controversia sublata sit. Ergo ejus causæ ratio est, « Quod illa Aga-

quel l'auteur n'avait point songé ; enfin on peut n'être point d'accord sur la valeur des termes, comme dans une question de définition, où se rencontrerait cette difficulté. Je dirai donc que la première de ces espèces a pour objet le texte et le sens du texte; la seconde, la contradiction des lois; la troisième, l'ambiguité des termes; la quatrième, l'induction ; la cinquième, la définition. Quand la discussion ne roule pas tout entière sur un écrit, mais sur l'argumentation, c'est une cause de raisonnement. Lorsque, après avoir examiné le genre de la cause, établi l'état de question, vous savez si elle est simple ou complexe , si elle porte sur un texte ou sur un raisonnement, il s'agit de trouver le point de discussion, le raisonnement, le point à juger, et les preuves confirmatives. Tout cela doit découler de l'état de la question, qui est, comme nous l'avons dit, le débat produit par la rencontre des deux causes : « Vous n'aviez pas droit. » — « J'avais droit. » C'est de ce conflit des causes que résulte le débat, que j'appelle question, et qui se formule ainsi : « Avait-il droit ? » Le raisonnement est ce qui constitue la cause; sans lui, point de débat : ainsi, pour nous servir d'un exemple facile et rebattu, qu'Oreste, accusé d'avoir tué sa mère, ne réponde pas: « J'en avais le droit, puisqu'elle avait tué mon père ; » comme il n'oppose rien à l'accusation, il n'y a point de débat. La raison à faire valoir dans cette cause est donc celle-ci : « Elle avait tué Agamemnon. » Le différent qui naît du développement des raisons contraires ou à l'appui constitue le point à juger. Reprenons l'exemple dont nous venons de nous servir: « Ma mère, dit Oreste, avait tué mon père. » — « Mais, répond la partie adverse, vous étiez son fils , et ce n'était pas à vous de la tuer :

memnonem occiderit.» Judicatio est, quæ ex infirmatione et confirmatione rationis nascitur controversia. Nam sit ea nobis exposita ratio, quam paullo ante exposuimus. «Illa enim, inquit, patrem meum occiderat.» — «At non, inquit adversarius, abs te filio matrem necari oportuit. Potuit enim sine tuo scelere illius factum puniri.»

XIV. Ex hac deductione rationis illa summa nascitur controversia, quam judicationem appellamus. Ea est hujusmodi : «Rectumne fuerit, ab Oreste matrem occidi, quum illa Orestis patrem occidisset.»

Firmamentum est firmissima argumentatio defensoris, et appositissima ad judicationem : ut si velit Orestes dicere, «ejusmodi animum matris suæ fuisse in patrem suum, in se ipsum ac sorores, in regnum, in famam generis et familiæ, ut ab ea pœnas liberi sui potissimum petere debuerint.» Et in ceteris quidem constitutionibus ad hunc modum judicationes reperiuntur : in conjecturali autem constitutione, quia ratio non est (factum enim non conceditur), non potest ex deductione rationis nasci judicatio. Quare necesse est eamdem esse quæstionem et judicationem : ut, « Factum est. » — « Non est factum.» — «Factumne sit?» Quot autem in causa constitutiones, aut earum partes erunt, totidem necesse erit quæstiones, rationes, judicationes, firmamenta reperiri.

car son crime pouvait être expié autrement que par le crime que vous avez commis. »

XIV. Ce développement des raisons produit le nœud de la cause, que je nomme le point à juger : on le formule ainsi : « Oreste avait-il le droit de tuer sa mère, parce qu'elle avait tué le père d'Oreste ? »

On appelle confirmation les argumens par lesquels l'accusé fortifie ses raisons et les ramène au point à juger. Oreste, par exemple, dira : « Les sentimens de ma mère pour mon père, pour moi, pour mes sœurs, pour notre empire, pour notre famille et notre maison, étaient tels, que ses enfans avaient, plus que d'autres, le droit de la punir. » C'est ainsi qu'on trouve le point à juger dans tout état de cause. Mais dans la question de conjecture, comme on ne donne pas les raisons du fait, le fait n'étant pas accordé, ce n'est point dans le développement des raisons que se trouve le point à juger. Il n'est autre alors que la question même; par exemple : « Le fait existe. » — « Il n'existe pas. » — « Existe-t-il ? » Autant il y a dans une cause d'états, ou de parties d'états de question, autant il s'y trouve de questions, de raisonnemens, de points à juger, de preuves à l'appui.

His omnibus in causa repertis, tum denique singulæ partes totius causæ considerandæ sunt. Nam non ut quidque dicendum primum, ita primum animadvertendum videtur : ideo quod illa, quæ prima dicuntur, si vehementer velis congruere et cohærere cum causa, ex eis ducas oportet, quæ post dicenda sunt. Quare quum judicatio, et ea, quæ ad judicationem oportet inveniri argumenta, diligenter erunt artificio reperta, cura et cogitatione pertractata; tum denique ordinandæ sunt ceteræ partes orationis. Hæ partes sex esse omnino nobis videntur : exordium, narratio, partitio, confirmatio, reprehensio, conclusio. Nunc quoniam exordium princeps omnium esse debet, nos quoque primum in rationem exordiendi præcepta dabimus.

XV. Exordium est oratio animum auditoris idonee comparans ad reliquam dictionem : quod eveniet, si eum benivolum, attentum, docilem fecerit. Quare qui bene exordiri causam volet, eum necesse est genus suæ causæ diligenter ante cognoscere. Genera causarum sunt quinque, honestum, admirabile, humile, anceps, obscurum. Honestum causæ genus est, cui statim sine oratione nostra auditoris favet animus; admirabile, a quo alienatus est animus eorum, qui audituri sunt; humile, quod negligitur ab auditore, et non magnopere attendendum videtur; anceps, in quo aut judicatio dubia est, aut causa, et honestatis, et turpitudinis particeps,

Ces divisions générales une fois trouvées, il reste à considérer en détail chaque partie dans l'ensemble de la cause; car ce qu'il faut dire d'abord n'est pas ce qui doit d'abord nous occuper. Si vous voulez que votre début se rapporte et se lie parfaitement à l'ensemble de la cause, il faut le tirer de ce qui doit le suivre. Ce n'est qu'après avoir trouvé le point à juger et les argumens à l'appui, après les avoir soumis au travail de l'art, de l'étude et de la réflexion, que vous songerez à disposer les autres parties de la cause. Le nombre de ces parties, selon moi, est de six : l'exorde, la narration, la division, la confirmation, la réfutation et la péroraison. Puisque l'exorde est la première de ces parties, nous en tracerons d'abord les règles.

XV. Le but de l'exorde est de disposer favorablement l'auditeur pour la suite du discours. On y parvient, si l'on peut le rendre attentif, docile, bienveillant : aussi, pour faire un bon exorde, il faut connaître exactement d'avance le genre de la cause. Il y a cinq genres de causes : honorables, hardies, honteuses, équivoques ou obscures. Une cause honorable est celle en faveur de laquelle l'auditeur est tout disposé d'avance. Elle est hardie, quand les esprits sont prévenus contre elle ; honteuse, quand l'auditeur en tient peu de compte et ne croit devoir y donner que peu d'attention ; équivoque, si le point à juger n'est pas bien clair, ou si elle est à la fois honorable et honteuse, de manière à mériter en même temps la bienveillance et la défaveur. Elle

ut et benivolentiam pariat, et offensionem; obscurum, in quo aut tardi auditores sunt, aut difficilioribus ad cognoscendum negotiis causa implicita est. Quare quoniam tam diversa sunt genera causarum, exordiri quoque dispari ratione in unoquoque genere necesse est. Igitur exordium in duas partes dividitur, in principium et insinuationem. Principium est oratio, perspicue et protinus perficiens auditorem benivolum, aut docilem, aut attentum. Insinuatio est oratio quadam dissimulatione et circuitione obscure subiens auditoris animum.

In admirabili genere causæ, si non omnino infesti auditores erunt, principio benivolentiam comparare licebit. Sin erunt vehementer abalienati, confugere necesse erit ad insinuationem. Nam ab iratis si perspicue pax et benivolentia petitur; non modo ea non invenitur, sed augetur atque inflammatur odium. In humili autem genere causæ, contemtionis tollendæ causa, necesse erit attentum efficere auditorem. Anceps genus causæ, si dubiam judicationem habebit, ab ipsa judicatione exordiendum est. Sin autem partem turpitudinis et partem honestatis habebit, benivolentiam captare oportebit, ut in genus honestum causa translata videatur. Quum autem erit honestum causæ genus, vel præteriri principium poterit, vel, si commodum fuerit, aut a narratione incipiemus, aut a lege, aut ab aliqua fir-

est obscure, si elle trouve une intelligence paresseuse dans les auditeurs, ou si elle s'embarrasse d'élémens difficiles à saisir. Puisque les genres de causes diffèrent entre eux, il faut approprier l'exorde à ces différences. Il y a même deux sortes d'exorde, l'un direct, l'autre par insinuation. Le premier va droit au but et réclame ouvertement l'attention, la bienveillance ou l'intérêt des juges. L'exorde par insinuation se dissimule davantage, et ne pénètre dans l'âme des auditeurs que par certains détours habilement ménagés.

Dans une cause hardie, si les auditeurs ne sont pas complètement indisposés, on peut réclamer la bienveillance par un exorde direct; mais s'ils sont vivement animés, il faut recourir à l'insinuation : car, demander hardiment du sang-froid et de la bienveillance à des hommes aigris, c'est s'exposer non-seulement au refus, mais encore à une haine plus vive et plus enflammée. Dans une cause honteuse, il faut, pour écarter le mépris qui s'y attache, piquer l'attention de l'auditeur. Dans une cause équivoque, si le point à juger est douteux, il doit faire la matière de l'exorde ; si, au contraire, elle est à la fois honorable et honteuse, il faut, pour lui gagner la bienveillance, ne montrer que son côté favorable. Dans une cause honorable, on peut omettre l'exorde, et, si on le trouve à propos, commencer par la narration, ou par la citation de la loi, ou par quelque raisonnement solide, à l'appui de la cause. Si l'on veut un exorde, il faut s'adresser à la bienveillance,

missima ratione nostræ dictionis : sin uti principio placebit, benivolentiæ partibus utendum est, ut id, quod est, augeatur. In obscuro causæ genere, per principium dociles auditores efficere oportebit.

XVI. Nunc, quoniam, quas res exordio conficere oporteat, dictum est; reliquum est, ut ostendatur, quibus quæque res rationibus confici possit.

Benivolentia quatuor ex locis comparatur : ab nostra, ab adversariorum, ab judicum persona, ab ipsa causa. Ab nostra, si de nostris factis et officiis sine arrogantia dicemus; si crimina illata, et aliquas minus honestas suspiciones injectas diluemus; si, quæ incommoda acciderint, aut quæ instent difficultates, proferemus; si prece, et obsecratione humili, ac supplici utemur. Ab adversariorum autem, si eos aut in odium, aut in invidiam, aut in contemtionem adducemus. In odium adducentur, si quod eorum spurce, superbe, crudeliter, malitiose factum proferetur. In invidiam, si vis eorum, potentia, divitiæ, cognatio, pecuniæ proferentur, atque eorum usus arrogans et intolerabilis; ut his rebus magis videantur, quam causæ suæ confidere. In contemtionem adducentur, si eorum inertia, negligentia, ignavia, desidiosum studium, et luxuriosum otium proferetur. Ab auditorum persona benivolentia captabitur, si res ab his fortiter, sapienter, mansuete gestæ proferentur, ut ne qua assentatio nimia significetur; et si, de his

pour fortifier les bonnes dispositions de l'auditoire. Dans les causes obscures, il faut toujours employer l'exorde direct, pour éveiller l'attention.

XVI. Après avoir montré le but qu'on se propose dans l'exorde, il nous reste à exposer les moyens qu'il faut employer pour l'atteindre.

Il y a pour l'orateur quatre moyens de gagner la bienveillance : il peut parler de lui-même, de ses adversaires, des juges, de la cause même. En parlant de lui-même, il doit rappeler sans orgueil sa vie et ses services, réfuter les accusations, et dissiper les préventions fâcheuses dont il est l'objet; retracer les embarras où il s'est trouvé, les malheurs qui le menacent encore; employer la prière, et recourir aux supplications les plus humbles et les plus pressantes. En parlant des adversaires, il amassera sur eux la haine, la défaveur et le mépris : la haine, en racontant des preuves de leur infamie, de leur orgueil, de leur cruauté, de leur méchanceté ; la défaveur, en montrant leur force, leur puissance, leurs biens, leurs relations, leur fortune, l'insolent et insupportable abus qu'ils en font, de manière à faire croire que c'est plutôt dans ces avantages qu'ils se fient, que dans la bonté de leur cause. Pour attirer le mépris sur eux, il dévoilera leur paresse, leur indolence, leur lâcheté, leurs vaines occupations et leur oisiveté voluptueuse. On tire de la personne même des juges ses moyens de bienveillance, en racontant quelque trait qui fasse honneur à leur courage, à leur sagesse, à leur bonté, mais sans trop de

quam honesta existimatio, quantaque eorum judicii et auctoritatis exspectatio sit, ostendetur. Ab ipsis rebus, si nostram causam laudando extollemus, adversariorum causam per contemtionem deprimemus.

Attentos autem faciemus, si demonstrabimus, ea, quæ dicturi erimus, magna, nova, incredibilia esse, aut ad omnes, aut ad eos, qui audiunt, aut ad aliquos illustres homines, aut ad deos immortales, aut ad summam rempublicam pertinere; et si pollicebimur, nos brevi nostram causam demonstraturos, atque exponemus judicationem, aut judicationes, si plures erunt.

Dociles auditores faciemus, si aperte et breviter summam causæ exponemus; hoc est, in quo consistat controversia. Nam et quum docilem velis facere, simul attentum facias oportet; nam is maxime docilis est, qui attentissime est paratus audire.

XVII. Nunc insinuationes quemadmodum tractari conveniat, deinceps dicendum videtur. Insinuatione igitur utendum est, quum admirabile genus causæ est, hoc est, ut ante diximus, quum animus auditoris infestus est. Id autem tribus ex causis fit maxime; si aut inest in ipsa causa quædam turpitudo, aut ab iis, qui ante dixerunt, jam quiddam auditori persuasum videtur, aut eo tempore locus dicendi datur, quum jam illi, quos audire oportet, defessi sunt audiendo. Nam ex hac quoque re non minus, quam ex primis dua-

flatterie, et de manière à leur faire sentir la haute estime que l'on a pour eux, et ce qu'on attend de leur justice et de leur probité. La cause même donne un moyen de bienveillance, lorsqu'en en relevant l'éclat par des éloges on rabaisse en même temps celle des adversaires.

Le moyen de captiver l'attention de l'auditoire, c'est d'annoncer que le sujet qu'on va traiter est grand, neuf, incroyable ; qu'il intéresse tous les citoyens, ou les auditeurs, ou quelques personnages illustres, ou les dieux immortels, ou la république entière : il faut aussi promettre d'établir la cause en peu de mots, et montrer le point, ou s'il s'en trouve plusieurs, les points à juger.

Pour exciter l'intérêt, il faut exposer clairement, et en peu de paroles, le point capital de la cause, c'est-à-dire le point de discussion ; car on ne peut intéresser l'auditeur sans le rendre attentif, puisque la meilleure preuve d'intérêt qu'il puisse donner, c'est son attention.

XVII. Il me faut tracer maintenant les règles de l'exorde par insinuation. On emploie ce genre d'exorde dans les causes hardies, c'est-à-dire, comme nous l'avons marqué plus haut, quand l'auditeur est mal disposé : ce qui a lieu dans trois cas principaux, par exemple lorsque la cause elle-même a quelque chose de honteux ; lorsque les juges semblent avoir une conviction arrêtée d'avance ; ou lorsque nous avons à parler dans un moment où l'oreille de l'auditeur est déjà fatiguée : car cette circonstance ne contribue pas moins puissamment que les deux autres à le mal disposer.

bus, in oratore nonnunquam animus auditoris offenditur.

Si causæ turpitudo contrahet offensionem; aut pro eo homine, in quo offenditur, alium hominem, qui diligitur, interponi oportet; aut pro re, in qua offenditur, aliam rem, quæ probatur; aut pro re hominem, aut pro homine rem, ut ab eo, quod odit, ad id, quod diligit, auditoris animus traducatur; et dissimulare id te defensurum, quod existimeris defensurus; deinde, quum jam mitior factus erit auditor, ingredi pedetentim in defensionem, et dicere, ea, quæ indignentur adversarii, tibi quoque indigna videri; deinde, quum lenieris eum, qui audiet, demonstrare, nihil eorum ad te pertinere, et negare te quidquam de adversariis esse dicturum, neque hoc, neque illud : ut neque aperte lædas eos, qui diliguntur, et tamen id obscure faciens, quoad possis, alienes ab eis auditorum voluntatem; et aliquorum judicium simili de re, aut auctoritatem proferre imitatione dignam; deinde eamdem, aut consimilem, aut majorem, aut minorem agi rem in præsentia demonstrare.

Sin oratio adversariorum fidem videbitur auditoribus fecisse, id quod ei, qui intelligit, quibus rebus fides fiat, facile erit cognitu : oportet aut de eo, quod adversarii sibi firmissimum putarint, et maxime ii, qui audierint, probarint, primum te dicturum polliceri; aut ab

Si la cause a contre elle un caractère honteux, il faut placer, en avant de la personne qui peut déplaire, une personne qu'on aime, ou effacer la chose qui répugne sous une autre à laquelle la faveur s'attache; substituez l'homme à la chose ou la chose à l'homme, de manière à faire passer l'auditeur de ce qui lui déplaît à ce qui le flatte; donnez à croire que votre défense ne portera pas sur les points présumés; et ensuite, quand l'auditeur sera devenu plus favorable, entrez pas à pas dans la défense, dites que vous partagez sur le fait incriminé l'indignation de vos adversaires, et, quand vous aurez calmé vos juges, montrez que ce fait n'est point le vôtre, en protestant que vous n'avez rien à reprocher vous-même aux accusateurs, de manière à ne point attaquer ouvertement les personnes qui ont pour elles la faveur des juges, mais à la leur retirer, néanmoins, s'il est possible, par des coups habilement dissimulés. Citez encore quelque jugement rendu dans une affaire semblable, invoquez un témoignage digne de faire autorité, et montrez ensuite que votre affaire est la même, ou analogue, plus importante, ou moins grave que celle que vous avez rappelée.

Si l'on croit que le discours de l'adversaire ait produit la conviction, ce qu'il est facile de reconnaître avec l'intelligence des moyens qui servent à convaincre, il faut annoncer qu'on va d'abord parler sur l'argument que les adversaires croient le plus fort, et qui a fait le plus d'impression sur l'esprit des juges; on peut encore tirer son

adversarii dicto exordiri, et ab eo potissimum, quod ille nuperrime dixerit; aut dubitatione uti, quid primum dicas, aut cui potissimum loco respondeas, cum admiratione. Nam auditor quum eum, quem adversarii perturbatum putant oratione, videt animo firmissimo contra dicere paratum, plerumque se potius temere assensisse, quam illum sine causa confidere arbitratur.

Sin auditoris studium defatigatio abalienavit a causa, te brevius, quam paratus fueris, esse dicturum, commodum est polliceri; non imitaturum adversarium. Sin res dabit, non inutile est ab aliqua re nova aut ridicula incipere, aut ex tempore quæ nata sit; quod genus, strepitum, acclamationem; aut jam parata, quæ vel apologum, vel fabulam, vel aliquam contineat irrisionem; aut, si rei dignitas adimet jocandi facultatem, aliquid triste, novum, horribile, statim non incommodum est injicere. Nam ut cibi satietas et fastidium aut subamara aliqua re relevatur, aut dulci mitigatur; sic animus defessus audiendo, aut admiratione integratur, aut risu novatur.

XVIII. Ac separatim quidem, quæ de principio et insinuatione dicenda videbantur, hæc fere sunt. Nunc quiddam breviter et communiter de utroque præcipiendum videtur.

Exordium sententiarum et gravitatis plurimum debet habere, et omnino omnia, quæ pertinent ad dignitatem,

exorde d'une parole de l'adversaire, et surtout de l'une des dernières, ou prendre la forme du doute, se montrer incertain de ce qu'on doit dire ou réfuter d'abord, et jouer l'embarras. Le juge qui vous croyait abattu par le discours de l'adversaire, vous voyant si plein d'assurance, et si bien préparé à contredire, sera plus porté à s'accuser lui-même de précipitation dans ses jugemens, qu'à vous reprocher une folle confiance.

Si c'est la fatigue des juges qui rend la cause défavorable, promettez de ne point prononcer toute votre défense, et de ne point imiter l'adversaire. Si le sujet s'y prête, il ne sera pas mal-à-propos de commencer par quelque trait neuf, risible, et tiré de la circonstance, comme un bruit, une acclamation; ou préparé d'avance, comme un apologue, une fable, ou quelque raillerie piquante. Si la gravité du sujet ne comporte pas la plaisanterie, jetez d'abord dans l'âme des auditeurs quelque impression de tristesse, d'étonnement ou d'horreur. Comme il faut au palais émoussé par la satiété ou le dégoût, des mets qui le piquent par leur amertume ou le flattent par leur douceur, de même la surprise ou la plaisanterie réveille et ranime l'attention fatiguée.

XVIII. Voilà ce que j'avais à dire de particulier sur l'exorde direct et sur l'insinuation : il faut y joindre de courtes observations communes à ces deux genres.

Il faut que l'exorde soit sentencieux et grave, qu'il réunisse tous les genres de noblesse, pour atteindre son

in se continere, propterea quod id optime faciendum est, quod oratorem auditori maxime commendet : splendoris, et festivitatis, et concinnitudinis minimum, propterea quod ex his suspicio quædam apparationis atque artificiosæ diligentiæ nascitur; quæ maxime orationi fidem, oratori adimit auctoritatem.

Vitia vero hæc sunt certissima exordiorum, quæ summopere vitare oportebit : vulgare, commune, commutabile, longum, separatum, translatum, contra præcepta. Vulgare est, quod in plures causas potest accommodari, ut convenire videatur. Commune est, quod nihilo minus in hanc, quam in contrariam partem causæ, potest convenire. Commutabile est, quod ab adversario potest, leviter mutatum, ex contraria parte dici. Longum est, quod pluribus verbis, aut sententiis, ultra quam satis est, producitur. Separatum est, quod non ex ipsa causa ductum est, nec, sicut aliquod membrum, annexum orationi. Translatum est, quod aliud conficit, quam causæ genus postulat : ut si quis docilem faciat auditorem, quum benivolentiam causa desiderat; aut, si principio utatur, quum insinuationem res postulat. Contra præcepta est, quod nihil eorum efficit, quorum causa de exordiis præcepta traduntur : hoc est, quod eum, qui audit, neque benivolum, neque attentum, neque docilem efficit; aut, quo profecto nihil pejus est, ut contra sit, facit. Ac de exordio quidem satis dictum est.

but, qui est de rendre l'auditoire favorable à l'orateur. Point d'éclat, d'élégance, ni de recherche; ces ornemens affectés laissent voir trop de travail et d'apprêt, et rien n'est plus propre à retirer au discours la persuasion, la confiance à l'orateur.

Il faut signaler ici les principaux défauts où l'on peut tomber dans l'exorde : prenez garde qu'il ne soit trivial, commun, commutable, trop long, étranger à la cause, déplacé, contre les règles. Il est trivial, s'il peut s'appliquer et convenir à plusieurs causes; commun, s'il s'adapte aussi bien à la thèse de l'adversaire qu'à la vôtre; commutable, lorsque, avec peu de changemens, votre partie peut le retourner contre vous-même; trop long, quand il renferme plus de mots, ou plus de pensées qu'il n'en faut; étranger, s'il ne naît pas de la cause, et ne se rattache pas comme un membre au corps même du discours; déplacé, quand il amène un résultat différent de celui que la cause exige : comme si l'on cherchait à rendre l'auditoire attentif, alors que l'intérêt de la cause réclame sa bienveillance, ou qu'on se servît de l'exorde direct, quand il faut l'insinuation; contre les règles, s'il ne se propose aucun des objets en vue desquels sont établis les préceptes sur l'exorde : c'est-à-dire, s'il ne rend l'auditeur ni bienveillant, ni attentif, ni docile, ou, ce qui est le plus grand de tous les défauts, s'il fait tout le contraire. C'en est assez sur l'exorde.

XIX. Narratio est rerum gestarum, aut ut gestarum, expositio. Narrationum tria sunt genera : unum genus est, in quo ipsa causa, et omnis ratio controversiæ continetur; alterum, in quo digressio aliqua extra causam aut criminationis, aut similitudinis, aut delectationis non alienæ ab eo negotio, quo de agitur, aut amplificationis causa, interponitur; tertium genus est remotum a civilibus causis, quod delectationis causa, non inutili cum exercitatione, dicitur et scribitur. Ejus partes sunt duæ, quarum altera in negotiis, altera in personis maxime versatur. Ea, quæ in negotiorum expositione posita est, tres habet partes, fabulam, historiam, argumentum. Fabula est, in qua nec veræ, nec verisimiles res continentur; cujusmodi est :

Angues ingentes alites, juncti jugo.

Historia est gesta res, ab ætatis nostræ memoria remota; quod genus : « Appius indixit Carthaginiensibus bellum. » Argumentum est ficta res, quæ tamen fieri potuit. Hujusmodi apud Terentium :

Nam is postquam excessit ex ephebis, Sosia.

Illa autem narratio, quæ versatur in personis, ejusmodi est, ut in ea simul cum rebus ipsis personarum sermones et animi perspici possint, hoc modo :

Venit ad me sæpe clamitans, Quid agis, Mitio?
Cur perdis adolescentem nobis? cur amat?
Cur potat? cur tu his rebus sumtum suggeris?

XIX. La narration est l'exposé des faits, ou vrais ou vraisemblables. Il y a trois sortes de narrations : la première est celle qui renferme toute la cause et toute la matière de la discussion; la seconde contient quelque digression qui a pour objet de chercher en dehors de la cause, quelque chef d'accusation, quelque rapprochement, quelque moyen de plaire qui se rapporte au sujet même, ou enfin quelque sujet de développement; la troisième est tout-à-fait étrangère aux causes civiles; elle a principalement pour but l'agrément, mais de plus elle offre un utile exercice pour apprendre à écrire et à parler. Elle se divise en deux espèces : l'une s'occupe des choses; l'autre, des personnes. Celle qui s'occupe des choses offre trois parties : la fable, l'histoire, l'hypothèse. On nomme fable le récit qui n'offre ni vérité ni vraisemblance, comme :

De grands serpens ailés soumis au même joug.

L'histoire, c'est le récit de faits réels, et placés loin de nous; par exemple : « Appius déclara la guerre aux Carthaginois. » L'hypothèse est un fait supposé, mais qui cependant n'est pas impossible, comme dans ce récit de Térence :

« Dès que mon fils fut sorti de l'enfance, mon cher Sosie, etc. »

La narration qui se rapporte aux personnes est celle qui, dans l'exposé même des faits, a pour but de faire connaître le langage et le caractère des individus; par exemple :

« Il vient sans cesse me crier : Que fais-tu, Mition? tu perds ce jeune homme; il a une maîtresse, il se livre au vin, et c'est toi qui fournis à ces folles dépenses. Tu l'habilles avec trop de

Vestitu nimio indulges, nimium ineptus es.
Nimium ipse durus est præter æquumque et bonum.

Hoc in genere narrationis multa inesse debet festivitas, confecta ex rerum varietate, animorum dissimilitudine, gravitate, lenitate, spe, metu, suspicione, desiderio, dissimulatione, errore, misericordia, fortunæ commutatione, insperato incommodo, subita lætitia, jucundo exitu rerum. Verum hæc ex his, quæ postea de elocutione præcipientur, ornamenta sumentur. Nunc de narratione ea, quæ causæ continet expositionem, dicendum videtur.

XX. Oportet igitur eam tres habere res : ut brevis, ut aperta, ut probabilis sit. Brevis erit, si, unde necesse est, inde initium sumetur, et non ab ultimo repetetur, et si cujus rei satis erit summam dixisse, ejus partes non dicentur (nam sæpe satis est, quod factum sit, dicere; non ut enarres, quemadmodum sit factum); et si non longius, quam quod scitu opus est, in narrando procedetur; et si nullam in rem aliam transibitur; et si ita dicetur, ut nonnunquam ex eo, quod dictum sit, id, quod dictum non sit, intelligatur; et si non modo id, quod obest, verum etiam id, quod nec obest, nec adjuvat, præteribitur; et si semel unumquodque dicetur; et si non ab eo, in quo proxime desitum erit, deinceps incipietur. Ac multos imitatio brevitatis decipit, ut, quum se breves putent esse, longissimi sint : quum

recherche; tu es trop faible pour lui en toute chose. Mais c'est lui plutôt qui se montre plus sévère qu'il n'est juste et raisonnable. »

Il faut mettre dans ces narrations tous les ornemens que peuvent offrir la variété des faits, la différence des caractères, la sévérité, la douceur, l'espérance, la crainte, le soupçon, le désir, la dissimulation, l'erreur, la pitié, les changemens de fortune, les malheurs soudains, les joies inespérées, et un heureux dénouement. Mais nous traiterons plus tard de ces beautés de détail, quand nous en viendrons aux règles du style. Il faut parler à présent de la narration qui renferme l'exposé de la cause.

XX. Elle doit réunir trois qualités : la brièveté, la clarté, la vraisemblance. La brièveté consiste à prendre le récit au point juste, sans remonter au premier commencement; à ne point descendre aux détails, quand il suffit d'indiquer sommairement le fait (car souvent c'est assez d'énoncer un fait, sans en rapporter les circonstances); à ne point le conduire au delà de ce qu'il importe de faire connaître; à ne point s'égarer dans des digressions; à s'exprimer enfin de telle manière, que ce qu'on dit fasse comprendre ce qu'on ne dit pas; à omettre, non-seulement ce qui est contraire à la cause, mais encore ce qui ne lui est ni contraire ni favorable; à ne dire la même chose qu'une seule fois; à ne point recommencer ce qu'on a fini d'exprimer. Beaucoup de gens se font une fausse idée de la brièveté, au point de n'être jamais plus longs qu'alors qu'ils croient être courts. Ils s'appliquent à dire beaucoup de choses en peu de mots, au lieu de se borner à ne dire qu'un petit nombre de

dent operam, ut res multas breviter dicant, non ut omnino paucas res dicant, et non plures, quam necesse sit. Nam plerisque breviter dicere videtur, qui ita dicit : « Accessi ad ædes, puerum evocavi; respondit; quæsivi dominum; domi negavit esse. » Hic, tametsi tot res brevius non potuit dicere, tamen, quia satis fuit dixisse, « domi negavit esse, » fit rerum multitudine longus. Quare hoc quoque in genere vitanda est brevitatis imitatio, et non minus rerum non necessariarum, quam verborum multitudine supersedendum est.

Aperta autem narratio poterit esse, si, ut quidque primum gestum erit, ita primum exponetur, et rerum ac temporum ordo servabitur, ut ita narrentur, ut gestæ res erunt, aut ut potuisse geri videbuntur. Hic considerandum erit, ne quid perturbate, ne quid contorte dicatur, ne quam in aliam rem transeatur, ne ab ultimo repetatur, ne ad extremum prodeatur, ne quid, quod ad rem pertineat, prætereatur; et omnino, quæ præcepta de brevitate sunt, hoc quoque in genere sunt conservanda. Nam sæpe res parum est intellecta longitudine magis, quam obscuritate narrationis. Ac verbis quoque dilucidis utendum est : quo de genere dicendum est in præceptis elocutionis.

XXI. Probabilis erit narratio, si in ea videbuntur inesse ea, quæ solent apparere in veritate; si personarum dignitates servabuntur; si causæ factorum exsta-

choses nécessaires. On croit généralement que c'est être bref que de dire : « J'approche de la maison, j'appelle un esclave : il me répond; je lui demande son maître : il dit qu'il n'est pas au logis. » Il est impossible, sans doute, de dire plus de choses en moins de mots; cependant, comme il suffisait de dire, « Il n'y était pas, » ces détails rendent le récit très-diffus. Il faut donc fuir cette prétendue brièveté, et retrancher l'abondance des détails inutiles avec le même soin que l'abondance des mots.

Le moyen de rendre la narration claire, c'est d'exposer d'abord ce qui s'est fait d'abord, en observant l'ordre des temps et des faits, en racontant les choses comme elles se sont passées, ou comme il est vraisemblable qu'elles ont pu se passer. Il faut se garder surtout de l'entortillage et de la confusion; ne point s'écarter, ne point remonter trop haut, ne pas s'avancer trop loin, ne rien omettre d'essentiel à la cause, observer enfin toutes les règles que nous avons tracées pour la brièveté; car, souvent, c'est plutôt la diffusion que l'obscurité même qui embrouille une question. Il faut employer aussi des expressions claires : nous traiterons ce point dans les préceptes sur le style.

XXI. Pour donner à la narration de la vraisemblance, il faut la revêtir de tous les caractères de la vérité, garder les convenances des personnes, montrer la cause des faits; prouver qu'on avait puissance de faire ce dont il

bunt; si fuisse facultates faciundi videbuntur; si tempus idoneum; si spatii satis; si locus opportunus ad eamdem rem, qua de re narrabitur, fuisse ostendetur; si res et ad eorum, qui agent, naturam, et ad vulgi morem, et ad eorum, qui audient, opinionem accommodabitur. Ac veri quidem similis ex his rationibus esse poterit.

Illud autem præterea considerare oportebit, ne aut, quum obsit narratio, aut quum nihil prosit, tamen interponatur; aut non loco, aut non, quemadmodum causa postulat, narretur. Obest tum, quum ipsius rei gestæ expositio magnam excipit offensionem, quam argumentando, et causam agendo leniri oportebit. Quod quum acciderit, membratim oportebit partes rei gestæ dispergere in causam, et ad unamquamque confestim rationem accommodare, ut vulneri præsto medicamentum sit, et odium statim defensio mitiget. Nihil prodest narratio tunc, quum aut ab adversariis re exposita, nostra nihil interest, iterum aut alio modo narrare; aut quum ab iis, qui audiunt, ita tenetur negotium, ut nostra nihil intersit eos alio pacto docere. Quod quum acciderit, omnino narratione supersedendum est. Non loco dicitur, quum non in ea parte orationis collocatur, in qua res postulat: quo de genere agemus tum, quum de dispositione dicemus; nam hoc ad dispositionem pertinet. Non quemadmodum causa postulat, narratur,

s'agit, que le moment était propice, le temps suffisant, le lieu favorable à l'exécution. Il faut mettre le récit en rapport parfait avec le caractère des parties, avec les habitudes du public et les sentimens de l'auditoire. C'est ainsi qu'on donne au récit les couleurs de la vérité.

Il faut en outre, quand la narration peut être nuisible, ou simplement inutile, savoir la retrancher, ou prendre garde qu'elle ne vienne hors de sa place, et ne se présente mal dans l'intérêt de la cause. Elle est nuisible, quand l'exposé du fait produit de fâcheuses impressions, qu'il faut ensuite adoucir par l'argumentation et la plaidoirie. Dans ce cas, il faut disséminer les parties du fait dans le corps du discours, et donner aussitôt la justification de chacune d'elles, pour appliquer immédiatement le remède à la blessure, en désarmant par la défense la colère des juges. La narration ne sert de rien, quand l'adversaire a si bien exposé le fait, que nous n'aurions aucun intérêt à l'exposer une seconde fois, même d'une autre manière; ou quand les juges sont si bien instruits de toute l'affaire, que nous n'aurions aucun avantage à la leur présenter sous un autre point de vue. Dans ces circonstances, il faut absolument supprimer la narration. La narration est déplacée, quand on ne lui donne pas dans le discours la place qui lui convient, dans l'intérêt de la cause. Ce point rentre dans la disposition; j'en parlerai en traitant cette partie. La narration se présente mal dans l'intérêt de la cause, quand elle s'étudie à mettre en lumière et en relief ce qui peut servir notre

quum aut id, quod adversario prodest, dilucide et ornate exponitur, aut id, quod ipsum adjuvat, obscure dicitur et negligenter. Quare, ut hoc vitium vitetur, omnia torquenda sunt ad commodum suæ causæ, contraria, quæ præteriri poterunt, prætereundo; quæ illius erunt, leviter attingendo, sua diligenter et enodate narrando. Ac de narratione quidem satis dictum videtur; deinceps ad partitionem transeamus.

XXII. Recte habita in causa partitio illustrem et perspicuam totam efficit orationem. Ejus partes duæ sunt, quarum utraque magnopere ad aperiendam causam, et ad constituendam pertinet controversiam. Una pars est, quæ, quid cum adversariis conveniat, et quid in controversia relinquatur, ostendit : ex qua certum quiddam designatur auditori, in quo animum debeat habere occupatum. Altera est, in qua rerum earum, de quibus erimus dicturi, breviter expositio ponitur distributa : ex qua conficitur, ut certas animo res teneat auditor, quibus dictis intelligat, fore peroratum. Nunc utroque genere partitionis quemadmodum conveniat uti, breviter dicendum videtur.

Quæ partitio, quid conveniat, aut quid non conveniat, ostendit; hæc debet illud, quod convenit, inclinare ad suæ causæ commodum, hoc modo : « Interfectam matrem esse a filio, convenit mihi cum adversariis. » Item contra : « Interfectum esse a Clytæmnestra Agame-

adversaire, ou qu'elle néglige et laisse dans l'ombre le côté qui nous est favorable. Pour éviter cette faute, il faut tout ramener à l'intérêt de la cause, omettre, autant qu'on le peut, les circonstances qui sont contre nous, passer légèrement sur celles qui sont à l'avantage de l'adversaire, faire ressortir et développer avec soin celles qui sont en notre faveur. Je crois en avoir assez dit sur la narration; passons maintenant à la division.

XXII. Une bonne division dans la cause répand la lumière et la clarté sur tout le discours. Elle a deux parties également essentielles pour éclaircir la cause et déterminer le point de discussion. La première montre en quoi nous sommes d'accord avec l'adversaire, et ce qui reste à discuter entre nous; elle détermine ainsi le point sur lequel doit se fixer l'attention du juge. La seconde renferme l'exposé rapide des parties qui doivent entrer dans le discours; elle a pour but de déterminer pour l'auditeur un certain nombre de points qui, une fois traités, amèneront la fin de notre plaidoirie. Je vais indiquer en peu de mots l'emploi qu'il faut faire de ces deux genres de divisions.

La première, qui établit en quoi nous sommes d'accord et en quoi nous ne le sommes pas avec l'adversaire, doit tourner à l'avantage de notre cause les points sur lesquels nous sommes d'accord : par exemple : «Je conviens que le fils a tué sa mère;» mais on convient aussi avec moi «que Clytemnestre avait tué Agamemnon.» De

mnonem, convenit.» Nam hic uterque et id posuit, quod conveniebat, et tamen suæ causæ commodo consuluit. Deinde, quid controversiæ sit, ponendum est in judicationis expositione : quæ quemadmodum inveniretur, ante dictum est.

Quæ autem partitio rerum distributam continet expositionem, hæc habere debet brevitatem, absolutionem, paucitatem. Brevitas est, quum, nisi necessarium, nullum assumitur verbum. Hæc in hoc genere idcirco utilis est, quod rebus ipsis, et partibus causæ, non verbis, neque extraneis ornamentis animus auditoris tenendus est. Absolutio est, per quam omnia, quæ incidunt in causam, genera, de quibus dicendum est, amplectimur. In qua partitione videndum est, ne aut aliquod genus utile relinquatur, aut sero extra partitionem, id quod vitiosissimum ac turpissimum est, inferatur. Paucitas in partitione servatur, si genera ipsa rerum ponuntur, neque permixte cum partibus implicantur. Nam genus est, quod plures partes amplectitur, ut animal. Pars est, quæ subest generi, ut equus. Sed sæpe eadem res alii genus, alii pars est. Nam homo, animalis pars est; Thebani aut Trojani, genus.

XXIII. Hæc ideo diligentius inducitur præscriptio, ut aperte intellecta generali partitione, paucitas generum in partitione servari possit. Nam qui ita partitur, «Ostendam, propter cupiditatem, et audaciam, et avari-

cette manière, chacun tombe d'accord sur un point, sans compromettre les intérêts de sa cause. Il faut ensuite établir le différent dans la position du point à juger : nous avons enseigné plus haut la manière de le découvrir.

Quant à cette partie de la division, qui renferme l'ordre et la distribution de la plaidoirie, elle doit être courte, complète et sommaire. Pour être courte, il faut qu'elle n'admette que les mots absolument nécessaires ; et ce mérite est grand dans ce cas, où c'est sur les faits mêmes et les parties de la cause, non sur des ornemens étrangers, qu'il faut appeler l'attention du juge. La narration sera complète, si elle embrasse tous les genres qui s'offrent dans la cause et sur lesquels on doit parler. Il faut prendre garde, en traitant cette partie de la division, d'oublier quelque point nécessaire, qu'il faudrait plus tard placer en dehors de la distribution déjà faite, ce qui est une faute énorme et capitale. Elle est sommaire, si elle établit les genres sans y mêler confusément des espèces. Ce qu'on appelle genre comprend plusieurs espèces, comme le mot animal. L'espèce est comprise dans le genre, comme cheval : mais souvent ce qui est genre sous un rapport est espèce sous un autre. Le mot homme exprime une espèce du genre animal, et un genre par rapport aux Thébains ou aux Troyens.

XXIII. Je dois insister sur cette règle, pour que l'orateur apprenne à bien faire la division des genres, et à les réduire à une énonciation sommaire. Dire, par exemple : « Je montrerai que les passions, l'audace et l'avarice des adversaires ont été pour la république la source

tiam adversariorum, omnia incommoda ad rempublicam pervenisse; » is non intellexit, in partitione, exposito genere, partem se generis admiscuisse. Nam genus est, omnium nimirum libidinum, cupiditas; ejus autem generis sine dubio pars est avaritia.

Hoc igitur vitandum est, ne, cujus genus posueris, ejus secum aliquam, sicut diversam ac dissimilem, partem ponas in eadem partitione. Quod si quod in genus plures incident partes, id quum in prima partitione causæ erit simpliciter expositum, distribuetur eo tempore commodissime, quum ad ipsum ventum erit explicandum in causæ dictione post partitionem. Atque illud quoque pertinet ad paucitatem, ne aut plura, quam satis est, demonstraturos nos dicamus, hoc modo : « Ostendam, adversarios, quod arguimus, et potuisse facere, et voluisse, et fecisse; » nam fecisse ostendere satis est : aut, quum in causa partitio nulla sit, et quum quiddam simplex agatur, tamen utamur distributione : id quod perraro potest accidere.

Ac sunt alia quoque præcepta partitionum, quæ ad hunc usum oratorium non tantopere pertineant; quæ versantur in philosophia : ex quibus hæc ipsa transtulimus, quæ convenire videbantur; quorum nihil in ceteris artibus inveniebamus.

Atque his de partitione præceptis, in omni dictione meminisse oportebit, ut et prima quæque pars, ut ex-

de tous les maux, » c'est ne pas comprendre qu'au genre on ajoute l'espèce ; car passion est le genre, qui comprend toutes les affections déréglées, et l'avarice est évidemment une de ses espèces.

Il faut donc se garder, quand on a nommé le genre, de faire entrer dans la même division quelqu'une de ses espèces, comme si elle était en dehors et ne faisait pas partie du genre. Si un genre comprend plusieurs espèces, il suffit de l'énoncer dans la division, sauf ensuite à présenter aussi ses espèces, quand le moment sera venu de le développer lui-même, après la division, dans la suite du discours. Pour que la division soit sommaire, il importe encore de ne point promettre plus de démonstrations qu'il n'en faut ; de ne pas dire, par exemple : « Je prouverai que les adversaires ont eu les moyens et la volonté de commettre le délit dont je les accuse, et qu'ils l'ont commis ; » car il suffit de prouver qu'ils l'ont commis, ou même de supprimer la division, si la simplicité de la cause n'en admet aucune ; ce qui, du reste, est très-rare.

Il est encore d'autres règles de la division, qui n'appartiennent pas proprement à l'art oratoire, mais à la philosophie. C'est à cette dernière même que j'ai emprunté ces préceptes, qui me paraissaient convenir à mon sujet, et que je n'ai trouvés dans aucune autre rhétorique.

Pour terminer cet exposé des règles de la division, j'ajouterai qu'il faut, dans tous les genres possibles, dé-

posita est in partitione, sic ordine transigatur, et omnibus explicatis, peroratum sit; hoc modo, ut ne quid posterius præter conclusionem inferatur. Partitur apud Terentium breviter et commode senex in Andria, quæ cognoscere libertum velit :

> Eo pacto, et gnati vitam, et consilium meum
> Cognosces, et quid facere in hac re te velim.

Itaque quemadmodum in partitione proposuit, ita narrat, primum gnati vitam :

> Nam is postquam excessit ex ephebis, Sosia,
> Liberius vivendi fuit potestas.

Deinde suum consilium :

> Et nunc id operam do.

Deinde quid Sosiam velit facere, id quod postremum posuit in partitione, postremum dicit :

> Nunc tuum est officium.

Quemadmodum igitur hic et ad primam quamque partem primum accessit, et, omnibus absolutis, finem dicendi fecit, sic nobis placet, et ad singulas partes accedere, et, omnibus absolutis, perorare. Nunc de confirmatione deinceps, ita ut ordo ipse postulat, præcipiendum videtur.

XXIV. Confirmatio est, per quam argumentando nostræ causæ fidem, et auctoritatem, et firmamentum adjungit oratio. Hujus partis certa sunt præcepta, quæ in

velopper chaque point dans le même ordre qu'on aura établi dans la division, et terminer le discours après avoir traité chacune de ces parties, de manière à n'avoir plus rien à ajouter que la conclusion. Nous trouvons dans Térence un modèle de division nette et facile; c'est le vieillard de l'*Andrienne* qui parle à son affranchi :

« Ainsi tu sauras la conduite de mon fils, mes desseins, et le rôle que tu auras à jouer dans cette affaire. »

Il s'attache, dans son récit, à l'ordre établi par la division ; il parle d'abord de la conduite de son fils :

« Depuis qu'il est sorti de l'adolescence, mon cher Sosie, je lui ai laissé plus de liberté. »

Il explique ensuite son dessein :

« Et maintenant je m'occupe....... »

Ce qu'il veut que Sosie fasse, il l'explique en dernier lieu, parce que c'est la dernière partie de sa division :

« Ton rôle à toi....... »

Comme l'on voit qu'il traite successivement tous les points dans l'ordre qu'il a tracé d'avance, et finit de parler après les avoir tous développés, ainsi l'orateur doit traiter chaque partie de sa division et conclure immédiatement. Je crois devoir parler maintenant de la confirmation, comme l'ordre même que j'ai indiqué l'exige.

XXIV. La confirmation est cette partie du discours où l'on cherche à établir la bonté de sa cause et à la démontrer victorieusement par les preuves. Elle a ses règles déterminées, qu'il faut classer selon les genres de

singula causarum genera dividentur. Verumtamen non incommodum videtur, quamdam silvam, atque materiam universam ante permixtam et confusam exponere omnium argumentationum; post autem tradere, quemadmodum unumquodque genus causæ, omnibus hinc argumentandi rationibus tractis, confirmare oporteat.

Omnes res argumentando confirmantur, aut ex eo, quod personis, aut ex eo, quod negotiis est attributum. Ac personis has res attributas putamus, nomen, naturam, victum, fortunam, habitum, affectionem, studia, consilia, facta, casus, orationes. Nomen est, quod unicuique personæ attribuitur, quo suo quæque proprio et certo vocabulo appelletur. Naturam ipsam definire difficile est : partes autem ejus enumerare eas, quarum indigemus ad hanc præceptionem, facilius est.

Hæ autem partim divino, partim mortali in genere versantur. Mortalium autem pars in hominum, pars in bestiarum genere numeratur. Atque hominum genus et in sexu consideratur, virile an muliebre sit; et in natione, patria, cognatione, ætate. Natione, Graius an Barbarus; patria, Atheniensis an Lacedæmonius; cognatione, quibus majoribus, quibus consanguineis; ætate, puer an adolescens, natu grandior an senex. Præterea commoda et incommoda considerantur ab natura data animo aut corpori, hoc modo : valens an imbecillus ; longus an brevis; formosus an deformis; velox an tardus

causes. Cependant, je crois qu'il n'est pas mal-à-propos d'exposer d'abord confusément et sans faire les distinctions nécessaires tout l'ensemble et toutes les ressources de l'argumentation, pour arriver ensuite à montrer comment il y faut chercher les argumens propres à chaque genre de cause en particulier.

Tous les argumens se tirent des personnes ou des choses. Ce qui se rapporte aux personnes, c'est le nom, la nature, le genre de vie, la fortune, la manière d'être, les affections, les goûts, les desseins, les actions, les évènemens, les discours. Le nom est le mot propre et distinctif dont on se sert pour désigner un individu. Quant à la nature, il est difficile de la définir en elle-même; il est plus simple d'énumérer celles de ses parties dont nous avons besoin pour établir ces préceptes.

Ces parties ont rapport à un double objet, ce qui est divin et ce qui est mortel. Ce qui est mortel comprend d'un côté les hommes, de l'autre les animaux. Dans le genre humain, on distingue le sexe, masculin ou féminin, la nation, la patrie, la famille, l'âge : pour la nation, le Grec ou le Barbare; pour la patrie, Athènes ou Lacédémone; pour la famille, les ancêtres et les parens; pour l'âge, l'enfance ou l'adolescence, l'âge viril ou la vieillesse. On considère encore les avantages ou les défauts naturels de l'esprit et du corps, la force ou la faiblesse, la grandeur ou la petitesse, la laideur ou la beauté, la lenteur ou la vivacité, la pénétration ou la stupidité; le plus ou moins de mémoire, de politesse,

sit; acutus an hebetior; memor an obliviosus; comis, officiosus, pudens, patiens, an contra. Et omnino, quæ a natura data animo et corpori considerabuntur, in natura consideranda sunt. Nam quæ industria comparantur, ad habitum pertinent, de quo posterius dicendum est.

XXV. In victu considerare oportet, apud quos, et quo more, et cujus arbitratu sit educatus, quos habuerit artium liberalium magistros, quos vivendi præceptores, quibus amicis utatur, quo in negotio, quæstu, artificio sit occupatus, quo modo rem familiarem administret, qua consuetudine domestica sit.

In fortuna quæritur, servus sit, an liber; pecuniosus, an tenuis; privatus, an cum potestate; si cum potestate, jure an injuria; felix, clarus, an contra; quales liberos habeat. Ac si de non vivo quæretur, etiam quali morte sit affectus, erit considerandum.

Habitum autem appellamus, animi aut corporis constantem et absolutam aliqua in re perfectionem; ut virtutis, aut artis perceptionem alicujus, aut quamvis scientiam; et item corporis aliquam commoditatem, non natura datam, sed studio industriaque partam.

Affectio est, animi aut corporis ex tempore, aliqua de causa, commutatio, ut lætitia, cupiditas, metus, molestia, morbus, debilitas, et alia, quæ genere in eodem reperiuntur. Studium est animi assidua et vehemens

d'obligeance, de modestie et de patience. Tous ces avantages ou défauts naturels du corps et de l'esprit doivent être appréciés dans la nature; car tout ce qui est le produit de l'art se rapporte à la manière d'être, dont nous parlerons plus bas.

XXV. Dans le genre de vie, il faut considérer où, comment, par la volonté de qui un homme a été élevé; quels ont été ses maîtres pour les arts libéraux, ses précepteurs pour la morale; quelles sont ses amitiés, la profession ou l'art qu'il exerce, ses moyens d'existence, la manière dont il gouverne ses biens, et ses habitudes domestiques.

Pour la fortune, on considère si un homme est libre ou esclave, riche ou pauvre, simple citoyen ou magistrat, et, dans ce dernier cas, s'il mérite ou non de l'être; s'il est heureux et honoré, ou s'il ne l'est pas; quels sont ses enfans; et, s'il n'est plus vivant, il faut rappeler la manière dont il est mort.

On entend par manière d'être, une supériorité constante et accomplie, soit au physique, soit au moral; par exemple: une vertu, un talent, une science quelconque, et de même quelque avantage corporel qui ne soit pas un don de la nature, mais un fruit de l'exercice et du travail.

On désigne par affections les changemens soudains qui s'opèrent dans l'état de l'âme et du corps, tels que la joie, le désir, la cruauté, la tristesse, la maladie, la faiblesse et tous les accidens de ce genre. Le goût exprime une application constante, une tendance pro-

ad aliquam rem applicata magna cum voluntate occupatio, ut philosophiæ, poeticæ, geometriæ, litterarum. Consilium est aliquid faciendi, aut non faciendi [vere] excogitata ratio. Facta autem, et casus, et orationes tribus ex temporibus considerabuntur : quid fecerit, aut quid ipsi acciderit, aut quid dixerit; aut quid faciat, quid ipsi accidat, quid dicat; aut quid facturus sit, quid ipsi casurum sit, qua sit usurus oratione. Ac personis quidem hæc videntur esse attributa.

XXVI. Negotiis autem quæ sunt attributa, partim sunt continentia cum ipso negotio, partim in gestione negotii considerantur, partim adjuncta negotio sunt, partim gestum negotium consequuntur. Continentia cum ipso negotio sunt ea, quæ semper affixa esse videntur ad rem, neque ab ea possunt separari. Ex his prima est brevis complexio totius negotii, quæ summam continet facti, hoc modo : Parentis occisio, patriæ proditio; deinde causa ejus summæ, per quam, et quamobrem, et cujus rei causa factum sit, quæritur; deinde ante rem gestam, quæ facta sunt, continenter usque ad ipsum negotium; deinde, in ipso gerendo negotio quid actum sit; deinde, quid postea factum sit.

In gestione autem negotii, qui locus secundus erat de iis, quæ negotiis attributa sunt, quæritur locus, tempus, occasio, modus, facultates. Locus consideratur, in quo res gesta sit, ex opportunitate, quam videatur

noncée de l'esprit vers un objet unique : la philosophie, par exemple, la poésie, la géométrie ou les lettres. Le dessein est un parti pris ou raisonné de faire ou de ne pas faire quelque chose. Les actions, les évènemens et les discours peuvent être envisagés sous le triple rapport que présente la succession du temps : on examine ce qu'un individu a fait, ce qui lui est arrivé, ce qu'il a dit ; ou ce qu'il fait maintenant, ce qui lui arrive, ce qu'il dit ; ou ce qu'il fera plus tard, ce qui lui arrivera, et ce qu'il doit dire : voilà ce qui concerne les personnes.

XXVI. Dans ce qui se rapporte aux choses, il faut distinguer les dépendances d'un fait, les circonstances qui l'accompagnent, les accessoires qui s'y rattachent, les résultats qui en sont la conséquence. Par les dépendances du fait, on entend ce qui se lie trop étroitement au fait lui-même, pour pouvoir jamais en être séparé. C'est de là que se tire cette première et courte formule, qui résume l'idée générale d'un fait, comme parricide, trahison ; ensuite on développe cette énonciation sommaire ; on cherche la cause, les moyens, le but ; puis on examine tous les précédens jusqu'au fait même, les circonstances qui l'ont accompagné, et les résultats qui l'ont suivi.

Dans l'exécution du fait, qui est le second des lieux attribués aux choses, il faut considérer le lieu, le temps, l'occasion, la manière, les moyens. On envisage le lieu sous le rapport des facilités qu'il offrait à l'exécution, et l'on juge de ces facilités par l'étendue, par la distance,

habuisse ad negotium administrandum. Ea autem opportunitas quæritur ex magnitudine, intervallo, longinquitate, propinquitate, solitudine, celebritate, natura ipsius loci, et vicinitate totius regionis; ex his etiam attributionibus : sacer an profanus, publicus an privatus, alienus an ipsius, de quo agitur, locus sit an fuerit.

Tempus est, id quo nunc utimur (nam ipsum quidem generaliter definire difficile est), pars quædam æternitatis, cum alicujus annui, menstrui, diurni, nocturnive spatii certa significatione. In hoc et quæ præterierint, considerantur; et eorum ipsorum, quæ propter vetustatem obsoleverint, ut incredibilia videantur, et jam in fabularum numerum reponantur; et quæ jam diu gesta, et a memoria nostra remota, tamen faciant fidem, vere tradita esse, quod eorum monumenta certa in litteris exstent; et quæ nuper gesta sint, quæ scire plerique possint; et item quæ instent in præsentia, et quæ maxime fiant, et quæ consequantur. In quibus potest considerari, quid ocyus, et quid serius futurum sit. Et item communiter in tempore perspiciendo longinquitas ejus est consideranda. Nam sæpe oportet commetiri cum tempore negotium, et videre, potueritne aut magnitudo negotii aut multitudo rerum in eo transigi tempore. Consideratur autem tempus et anni, et mensis, et diei, et noctis, et vigiliæ, et horæ, et in aliqua parte alicujus horum.

par l'éloignement, par la proximité, par la solitude, par la fréquentation, par sa nature même, et par ses environs; on examine encore si le lieu est sacré ou profane, public ou privé, si l'individu dont il s'agit en est ou en a été le propriétaire.

Le temps, sous le rapport qui nous occupe en ce moment (car il serait difficile d'en donner une définition générale), est une partie de l'éternité, que nous déterminons par les mots d'année, de mois, de jour, de nuit. Dans le temps, il faut tenir compte des faits anciens, de ceux même que l'âge a tellement effacés, que nous les jugeons incroyables et fabuleux; de ceux qui, malgré leur antiquité et la distance qui les sépare de notre époque, sont admis comme vrais, parce que nous trouvons dans l'histoire des preuves certaines de leur existence; des faits récens, que chacun peut connaître; des faits contemporains, qui s'accomplissent sous nos yeux ou qui vont s'accomplir. Dans ce dernier cas, on peut considérer encore le moment plus ou moins éloigné qui les verra naître. En général, dans l'appréciation du temps, il faut tenir compte de la durée; car souvent il est nécessaire de rapporter le fait à cette mesure, et de voir si la longueur de l'action ou le grand nombre des faits ont pu tenir dans l'espace déterminé. Il faut distinguer encore l'année, le mois, le jour, la nuit, les veilles, les heures ou quelqu'une de leurs parties.

XXVII. Occasio est pars temporis, habens in se alicujus rei idoneam faciendi aut non faciendi opportunitatem. Quare cum tempore hoc differt. Nam genere quidem utrumque idem esse intelligitur: verum in tempore spatium quodammodo declaratur, quod in annis, aut in anno, aut in aliqua anni parte spectatur; in occasione, ad spatium temporis, faciendi quædam opportunitas intelligitur adjuncta. Quare quum genere idem sit, fit aliud, quod parte quadam, et specie, ut diximus, differat. Hæc distribuitur in tria genera, publicum, commune, singulare. Publicum est, quod civitas universa aliqua de causa frequentat, ut ludi, dies festus, bellum. Commune, quod accidit omnibus eodem fere tempore, ut messis, vindemia, calor, frigus. Singulare autem est, quod aliqua de causa privatim solet alicui accidere, ut nuptiæ, sacrificium, funus, convivium, somnus.

Modus est, in quo, quemadmodum, et quo animo factum sit, quæritur. Ejus partes sunt, prudentia et imprudentia. Prudentiæ ratio quæritur ex iis, quæ clam, palam, vi, persuasione fecerit; imprudentia autem in purgationem confertur, cujus partes sunt inscientia, casus, necessitas, et in affectionem animi, hoc est, molestiam, iracundiam, amorem, et cetera, quæ in simili genere versantur.

Facultates sunt, aut quibus facilius fit, aut sine quibus aliquid confici non potest.

XXVII. L'occasion est cette partie du temps qui offre la facilité de faire ou de ne pas faire une chose : c'est par là qu'elle diffère du temps ; car, pour ce qui est du genre, ils ne font qu'un : mais ce que l'on distingue dans le temps, ce sont de certaines mesures, qui se déterminent par des années, par une année ou par une partie d'année ; tandis qu'à l'idée d'espace l'occasion ajoute celle d'une facilité d'exécution. Ainsi, quoique la même chose quant au genre, elle diffère du temps sous un rapport et par l'espèce, comme je l'ai dit plus haut. On distingue trois sortes d'occasions : publique, commune, particulière. Elle est publique, alors qu'elle met sur pied toute une ville, comme des jeux, une fête ou une guerre ; commune, s'il s'agit d'une circonstance qui est à peu près la même pour tous, comme la moisson, la vendange, le chaud, le froid ; particulière, s'il s'agit de quelqu'un des accidens de la vie individuelle, comme un mariage, un sacrifice, un convoi, un festin, le sommeil.

Dans la manière, on cherche comment et avec quelle intention une chose a été faite. Elle a deux parties, la volonté et l'imprudence. On donne pour preuve de la volonté les manœuvres publiques ou cachées, les moyens de violence ou de persuasion employés par l'accusé. L'imprudence est alléguée dans la justification : elle a pour espèces l'ignorance, le hasard, la nécessité et les affections de l'âme qui comprennent le chagrin, l'irritation, l'amour et autres affections du même genre.

Par les moyens, on désigne généralement tout ce qui est favorable ou même indispensable à l'exécution.

XXVIII. Adjunctum autem negotio id intelligitur, quod majus, et quod minus, et quod simile erit ei negotio, quo de agitur, et quod æque magnum, et quod contrarium, et quod disparatum, et genus, et pars, et eventus. Majus et minus, et æque magnum, ex vi, et ex numero, et ex figura negotii, sicut ex statura corporis, consideratur.

Simile autem ex specie comparabili, aut ex conferenda atque assimulanda natura judicatur. Contrarium est, quod positum in genere diverso, ab eodem, cui contrarium esse dicitur, plurimum distat, ut frigus calori, vitæ mors. Disparatum autem est id, quod ab aliqua re per oppositionem negationis separatur, hoc modo : « Sapere, et non sapere. » Genus est, quod partes aliquas amplectitur, ut cupiditas. Pars est, quæ subest generi, ut amor, avaritia. Eventus est alicujus exitus negotii, in quo quæri solet, quid ex quaque re evenerit, eveniat, eventurum sit. Quare hoc in genere, ut commodius, quid eventurum sit, ante animo colligi possit, quid quaque ex re soleat evenire, considerandum est, hoc modo : « Ex arrogantia odium, ex insolentia arrogantia. »

Quarta autem pars est ex iis, quas negotiis dicebamus esse attributas, consecutio. In hac eæ res quæruntur, quæ gestum negotium consequuntur; primum, quod factum est, quo id nomine appellari conveniat; deinde, ejus facti qui sint principes et inventores, qui denique

XXVIII. Par les rapports du fait, on désigne ce qui est plus grand, moindre, semblable, égal, contraire, contradictoire, le genre, l'espèce et les résultats. La différence de grandeur et l'égalité se règlent sur la force, l'étendue et la figure du fait, apprécié comme un corps dont on mesure les proportions.

La ressemblance résulte d'un point de comparaison, d'un rapprochement possible, d'un rapport saisissable dans la nature. On appelle contraire ce qui, placé dans un genre opposé, diffère essentiellement, comme le froid et le chaud, la vie et la mort; contradictoire, ce qui est exprimé par la négation d'une qualité positive, par exemple : «Être sage, n'être pas sage. » On nomme genre ce qui renferme des espèces, comme passion. L'espèce est comprise dans le genre, comme amour, avarice. Le résultat est l'issue d'une affaire; il faut le considérer au passé, au présent et au futur. Le moyen d'arriver à mieux prévoir les résultats d'un fait, c'est d'examiner quelles sont les suites ordinaires de chaque chose, par exemple : « L'insolence produit la haine, l'orgueil engendre l'insolence. »

La quatrième des espèces assignées aux choses, ce sont les dépendances du fait. Elles comprennent tout ce qui se rattache au fait accompli : d'abord le nom qu'il faut lui donner, ensuite ses instigateurs, ses auteurs, ainsi que leurs approbateurs et leurs partisans; la loi, la coutume, l'action, les jugemens, la science ou l'art

auctoritatis ejus et inventionis comprobatores atque æmuli; deinde, ecquæ ea de re, aut ejus rei sit lex, consuetudo, actio, judicium, scientia, artificium; deinde, natura ejus evenire vulgo soleat, an insolenter et raro: postea, homines id sua auctoritate comprobare, an offendi in his consueverint; et cetera, quæ factum aliquod similiter confestim, aut ex intervallo solent consequi. Deinde postremo attendendum est, num quæ res ex iis rebus, quæ sunt positæ in partibus honestatis, aut utilitatis, consequantur : de quibus in deliberativo genere causæ distinctius erit dicendum. Ac negotiis quidem fere res eæ, quas commemoravimus, sunt attributæ.

XXIX. Omnis autem argumentatio, quæ ex iis locis, quos commemoravimus, sumetur, aut probabilis, aut necessaria debebit esse. Etenim, ut breviter describamus, argumentatio videtur esse inventum ex aliquo genere, rem aliquam aut probabiliter ostendens, aut necessarie demonstrans. Necessarie demonstrantur ea, quæ aliter ac dicuntur, nec fieri, nec probari possunt, hoc modo : « Si peperit, cum viro concubuit. » Hoc genus argumentandi, quod in necessaria demonstratione versatur, maxime tractatur in dicendo, aut per complexionem, aut per enumerationem, aut per simplicem conclusionem.

Complexio est, in qua, utrum concesseris, reprehenditur, ad hunc modum : « Si improbus est, cur uteris? sin probus, cur accusas? »

qui naissent du fait ou s'y rapportent. On considère encore s'il s'agit d'un fait commun par sa nature, ou s'il est rare et extraordinaire; si les sentimens généraux lui sont favorables ou contraires; en un mot, tout ce qui offre une relation plus ou moins éloignée avec un fait. En dernier lieu, examinez si quelqu'une de ces qualités que nous classons comme honnêtes et utiles s'y rattache. J'aurai à traiter ce point plus exactement à propos du genre délibératif. Voilà, si je ne me trompe, toutes les espèces attribuées aux choses.

XXIX. Tout argument tiré des lieux que nous avons indiqués doit être ou probable ou nécessaire, c'est-à-dire, pour expliquer ceci en peu de mots, que les argumens sont des moyens inventés pour établir la probabilité d'un fait ou sa vérité nécessaire. Un fait est démontré comme nécessaire, quand l'existence ou la preuve du contraire est impossible; par exemple: « Si elle est mère, elle a eu commerce avec un homme. » Ce genre d'argumentation, qui a pour but d'établir la nécessité d'un fait, se produit ordinairement dans le discours sous la forme de dilemme, d'énumération, ou de simple conclusion.

Le dilemme est cet argument à deux faces, qui, quoi que vous accordiez, vous réfute; par exemple: « Si c'est un malhonnête homme, pourquoi le fréquenter? Si c'est un homme vertueux, pourquoi l'accuser? »

Enumeratio est, in qua, pluribus rebus expositis, et ceteris infirmatis, una reliqua necessario confirmatur, hoc pacto : « Necesse est aut inimicitiarum causa ab hoc esse occisum, aut metus, aut spei, aut alicujus amici gratia; aut, si horum nihil est, ab hoc non esse occisum. Nam sine causa maleficium susceptum esse non potest. Sed neque inimicitiæ fuerunt, nec metus ullus, nec spes ex morte illius alicujus commodi, neque ad amicum hujus aliquem mors illius pertinebat. Relinquitur igitur, ut ab hoc non sit occisus. »

Simplex autem conclusio ex necessaria consecutione conficitur, hoc modo : « Si vos me istud eo tempore fecisse dicitis, ego autem eo ipso tempore trans mare fui; relinquitur, ut id, quod dicitis, non modo non fecerim, sed ne potuerim quidem facere. » Atque hoc diligenter videre oportebit, ne quo pacto genus hoc refelli possit, ut ne confirmatio modum in se argumentationis solum habeat, et quamdam similitudinem necessariæ conclusionis, verum ipsa argumentatio ex necessaria ratione consistat.

Probabile autem est id, quod fere fieri solet, aut quod in opinione positum est, aut quod habet in se ad hæc quamdam similitudinem, sive id falsum est, sive verum. In eo genere, quod fere solet fieri, probabile hujusmodi est : « Si mater est, diligit filium. Si avarus est, negligit jusjurandum. » In eo autem, quod in opinione po-

L'énumération consiste à mettre en avant plusieurs hypothèses, puis à les ruiner toutes successivement, à l'exception d'une seule, qui se trouve ainsi nécessairement démontrée; par exemple : « Il faut que l'accusé, pour tuer cet homme, ait été poussé par la haine, ou par la crainte, ou par l'espérance, ou par l'intérêt d'un ami : s'il n'était animé par aucune de ces passions, il ne l'a pas tué; car on ne commet pas un crime sans motif. Mais il est certain qu'il n'avait aucun sujet de haine, ni de crainte, ni rien à espérer de cette mort, qui ne pouvait non plus intéresser aucun de ses amis : il en faut donc nécessairement conclure que l'accusé n'est pas le meurtrier. »

La simple conclusion procède par voie de conséquence nécessaire : « Si vous m'accusez d'avoir commis le délit précisément à cette époque, je vous dirai que je me trouvais alors au delà des mers, de sorte que, loin de l'avoir commis, je n'ai pas même pu le commettre. » Si l'on veut que ce moyen ait toute la force possible, il ne faut pas donner seulement à la preuve la forme d'un argument et un semblant de conséquence nécessaire, mais l'appuyer d'un raisonnement rigoureux.

On appelle probable un fait ordinaire, conforme aux idées reçues, où du moins offrant quelque chose de ces caractères : vrai ou faux, d'ailleurs, peu importe. Voici des exemples d'un fait probable, parce qu'il est ordinaire : « Si elle est mère, elle aime son fils. S'il est avare, il doit tenir peu à son serment. » C'est une probabilité qui tient à l'opinion commune, « que les peines des enfers

situm est, hujusmodi sunt probabilia : « Impiis apud inferos pœnas esse præparatas. Eos, qui philosophiæ dent operam, non arbitrari deos esse. »

XXX. Similitudo autem in contrariis et paribus, et in iis rebus, quæ sub eamdem cadunt rationem, maxime spectatur. In contrariis, hoc modo : « Nam si iis, qui imprudentes læserunt, ignosci convenit, iis, qui necessario profuerunt, haberi gratiam non oportet. » Ex pari, sic : « Nam ut locus sine portu, navibus esse non potest tutus; sic animus sine fide, stabilis amicis non potest esse. » In iis rebus, quæ sub eamdem rationem cadunt, hoc modo probabile consideratur : « Nam si Rhodiis turpe non est portorium locare, ne Hermacreonti quidem turpe est conducere. » Hæc tum vera sunt, hoc pacto : « Quoniam cicatrix est, fuit vulnus; » tum verisimilia, hoc modo : « Si multus erat in calceis pulvis, ex itinere eum venire oportebat. »

Omne autem (ut certas quasdam in partes distribuamus) probabile, quod sumitur ad argumentationem, aut signum est, aut credibile, aut judicatum, aut comparabile. Signum est, quod sub sensum aliquem cadit, et quiddam significat, quod ex ipso profectum videtur, quod aut ante fuerit, aut in ipso negotio, aut post sit consecutum, et tamen indiget testimonii et gravioris confirmationis; ut cruor, fuga, pallor, pulvis, et quæ his sunt similia. Credibile est, quod, sine ullo teste, audito-

attendent les impies; que les philosophes ne croient point qu'il y ait plusieurs dieux. »

XXX. On cherche la similitude dans les contraires, dans les semblables, dans les faits qui s'expliquent par une même cause. Dans les contraires : « S'il n'y a point de peine pour les méfaits involontaires, il ne doit point y avoir de reconnaissance pour les bienfaits du même ordre. » Dans les semblables : « Une côte sans port n'offre point de sûreté aux vaisseaux, et une âme sans bonne foi de garantie à l'amitié. » Dans les faits qui s'expliquent par la même cause, la probabilité s'établit ainsi : « S'il n'y a point de honte aux Rhodiens d'affermer leur port, il n'y en a point non plus à Hermacréon d'en prendre le bail. » Les probabilités reposent sur la réalité, comme : « Il y a cicatrice, donc il y a eu blessure; » ou sur la vraisemblance, comme : « S'il avait beaucoup de poussière à sa chaussure, c'est qu'il arrivait de voyage. »

Pour déterminer les espèces de ce genre, je dois dire que les argumens qui établissent la probabilité sont en général ou des indices, ou des vraisemblances, ou des opinions reçues, ou des comparaisons. On nomme indices tout ce qui tombe sous les sens, et indique un résultat, un antécédent, une circonstance ou une dépendance du fait, commencemens de preuves qui ont besoin d'être confirmés par des témoignages plus forts, comme le sang, la fuite, la pâleur, la poussière et autres semblables. La vraisemblance est ce que l'auditeur croit de lui-même sans autre témoignage, comme : « Il

ris opinione firmatur, hoc modo : « Nemo est, qui non liberos suos incolumes et beatos esse cupiat. » Judicatum est, res assensione, aut auctoritate, aut judicio alicujus, aut aliquorum comprobata. Id tribus in generibus spectatur, religioso, communi, approbato. Religiosum est, quod jurati legibus judicarunt; commune est, quod omnes vulgo probarunt, et secuti sunt, hujusmodi : ut majoribus natu assurgatur, ut supplicum misereatur; approbatum est, quod homines, quum dubium esset, quale haberi oporteret, sua constituerunt auctoritate : velut Gracchi patris factum, quem populus romanus eo, quod insciente collega in censura nihil egisset, post censuram consulem fecit. Comparabile autem est, quod in rebus diversis similem aliquam rationem continet. Ejus partes sunt tres, imago, collatio, exemplum. Imago est oratio demonstrans corporum, aut naturarum similitudinem. Collatio est oratio, rem cum re ex similitudine conferens. Exemplum est, quod rem auctoritate, aut casu alicujus hominis, aut negotii confirmat, aut infirmat. Horum exempla et descriptiones in præceptis elocutionis cognoscentur.

Ac fons quidem confirmationis, ut facultas tulit, apertus est, nec minus dilucide, quam rei natura ferebat, demonstratus est. Quemadmodum autem quæque constitutio, et pars constitutionis, et omnis controversia, sive in ratione, sive in scripto versetur, tractari debeat,

n'est personne qui ne désire le salut et le bonheur de ses enfans. ». L'opinion reçue est une idée qui a pour elle l'assentiment, le témoignage ou la décision d'un seul ou de plusieurs. Elle est religieuse, commune, ou approuvée : religieuse, quand elle repose sur une décision rendue par des magistrats assermentés ; commune, si elle exprime une chose convenue et généralement admise, comme le respect, qui ordonne de se lever devant les vieillards, la pitié qu'on doit aux supplians ; approuvée, quand elle résulte d'une approbation générale, qui détermine un fait dont la qualité était d'abord douteuse, comme quand le peuple romain fit consul, au sortir de la censure, le père des Gracques, parce que, dans cette charge, il n'avait rien fait à l'insu de son collègue. La comparaison établit quelque point de rapport entre des choses différentes. Elle comprend trois espèces, l'image, le parallèle et l'exemple. L'image établit une ressemblance de forme ou de nature ; dans le parallèle, on compare deux choses par leurs côtés semblables ; par l'exemple, on invoque le témoignage d'une personne ou d'un fait, pour nier ou pour affirmer. Nous en donnerons des définitions et des exemples, quand nous en viendrons à exposer les règles de l'élocution.

J'ai indiqué aussi bien que je l'ai pu, et aussi clairement que la nature du sujet l'a permis, les sources de l'argumentation. Quant à la manière dont il faut traiter chaque état de cause, chaque partie d'un état de cause, et en général toute discussion sur un raisonnement ou sur un texte, et quant aux argumens qui leur convien-

et quæ in quasque argumentationes conveniant, singillatim in secundo libro de unoquoque genere dicemus. In præsentia tantummodo numeros, et modos, et partes argumentandi confuse et permixte dispersimus; post descripte et electe in genus quodque causæ, quid cuique conveniat, ex hac copia digeremus.

Atque inveniri quidem omnis ex his locis argumentatio poterit : inventam exornari, et certas in partes distingui et suavissimum est, et summe necessarium, et ab artis scriptoribus maxime neglectum. Quare et de ea præceptione nobis in hoc loco dicendum visum est, ut ad inventionem argumenti absolutio quoque argumentandi adjungeretur. Et magna cum cura et diligentia locus hic omnis considerandus est, quod non solum rei magna utilitas est, sed præcipiendi quoque summa difficultas.

XXXI. Omnis igitur argumentatio aut per inductionem tractanda est, aut per ratiocinationem. Inductio est oratio, quæ rebus non dubiis captat assensionem ejus, quicum instituta est; quibus assensionibus facit, ut illi dubia quædam res, propter similitudinem earum rerum, quibus assensit, probetur : velut apud Socraticum Æschinem demonstrat Socrates, cum Xenophontis uxore, et cum ipso Xenophonte Aspasiam locutam : « Dic mihi, quæso, Xenophontis uxor, si vicina tua melius habeat aurum, quam tu habes, utrum illius an

nent, je parlerai en détail de tous ces points dans mon second livre. Je me suis contenté jusqu'ici de jeter pêle-mêle et sans ordre le nombre, les formes et les parties des argumens; il faut maintenant distinguer et choisir dans cette confusion ce qui appartient à chaque genre de cause.

On peut puiser les argumens à toutes les sources que j'ai indiquées; mais il faut encore les embellir et les distribuer avec ordre, comme l'agrément et la nécessité l'exigent impérieusement, et jusqu'ici les auteurs ont tout-à-fait négligé cette partie de l'art. Je crois donc devoir en parler ici, pour joindre à la manière de trouver les argumens celle de les perfectionner. Il faut ici beaucoup de soin et beaucoup d'attention, non-seulement à cause de l'importance de la matière, mais encore à cause de la grande difficulté d'en exposer les préceptes.

XXXI. Dans toute espèce d'argumentation, il faut employer l'induction ou le syllogisme. L'induction est cette forme du raisonnement par laquelle on cherche à faire accorder par l'interlocuteur certaines propositions évidentes, pour le forcer ensuite, au moyen de ces concessions, à convenir d'une autre proposition douteuse, par l'analogie qu'elle offre avec celles qu'il a précédemment accordées. C'est ainsi que Socrate, dans un dialogue d'Eschine, son disciple, fait raisonner Aspasie avec la femme de Xénophon et avec Xénophon lui-même : « Dites-moi, je vous prie, femme de Xénophon; si votre voisine avait de l'or d'un plus haut titre que celui que vous avez, lequel

tuum malis? Illius, inquit. Quid? si vestem, et ceterum ornatum muliebrem pretii majoris habeat, quam tu habes, tuumne an illius malis? Illius vero, respondit. Age, inquit, si virum illa meliorem habeat, quam tu habes, virumne tuum an illius malis? » Hic mulier erubuit.

Aspasia autem cum ipso Xenophonte sermonem instituit : « Quæso, inquit, Xenophon, si vicinus tuus equum meliorem habeat, quam tuus est, tuumne equum malis, an illius? Illius, inquit. Quid si fundum meliorem habeat, quam tu habes, utrum tandem fundum habere malis? Illum, inquit, meliorem scilicet. Quid? si uxorem meliorem habeat, quam tu habes, utram malis? » Atque hic Xenophon quoque ipse tacuit. Post Aspasia : « Quoniam uterque vestrum, inquit, id mihi solum non respondit, quod ego solum audire volueram, egomet dicam, quid uterque cogitet. Nam et tu, mulier, optimum virum mavis habere, et tu, Xenophon, uxorem habere lectissimam maxime vis. Quare, nisi hoc perfeceritis, ut neque vir melior, neque femina lectior in terris sit, profecto id semper, quod optimum putabitis esse, multo maxime requiretis, ut et tu maritus sis quam optimæ, et hæc quam optimo viro nupta sit. » Hic quum rebus non dubiis esset assensum, factum est propter similitudinem, ut etiam illud, quod dubium videbatur, si quis separatim quæreret, id pro certo, propter rationem rogandi, concederetur.

aimeriez-vous mieux du vôtre ou du sien? — Le sien, répond-elle. — Et si elle avait des robes et des parures plus riches que les vôtres, lesquelles préfèreriez-vous? — Les siennes. — Et si elle avait un meilleur mari que le vôtre, lequel aimeriez-vous le mieux? » Ici la femme de Xénophon se prit à rougir.

Aspasie entreprend ensuite Xénophon lui-même: «Dites-moi, Xénophon; si votre voisin avait un cheval meilleur que le vôtre, est-ce le sien que vous aimeriez mieux, ou le vôtre? — Le sien, répond-il. — S'il avait une terre meilleure que la vôtre, laquelle préfèreriez-vous? — La sienne, sans doute, comme la meilleure. — Et s'il avait une meilleure femme que la vôtre, laquelle aimeriez-vous mieux? » Xénophon, à son tour, ne répondit pas. « Puisque tous deux, reprend Aspasie, vous refusez de me répondre sur le seul point que je désirais savoir, je vais vous dire moi-même à chacun votre pensée. Vous, femme, vous désirez le plus parfait des maris, et vous, Xénophon, la plus accomplie des femmes; de façon que tant que vous n'aurez pas fait en sorte qu'il n'y ait point sur la terre de mari plus parfait, ni de femme plus accomplie, il vous faudra toujours désirer la perfection, vous en fait de mari, vous en fait de femme. » C'est ainsi que, par la manière de poser les questions, après les avoir fait convenir de propositions évidentes, elle arrive, par voie d'analogie, à se faire accorder comme certaine une autre proposition, qui, prise séparément, fût demeurée douteuse.

Hoc modo sermonis plurimum Socrates usus est, propterea quod nihil ipse afferre ad persuadendum volebat, sed ex eo, quod sibi ille dederat, quicum disputabat, aliquid conficere malebat, quod ille ex eo, quod jam concessisset, necessario approbare deberet.

XXXII. Hoc in genere præcipiendum nobis videtur, primum, ut illud, quod inducemus per similitudinem, ejusmodi sit, ut sit necesse concedi. Nam ex quo postulabimus nobis illud, quod dubium sit, concedi, dubium esse id ipsum non oportet. Deinde illud, cujus confirmandi causa fiet inductio, videndum est, ut simile iis rebus sit, quas res, quasi non dubias, ante induxerimus. Nam ante aliquid nobis concessum esse, nihil proderit, si ei dissimile erit id, cujus causa illud concedi primum voluerimus. Deinde non intelligatur, quo spectent illæ primæ inductiones, et ad quem sint exitum perventuræ. Nam qui videt, si ei rei, quam primo rogetur, recte assenserit, illam quoque rem, quæ sibi displiceat, esse necessario concedendam, plerumque aut non respondendo, aut male respondendo longius procedere rogationem non sinit. Quare ratione rogationis imprudens ab eo, quod concessit, ad id, quod non vult concedere, deducendus est. Extremum autem aut taceatur oportet, aut concedatur, aut negetur. Si negabitur, aut ostendenda est similitudo earum rerum, quæ ante concessæ sunt, aut alia utendum inductione. Si conce-

Socrate employait surtout cette manière de raisonner ; il ne prenait pas en lui-même ses moyens de conviction, mais il cherchait à déduire, des aveux de son interlocuteur, une autre proposition, que celui-ci, par ses aveux mêmes, fût forcé d'admettre.

XXXII. La première règle pour ce genre d'argumentation, c'est que les termes qui doivent amener la conséquence ne soient pas contestables ; car il ne faut pas que les propositions qui servent à établir une autre proposition douteuse, le soient elles-mêmes. Ensuite on doit faire attention à ce que le point que nous voulons faire admettre par l'induction, ait de l'analogie avec ceux que nous avons d'abord posés comme certains. A quoi nous serviraient les propositions qu'on nous aurait d'abord accordées, si celle que nous voulions démontrer par leur moyen ne leur était pas semblable? Il faut aussi cacher le but des premières inductions, et ne pas laisser voir la conséquence qu'elles doivent amener ; car si l'interlocuteur s'aperçoit qu'en tombant d'accord sur la première question, il lui faudra de même accorder ce qu'il ne voudrait pas, il coupera court à vos questions en n'y répondant pas, ou en y répondant mal. Il faut donc ménager l'interrogation de manière à l'amener, sans qu'il s'en aperçoive, de ce qu'il accorde à ce qu'il ne veut pas accorder. Enfin il faut le réduire au silence, ou à la seule alternative de nier ou d'accorder la conséquence. S'il nie, prouvez l'identité des propositions qu'il a précédemment accordées, ou cherchez une autre induction. S'il avoue, tirez votre conclusion. S'il garde le silence, tâchez de lui arracher une réponse ; ou, puisque le si-

detur, concludenda est argumentatio. Si tacebitur, aut elicienda est responsio; aut, quoniam taciturnitas imitatur confessionem, pro eo, ac si concessum sit, concludere oportebit argumentationem. Ita fit hoc genus argumentandi tripartitum : prima pars ex similitudine constat una, pluribusve; altera ex eo, quod concedi volumus, cujus causa similitudines adhibitæ sunt; tertia ex conclusione, quæ aut confirmat concessionem, aut, quid ex ea conficiatur, ostendit.

XXXIII. Sed quia non satis alicui videbitur dilucide demonstratum, nisi quod ex civili causarum genere exemplum subjecerimus : videtur hujusmodi quoque utendum exemplo, non quo præceptio differat, aut aliter hoc in sermone, atque in dicendo sit utendum; sed ut eorum voluntati satisfiat, qui, quod aliquo in loco viderint, alio in loco, nisi demonstratum est, nequeunt cognoscere. Ergo in hac causa, quæ apud Græcos est pervagata, quod Epaminondas, Thebanorum imperator, ei, qui sibi ex lege prætor successerat, exercitum non tradidit, et quum paucos ipse dies contra legem exercitum tenuisset, Lacedæmonios funditus vicit, poterit accusator argumentatione uti per inductionem, quum scriptum legis contra sententiam defendat, ad hunc modum : « Si, judices, id quod Epaminondas ait legis scriptorem sensisse, adscribat ad legem, et addat exceptionem hanc : EXTRA QUAM SI QUIS REIPUBLICÆ CAUSA

lence équivaut à un aveu, tirez votre conclusion comme s'il l'avait accordée. Ainsi donc, cet argument se compose de trois parties. Dans la première, on pose une ou plusieurs similitudes; dans la seconde, la proposition que l'on veut faire admettre, et qui est l'objet des précédentes similitudes; dans la troisième enfin, la conclusion, qui sert à confirmer l'aveu, ou à montrer la conséquence qu'il en faut déduire.

XXXIII. Mais comme peut-être on ne trouverait pas cette exposition assez claire, si je n'y joignais un exemple d'induction tiré d'une cause civile, je vais en donner un; non que les règles soient différentes pour l'emploi qu'on en peut faire dans la conversation ou dans le discours, mais pour contenter ceux qui ne savent pas reconnaître ailleurs ce qu'ils ont vu exposé quelque part. Je me servirai d'un exemple célèbre dans les écoles de la Grèce, le procès fait à Épaminondas, général des Thébains, qui, au lieu de remettre le commandement de l'armée au successeur qui devait le remplacer conformément à la loi, l'avait conservé pendant quelques jours contre la loi, et avait battu complètement les Lacédémoniens. L'accusateur peut employer l'induction pour défendre la lettre de la loi contre le sens qu'on veut lui donner. « Magistrats, dira-t-il, cette intention qu'Épaminondas prête au législateur, souffririez-vous qu'il l'ajoutât à la loi sous la forme d'une exception ainsi conçue : *Hors le cas où ce serait dans l'intérêt de l'état qu'on aurait gardé le commandement ?* Je ne le crois pas, et si vous-mêmes,

EXERCITUM NON TRADIDERIT, patiemini? Non opinor. Quod si vosmet ipsi, quod a vestra religione et sapientia remotissimum est, istius honoris causa hanc eamdem exceptionem, injussu populi, ad legem adscribi jubeatis, populus thebanus id patieturne fieri? Profecto non patietur. Quod ergo adscribi ad legem nefas est, id sequi, quasi adscriptum sit, rectum vobis videatur? Novi vestram intelligentiam, non potest ita videri, judices. Quod si litteris corrigi neque ab illo, neque a vobis scriptoris voluntas potest; videte, ne multo indignius sit, id re et judicio vestro mutari, quod ne verbo quidem commutari potest.» Ac de inductione quidem satis in praesentia dictum videtur. Nunc deinceps ratiocinationis vim et naturam consideremus.

XXXIV. Ratiocinatio est oratio ex ipsa re probabile aliquid eliciens, quod expositum et per se cognitum, sua se vi et ratione confirmet. Hoc de genere qui diligentius considerandum putaverunt, quum idem usu dicendi sequerentur, paullulum in praecipiendi ratione dissenserunt. Nam partim quinque ejus partes esse dixerunt, partim non plus, quam in tres partes posse distribui putaverunt. Eorum controversiam non incommodum videtur cum utrorumque ratione exponere. Nam et brevis est, et non ejusmodi, ut alteri prorsus nihil dicere putentur, et locus hic nobis in dicendo minime negligendus videtur.

ce qui est loin de votre pensée et de votre sagesse, vous prétendiez, en considération d'Épaminondas, ajouter à la loi cette exception, le peuple thébain le souffrirait-il? Non, sans doute, il ne le souffrirait pas. Croirez-vous donc qu'il n'y ait point de crime à agir comme si la loi renfermait une exception que ce serait un crime d'ajouter à la loi? Je connais trop votre sagesse, magistrats : il n'en peut être ainsi. Que si ni lui, ni vous ne pouvez modifier dans les termes la volonté du législateur, ne seriez-vous pas cent fois plus coupables de déroger par un fait et par votre propre jugement à une loi qui ne souffre pas de dérogation, même dans les mots? » C'est assez parler de l'induction pour le moment, il faut reprendre le syllogisme et en montrer la force et la nature.

XXXIV. Le syllogisme tire du sujet même quelque moyen probable, qui, une fois connu et développé, trouve en lui-même sa force et sa raison. Les auteurs qui se sont le plus occupés de cet argument, sont d'accord sur l'emploi qu'on doit en faire dans le discours, mais diffèrent un peu sur les règles qu'il faut en tracer. Les uns lui donnent cinq parties, les autres ne lui en assignent que trois. Il n'est pas inutile de faire connaître cette différence et les raisons respectives de chaque opinion; car, indépendamment de ce que je puis le faire en peu de mots, il y a de bonnes raisons de part et d'autre; et d'ailleurs c'est un point qui mérite qu'on s'y arrête.

Qui putant in quinque distribui partes oportere, aiunt, primum convenire exponere summam argumentationis, ad hunc modum : « Melius accurantur, quæ consilio geruntur, quam quæ sine consilio administrantur. » Hanc primam partem numerant : eam deinceps rationibus variis, et quam copiosissimis verbis approbari putant oportere, hoc modo : « Domus ea, quæ ratione regitur, omnibus instructior est rebus, et apparatior, quam ea, quæ temere et nullo consilio administratur. Exercitus is, cui præpositus est sapiens et callidus imperator, omnibus partibus commodius regitur, quam is, qui stultitia et temeritate alicujus administratur. Eadem navigii ratio est. Nam navis optime cursum conficit ea, quæ scientissimo gubernatore utitur. » Quum propositio sit hoc pacto approbata, et duæ partes transierint ratiocinationis, tertia in parte aiunt, quod ostendere velis, id ex vi propositionis oportere assumere, hoc pacto : « Nihil autem omnium rerum melius, quam omnis mundus, administratur. » Hujus assumtionis quarto in loco aliam porro inducunt approbationem, hoc modo : « Nam et signorum ortus et obitus definitum quemdam ordinem servant, et annuæ commutationes, non modo quadam ex necessitate semper eodem modo fiunt, verum ad utilitates quoque rerum omnium sunt accommodatæ; et diurnæ nocturnæque vicissitudines, nulla in re unquam mutatæ, quidquam nocue-

Ceux qui admettent cinq parties disent qu'il faut d'abord établir la proposition que l'on veut démontrer, comme : « Les choses réglées par la prudence marchent plus sûrement que celles où la prudence n'a point de part. » Puis ils ajoutent qu'il faut l'appuyer de toutes sortes de raisons, et lui donner tout le développement nécessaire; par exemple : « Une maison sagement gouvernée est mieux fournie de toutes les choses nécessaires, et mieux tenue qu'une autre, livrée au désordre et à l'imprévoyance. Une armée aux soins d'un chef habile et sage est mieux conduite sous tous les rapports qu'une armée commise à l'ignorance d'un chef inexpérimenté. Il en est de même pour un vaisseau : c'est celui qui a le pilote le plus habile, qui arrive le plus sûrement au port. » Après avoir ajouté à la proposition sa preuve, ce qui donne déjà deux parties du syllogisme, on arrive, disent-ils, à la troisième, l'assomption, qu'il faut tirer de la proposition même, pour établir ce qu'on veut démontrer : « Or, il n'y a rien qui soit mieux gouverné que l'univers. » La preuve de cette assomption constitue la quatrième partie : « Car les astres se lèvent et se couchent dans un ordre déterminé; les saisons de l'année ne sont pas seulement soumises à une loi fixe et nécessaire, elles concourent encore directement au bon ordre universel; la succession des jours et des nuits n'a jamais changé, ni amené aucun désordre dans le monde : tous ces faits nous prouvent qu'une profonde sagesse gouverne l'univers. » Ils placent en cinquième lieu la conclusion, qui exprime simplement la conséquence des quatre premières parties : « Il est donc vrai que le monde est gouverné par la sagesse; » ou reprend en peu de mots la proposition et l'assomption, en ajoutant la con-

runt. Quæ signo sunt omnia, non mediocri quodam consilio naturam mundi administrari.» Quinto inducunt loco complexionem eam, quæ aut id infert solum, quod ex omnibus partibus cogitur, hoc modo : « Consilio igitur mundus administratur;» aut unum in locum quum conduxerit breviter propositionem et assumtionem, id adjungit, quod ex his conficiatur, ad hunc modum : «Quod si melius geruntur ea, quæ consilio, quam quæ sine consilio administrantur, nihil autem omnium rerum melius administratur, quam omnis mundus; consilio igitur mundus administratur.» Quinquepartitam igitur hoc pacto putant esse argumentationem.

XXXV. Qui autem tripartitam esse dicunt, ii non aliter putant tractari oportere argumentationem, sed partitionem horum reprehendunt. Negant enim neque a propositione, neque ab assumtione approbationes earum separari oportere, neque propositionem absolutam, neque assumtionem sibi perfectam videri, quæ approbatione confirmata non sit. Quare quas illi duas partes numerent, propositionem et approbationem, sibi unam partem videri, propositionem : quæ si approbata non sit, propositio non sit argumentationis. Item, quæ ab illis assumtio, et assumtionis approbatio dicatur, eamdem sibi assumtionem solam videri. Ita fit, ut eadem ratione argumentatio tractata, aliis tripartita, aliis quinquepartita videatur. Quare evenit, ut res non tam ad

séquence : « S'il est vrai que les choses réglées par la sagesse soient mieux ordonnées que celles où la sagesse n'a point de part, et que rien ne soit mieux ordonné que l'univers, il est évident que l'univers est gouverné par la sagesse. » Voilà comment les rhéteurs donnent cinq parties au syllogisme.

XXXV. Ceux qui ne lui en donnent que trois ne prescrivent pas d'autres règles pour cet argument ; mais ils blâment la division des premiers. Ils prétendent qu'il ne faut pas séparer la proposition et l'assomption de leur preuve, si l'on veut que chacune d'elles soit entière et complète. Ainsi, ce que les autres divisent en deux parties, la proposition et sa preuve, ils l'appellent simplement la proposition, qui, présentée sans sa preuve, ne conviendrait point à cet argument. Ils suppriment aussi la distinction établie par les autres entre l'assomption et sa preuve, et n'en forment qu'un seul tout, l'assomption. Voilà comme, sans cesser d'être le même, cet argument se divise en trois parties pour les uns, en cinq parties pour les autres. C'est pourquoi la différence porte moins sur l'emploi qu'on en peut faire dans le discours, que sur la théorie des règles qu'il en faut donner.

usum dicendi pertineat, quam ad rationem præceptionis.

Nobis autem commodior illa partitio videtur esse, quæ in quinque partes distributa est, quam omnes ab Aristotele et Theophrasto profecti maxime secuti sunt. Nam quemadmodum illud superius genus argumentandi, quod per inductionem sumitur, maxime Socrates et Socratici tractaverunt : sic hoc, quod per ratiocinationem expolitur, summe est ab Aristotele, atque a peripateticis, et Theophrasto frequentatum; deinde a rhetoribus iis, qui elegantissimi atque artificiosissimi putati sunt. Quare autem nobis illa magis partitio probetur, dicendum videtur, ne temere secuti putemur; et breviter dicendum, ne in hujusmodi rebus diutius, quam ratio præcipiendi postulet, commoremur.

XXXVI. Si quadam in argumentatione satis est uti propositione, et non oportet adjungere approbationem propositioni; quadam autem in argumentatione infirma est propositio, nisi adjuncta sit approbatio : separatum quiddam est a propositione approbatio. Quod enim et adjungi et separari ab aliquo potest, id non potest idem esse, quod est id, ad quod adjungitur, et a quo separatur. Est autem quædam argumentatio, in qua propositio non indiget approbatione; et quædam, in qua nihil valet sine approbatione, ut ostendemus : separata est igitur a propositione approbatio. Ostendetur autem id, quod polliciti sumus, hoc modo.

Pour moi, je trouve préférable cette division en cinq parties, généralement adoptée par tous les disciples d'Aristote et de Théophraste. Car si Socrate et son école ont surtout employé la première méthode de raisonnement, qui procède par induction, l'argumentation par syllogismes a été préférée par Aristote, par Théophraste et les péripatéticiens, puis ensuite par les rhéteurs les plus habiles et les plus versés dans les secrets de l'art. Il me faut justifier la préférence que j'accorde à cette dernière division, pour n'avoir pas l'air de l'adopter sans motifs ; et je dois le faire en peu de mots, pour ne pas donner à ces détails plus de temps que n'en exige la théorie des règles.

XXXVI. S'il est des argumens où il suffit d'énoncer la proposition sans qu'il soit nécessaire d'y ajouter la preuve ; et s'il en est d'autres où la proposition n'a de force qu'autant qu'on y joint la preuve, il est clair que la proposition et la preuve sont deux choses distinctes : car ce qui peut s'ajouter ou se retrancher ne fait pas qu'un assurément avec l'objet auquel on l'ajoute et dont on le retranche. Or, il est des argumens où la proposition peut se passer de preuve ; il en est d'autres où la proposition, séparée de la preuve, est sans force, comme je le ferai voir : donc la preuve est autre chose que la proposition. Voici maintenant la démonstration que j'ai promise.

Quæ propositio in se quiddam continet perspicuum, et quod constare inter omnes necesse est, hanc velle approbare et firmare nihil attinet. Ea est hujusmodi : « Si, quo die ista cædes Romæ facta est, ego Athenis eo die fui, interesse in cæde non potui. » Hoc quia perspicue verum est, nihil attinet approbari. Quare assumi statim oportet, hoc modo : « Fui autem Athenis eo die. » Hoc si non constat, indiget approbationis : qua inducta, complexio consequetur. Est igitur quædam propositio, quæ non indiget approbatione. Nam esse quamdam, quæ indigeat, quid attinet ostendere, quod cuivis facile perspicuum est? Quod si ita est, ex hoc, et ex eo, quod proposueramus, hoc conficitur, separatum esse quiddam a propositione approbationem. Si autem ita est, falsum est non esse plus quam tripartitam argumentationem.

Simili modo liquet, alteram quoque approbationem separatam esse ab assumtione. Si quadam in argumentatione satis est uti assumtione, et non oportet adjungere approbationem assumtioni; quadam autem in argumentatione infirma est assumtio, nisi adjuncta sit approbatio : separatum quiddam est extra assumtionem approbatio. Est autem argumentatio quædam, in qua assumtio non indiget approbationis; quædam autem, in qua nihil valet sine approbatione, ut ostendemus. Separata est igitur ab assumtione approbatio. Ostendemus autem id, quod polliciti sumus, hoc modo.

Quand la proposition porte un caractère d'évidence qui doit frapper tout le monde, il est inutile de chercher à la fortifier par la preuve; exemple : « Si, le jour que ce meurtre a été commis à Rome, j'étais à Athènes, je n'ai point pu y prendre part. » C'est une vérité par trop évidente, pour avoir besoin d'être prouvée. Il faut passer immédiatement à l'assomption : « Or, j'étais à Athènes ce jour-là. » Si ce point n'est pas constant, il faut y joindre la preuve; et, la preuve établie, on arrive à la conclusion. Il est donc des propositions qui n'ont pas besoin de preuve : montrer que d'autres en ont besoin serait inutile; chacun le comprend de reste. Il en résulte donc, comme de ce que j'ai dit plus haut, qu'il faut distinguer la preuve de la proposition; et alors il est faux que le syllogisme n'ait pas plus de trois parties.

Le même raisonnement prouve que la seconde preuve, qui est celle de l'assomption, doit aussi en être distinguée. S'il est des cas où il suffit d'établir l'assomption, sans y joindre la preuve; si dans d'autres l'assomption n'est forte qu'autant qu'on y ajoute la preuve, évidemment la preuve est en dehors de l'assomption. Or, il est des raisonnemens où l'assomption peut se passer de la preuve; il en est d'autres où, sans la preuve, l'assomption serait insuffisante, comme je le ferai voir : donc la preuve est autre chose que l'assomption. Voici maintenant la démonstration que j'ai promise.

Quæ perspicuam omnibus veritatem continet assumtio, nihil indiget approbationis. Ea est hujusmodi : « Si oportet sapere, dare operam philosophiæ convenit. » Hæc propositio indiget approbationis. Non enim perspicua est, neque constat inter omnes, propterea quod multi nihil prodesse philosophiam, plerique etiam obesse arbitrantur. Assumtio perspicua est hæc : « Oportet autem sapere. » Hoc autem quia ipsum ex re perspicitur, et verum esse intelligitur, nihil attinet approbari. Quare statim concludenda est argumentatio. Est ergo assumtio quædam, quæ approbationis non indiget. Nam quamdam indigere perspicuum est. Separata est igitur ab assumtione approbatio. Falsum ergo est, non esse plus quam tripartitam argumentationem.

XXXVII. Atque ex his illud jam perspicuum est, esse quamdam argumentationem, in qua neque propositio, neque assumtio indigeat approbationis, hujusmodi; ut certum quiddam, et breve, exempli causa, ponamus : « Si summo opere sapientia petenda est, summo opere stultitia vitanda est; summo autem opere sapientia petenda est; summo igitur opere stultitia vitanda est. » Hic et assumtio, et propositio perspicua est. Quare neutra quoque indiget approbatione.

Ex hisce omnibus illud perspicuum est, approbationem tum adjungi, tum non adjungi. Ex quo cognoscitur, neque in propositione, neque in assumtione conti-

Une assomption qui exprime une vérité claire pour tous les yeux, n'a pas besoin de preuve; exemple : « Si la sagesse est nécessaire, il faut étudier la philosophie. » Cette proposition veut être prouvée ; car elle n'est pas évidente, ni également admise par tous, puisque bien des gens regardent la philosophie comme inutile, d'autres comme nuisible. Une assomption évidente est celle-ci : « Or, la sagesse est nécessaire. » C'est une vérité palpable et qui se reconnaît d'abord; il ne faut donc point s'arrêter à en donner la preuve, mais passer de suite à la conclusion. Il y a donc des assomptions qui peuvent se passer de preuve. Je n'ai pas besoin de dire que d'autres en ont besoin. Donc il faut distinguer la preuve de l'assomption ; donc il est faux que le syllogisme n'ait pas plus de trois parties.

XXXVII. Ce que je viens de dire montre avec évidence qu'il est des argumens dans lesquels la proposition et l'assomption peuvent se passer de preuve. En voici un exemple à la fois court et concluant : « S'il est vrai qu'on doive rechercher avant tout la sagesse, il faut éviter avant tout la folie ; or, il est vrai qu'on doit rechercher avant tout la sagesse; donc il faut éviter avant tout la folie. » Ici, la proposition et l'assomption ne sont pas douteuses; aussi n'ont-elles pas besoin de preuve.

Il résulte de tout ce que je viens de dire, qu'il est des cas où l'on ajoute la preuve, d'autres où on la supprime; ce qui démontre que la preuve n'est renfermée ni dans la proposition, ni dans l'assomption, mais que

neri approbationem, sed utramque suo loco positam, vim suam, tanquam certam et propriam, obtinere. Quod si ita est, commode partiti sunt illi, qui in quinque partes distribuerunt argumentationem.

Quinque sunt igitur partes ejus argumentationis, quæ per ratiocinationem tractatur : Propositio, per quam locus is breviter exponitur, ex quo vis omnis oportet emanet ratiocinationis; propositionis approbatio, per quam id, quod breviter expositum est, rationibus affirmatum, probabilius et apertius fit; assumtio, per quam id, quod ex propositione ad ostendendum pertinet, assumitur; assumtionis approbatio, per quam id, quod assumtum est, rationibus firmatur; complexio, per quam id, quod conficitur ex omni argumentatione, breviter exponitur. Quæ plurimas habet argumentatio partes, ea constat ex his quinque partibus; secunda est quadripartita; tertia tripartita. Dein bipartita; quod in controversia est. De una quoque parte potest alicui videre posse consistere.

XXXVIII. Eorum igitur, quæ constant, exempla ponemus; horum, quæ dubia sunt, rationes afferemus.

Quinquepartita argumentatio est hujusmodi : «Omnes leges, judices, ad commodum reipublicæ referre oportet, et eas ex utilitate communi, non ex scriptione, quæ in litteris est, interpretari. Ea enim virtute et sapientia majores nostri fuerunt, ut in legibus scribendis nihil

chacune de ces parties a sa place distincte, sa propre force, et sa valeur déterminée. Cela étant, la meilleure division du syllogisme est celle qui lui donne cinq parties.

Je donnerai donc cinq parties au syllogisme : la proposition, qui exprime en peu de mots la pensée qui doit faire toute la force du raisonnement ; la preuve de la proposition, qui appuie de raisons ce qu'on vient d'énoncer en peu de mots, et lui donne plus de probabilité, plus d'évidence ; l'assomption, qui exprime la démonstration que l'on veut tirer de la proposition ; la preuve de l'assomption, qui la fortifie de raisons à l'appui ; la conclusion, qui renferme en peu de mots la conséquence de tout le raisonnement. L'argument le plus composé renferme cinq parties, celui qui vient ensuite en a quatre, le troisième en a trois, celui qui n'en offre que deux n'est pas généralement admis, quoique certains auteurs parlent même d'un argument à une seule partie.

XXXVIII. Je vais donner des exemples de ceux qu'on admet, et les raisons à l'appui de ceux que l'on conteste.

Voici un exemple du syllogisme à cinq parties : « Toutes les lois, magistrats, doivent être ramenées à l'intérêt de la république ; il faut les interpréter dans le sens de l'utilité commune, plutôt que dans le sens de la lettre. La sagesse et la vertu de nos pères ne leur permettaient pas de chercher autre chose dans l'établissement des lois

sibi aliud, nisi salutem atque utilitatem reipublicae proponerent. Neque enim ipsi, quod obesset, scribere volebant; et, si scripsissent, quum esset intellectum, repudiatum iri legem intelligebant. Nemo enim leges legum causa salvas esse vult, sed reipublicae, quod ex legibus omnes rempublicam optime putant administrari. Quam ob rem igitur leges servari oportet, ad eam causam scripta omnia interpretari convenit : hoc est, quoniam reipublicae servimus, et reipublicae commodo atque utilitate leges interpretemur. Nam ut ex medicina nihil oportet putare proficisci, nisi quod ad corporis utilitatem spectet, quoniam ejus causa est instituta; sic a legibus nihil convenit arbitrari, nisi quod reipublicae conducat, proficisci, quoniam ejus causa sunt comparatae. Ergo in hoc quoque judicio desinite litteras legis perscrutari, et legem, ut aequum est, ex utilitate reipublicae considerate. Quid enim magis utile Thebanis fuit, quam Lacedaemonios opprimi? Cui rei magis Epaminondam, Thebanorum imperatorem, quam victoriae Thebanorum, consulere decuit? Quid hunc tanta Thebanorum gloria, tam claro atque exornato tropaeo carius aut antiquius habere convenit? Scripto videlicet legis omisso, scriptoris sententiam considerare debebat. Atque hoc quidem satis consideratum est, nullam esse legem, nisi reipublicae causa scriptam. Summam igitur amentiam esse existimabat, quod scriptum esset reipublicae

que le salut et le bonheur de la patrie. Leur intention n'était pas d'y faire entrer aucune disposition funeste, et ils comprenaient parfaitement que s'ils l'eussent fait, la reconnaissance de cette faute devait amener l'abrogation de la loi : car ce n'est point pour la loi elle-même qu'on veut maintenir la loi, mais dans l'intérêt de la république, dont on croit que le bonheur y est attaché. C'est donc avec ce principe, qui fait la stabilité des lois, qu'il faut en interpréter la lettre ; c'est-à-dire, puisque nous cherchons l'intérêt de la république, c'est ce même intérêt, c'est le bien de la patrie qui doit nous éclairer dans cette interprétation : car, si la médecine n'a d'utilité que par le traitement des maladies, puisqu'elle n'a pas d'autre objet, il faut croire aussi que les lois n'ont pas d'autre but que l'intérêt de la république, puisque tel est le motif qui les a fait établir. Laissez donc de côté, dans cette affaire, la lettre de la loi, pour ne l'envisager, comme il est juste, que du point de vue de l'utilité générale. Quoi de plus utile, en effet, pour les Thébains que l'abaissement de Lacédémone ? Quel intérêt plus grand devait dominer dans l'esprit d'Épaminondas, général des Thébains, le désir de les rendre victorieux ? Quelle considération devait-il mettre au dessus de la gloire du nom thébain, d'un aussi beau triomphe ? Sans doute il devait oublier le texte de la loi pour ne saisir que la pensée du législateur. C'est une vérité convenue que les lois ne sauraient avoir d'autre but que l'intérêt de la république. Il a pensé que ce serait le comble de la démence de n'interpréter pas dans le sens favorable au salut de la patrie une loi écrite pour le salut de la patrie. S'il faut ramener toutes les lois au bien de l'état, et si Épaminondas a véritablement sauvé l'état, il est impossible assuré-

salutis causa, id non ex reipublicæ salute interpretari. Quod si leges omnes ad utilitatem reipublicæ referri convenit, hic autem saluti reipublicæ profuit; profecto non potest eodem facto et communibus fortunis consuluisse, et legibus non obtemperasse. »

XXXIX. Quatuor autem partibus constat argumentatio, quum aut proponimus, aut assumimus sine approbatione. Id facere oportet, quum aut propositio ex se intelligitur, aut assumtio perspicua est, et nullius approbationis indiget. Propositionis approbatione præterita, quatuor ex partibus argumentatio tractatur ad hunc modum : « Judices, qui ex lege jurati judicatis, legibus obtemperare debetis. Obtemperare autem legibus non potestis, nisi id, quod scriptum est in lege, sequamini. Quod enim certius legis scriptor testimonium voluntatis suæ relinquere potuit, quam quod ipse magna cum cura atque diligentia scripsit? Quod si litteræ non exstarent, magnopere eas requireremus, ut ex his scriptoris voluntas cognosceretur; nec tamen Epaminondæ permitteremus, ne si extra judicium quidem esset, ut is nobis sententiam legis interpretaretur, nedum nunc istum patiamur, quum præsto lex sit, non ex eo, quod apertissime scriptum est, sed ex eo, quod suæ causæ convenit, scriptoris voluntatem interpretari. Quod si vos, judices, legibus obtemperare debetis, et id facere non potestis, nisi, quod scriptum est in lege, sequamini,

ment qu'il ait à la fois servi ses concitoyens et violé les lois de son pays. »

XXXIX. Le raisonnement n'a que quatre parties, quand on supprime la preuve de la proposition ou de l'assomption ; ce qu'il faut faire toutes les fois que la proposition est trop claire, ou l'assomption trop évidente pour avoir besoin de preuve. Voici un exemple de raisonnement à quatre parties, où c'est la proposition qui n'est pas prouvée : « Magistrats, qui, en montant sur vos sièges, avez prêté serment à la loi, vous devez obéir à la loi : or, vous ne le pouvez qu'en vous attachant à la lettre même de ses dispositions : car, quel témoignage plus sûr de sa volonté pouvait nous laisser le législateur, que ce texte rédigé par lui-même avec tant de soin et d'attention ? Si la lettre de la loi n'existait pas, nous ferions tout au monde pour la trouver, afin d'y chercher les intentions du législateur, et nous ne souffririons pas qu'Épaminondas, quand même il n'aurait pas à se défendre, se mêlât d'interpréter la pensée de la loi, bien loin de permettre à un accusé, quand nous avons cette loi sous les yeux, d'expliquer les intentions du législateur, non dans le sens très-clair de la lettre, mais dans le sens de sa cause. Si donc votre devoir, magistrats, est d'obéir à la loi, et si vous ne le pouvez qu'en vous attachant à la lettre de ses dispositions, quelle raison auriez-vous de ne pas condamner Épaminondas comme violateur de la loi ? »

quid causæ est; quin istum contra legem fecisse judicetis?»

Assumtionis autem approbatione præterita, quadripartita sic fiet argumentatio : « Qui sæpenumero nos per fidem fefellerunt, eorum orationi fidem habere non debemus. Si quid enim perfidia illorum detrimenti acceperimus, nemo erit, præter nosmet ipsos, quem jure accusare possimus. Ac primo quidem decipi incommodum est; iterum, stultum; tertio, turpe. Carthaginienses autem persæpe jam nos fefellerunt. Summa igitur amentia est in eorum fide spem habere, quorum perfidia toties deceptus sis. »

Utraque approbatione præterita tripartita fit, hoc pacto : « Aut metuamus Carthaginienses oportet, si incolumes eos reliquerimus; aut eorum urbem diruamus. Ac metuere quidem non oportet. Restat igitur, ut urbem diruamus. »

XL. Sunt autem, qui putent, nonnunquam posse complexione supersederi, quum id perspicuum sit, quod conficiatur ex ratiocinatione. Quod si fiat, bipartitam quoque fieri argumentationem, hoc modo : « Si peperit, virgo non est; peperit autem. » Hic satis esse dicunt proponere et assumere : quoniam perspicuum sit, quod conficiatur, complexionis rem non indigere. Nobis autem videtur et omnis ratiocinatio concludenda esse; et illud vitium, quod illis displicet, magnopere vitandum,

Voici un raisonnement à quatre parties, dans lequel la preuve de l'assomption est supprimée : « Quand des hommes nous ont trompés souvent, nous ne devons plus croire à leurs paroles ; car, si leur manque de foi nous cause quelque dommage, nous ne pouvons nous en prendre qu'à nous-mêmes. Se laisser tromper la première fois est un malheur ; la seconde, une sottise ; la troisième, une honte. Or, les Carthaginois nous ont déjà souvent trompés : donc ce serait le comble de la démence que de se reposer sur la bonne foi de ce peuple, dont nous avons tant de fois éprouvé la perfidie. »

Voici un raisonnement qui n'a que trois parties, par la suppression des deux preuves : « Il faut ou craindre les Carthaginois, si nous les épargnons ; ou détruire leur ville. Or, il ne faut pas les craindre ; donc il ne reste qu'à détruire leur ville. »

XL. Certains auteurs pensent qu'on peut quelquefois supprimer la conclusion, quand la conséquence est par trop évidente. Dans ce cas, le raisonnement peut n'avoir même que deux parties ; exemple : « Si elle est mère, elle n'est plus vierge ; or, elle est mère. » Dans cet endroit, disent-ils, c'est assez de la proposition et de l'assomption ; comme la conséquence est évidente, il n'est pas besoin d'ajouter la conclusion. Pour moi, je pense qu'à la fin de tout raisonnement il faut conclure, mais aussi éviter avec beaucoup de soin le défaut qu'ils

ne, quod perspicuum sit, id in complexionem inferamus.

Hoc autem fieri poterit, si complexionum genera intelligantur. Nam aut ita complectemur, ut in unum conducamus propositionem et assumtionem, hoc modo : « Quod si leges omnes ad utilitatem reipublicæ referri convenit, hic autem saluti reipublicæ profuit; profecto non potest eodem facto, et saluti communi consuluisse, et legibus non obtemperasse. » Aut ita, ut ex contrario sententia conficiatur, hoc modo : « Summa igitur amentia est, in eorum fide spem habere, quorum perfidia toties deceptus sis. » Aut ita, ut id solum, quod conficitur, inferatur, ad hunc modum : « Urbem igitur diruamus. » Aut, ut id, quod eam rem, quæ conficitur, sequatur, necesse est. Id est hujusmodi : « Si peperit, cum viro concubuit; peperit autem. » Conficitur hoc : « concubuit igitur cum viro. » Hoc si nolis inferre, et inferas id, quod sequitur : « Fecit igitur incestum; » et concluseris argumentationem, et perspicuam fugeris complexionem.

Quare in longis argumentationibus, ex conductionibus, aut ex contrario complecti oportet; in brevibus id solum, quod conficitur, exponere; in iis, in quibus exitus perspicuus est, consecutione uti.

Si qui autem ex una quoque parte putabunt constare

signalent, et ne point exprimer une vérité palpable dans la conclusion.

Il faut, pour cela, connaître les différens genres de conclusions. Tantôt la conclusion est la conséquence de la proposition et de l'assomption réunies; par exemple: « S'il faut ramener toutes les lois à l'intérêt de la république, et si Épaminondas a véritablement sauvé la république, assurément il ne se peut pas qu'il ait à la fois sauvé son pays et violé les lois. » Tantôt elle se tire des contraires : « Ce serait donc le dernier degré de la folie de nous reposer sur la bonne foi d'un peuple dont nous avons si souvent éprouvé la perfidie. » Tantôt elle exprime simplement la conséquence : « Il faut donc détruire leur ville. » Tantôt elle énonce ce qu'il faut nécessairement induire de la conséquence : « Si elle est mère, elle a eu commerce avec un homme; or, elle est mère; » la conséquence est : «Donc elle a eu commerce avec un homme. » Si vous la supprimez pour exprimer ce qu'il en faut induire, et que vous ajoutiez : « Donc elle a perdu l'honneur, » vous complétez votre raisonnement, et vous évitez une conclusion trop évidente.

Dans un raisonnement d'une certaine longueur, il faut conclure par la combinaison des prémisses, ou par les contraires; dans un raisonnement court, il faut exprimer seulement la conséquence; et dans ceux dont la conclusion est évidente, parler de l'induction qu'on en doit tirer.

Ceux qui croient qu'un argument peut n'avoir qu'une

argumentationem, poterunt dicere, saepe satis esse hoc modo argumentationem facere : « Quoniam peperit, cum viro concubuit. » Nam hoc nullius neque approbationis, neque assumtionis, vel ejus approbationis, neque complexionis indigere. Sed nobis ambiguitate nominis videntur errare. Nam argumentatio nomine uno res duas significat, ideo quod et inventum aliquam in rem probabile, aut necessarium, argumentatio vocatur, et ejus inventi artificiosa expolitio. Quando igitur proferent aliquid hujusmodi : « Quoniam peperit, cum viro concubuit; » inventum proferent, non expolitionem. Nos autem de expolitionis partibus loquimur.

XLI. Nihil igitur ad hanc rem ratio illa pertinebit : atque hac distinctione, alia quoque, quae videbuntur officere huic partitioni, propulsabimus, si qui aut assumtionem aliquando tolli posse putent, aut propositionem. Quae si quid habet probabile, aut necessarium, quoquo modo commoveat auditorem necesse est. Quod si solum spectaretur, ac nihil, quo pacto tractaretur id, quod excogitatum esset, referret : nequaquam tantum inter summos oratores et mediocres interesse existimaretur.

Variare autem orationem magnopere oportebit. Nam omnibus in rebus similitudo est satietatis mater. Id fieri poterit, si non similiter semper ingrediamur in argumentationem. Nam primum omnium generibus

seule partie, disent que c'est assez de le poser ainsi : « Puisqu'elle est mère, elle a eu commerce avec un homme. » De cette manière, il n'est besoin ni de preuve, ni d'assomption, ni de preuve de l'assomption, ni de conclusion. Mais il me semble que cette erreur porte sur l'équivoque du mot argument, qui exprime deux choses, puisqu'il signifie en même temps et les raisons inventées pour établir la probabilité ou la certitude, et l'art de les faire valoir. Ainsi, quand ils s'expriment comme dans cet exemple : « Puisqu'elle est mère, elle a eu commerce avec un homme, » ils présentent une idée, mais sous la forme que l'art doit lui donner : or, c'est précisément de cet art lui-même que je trace ici les règles.

XLI. Leur système n'a donc aucun rapport avec mon sujet, et la distinction que j'ai établie répond à tout ce que pourraient dire contre ma division ceux qui prétendraient qu'on peut quelquefois retrancher la proposition ou l'assomption. Les raisons qu'on emploie pour établir la probabilité ou l'évidence, doivent frapper l'auditeur, sous quelque forme qu'on les expose ; mais si c'était là tout, et s'il ne fallait point s'occuper de la manière de les présenter, on ne mettrait point une aussi grande différence entre un excellent orateur et un médiocre.

Il est essentiel de varier les formes, car en toutes choses l'uniformité produit le dégoût. Ainsi, la première condition de la variété, c'est de ne pas suivre toujours la même marche dans l'argumentation ; car c'est d'abord par le mélange des argumens qu'il faut varier le style,

ipsis distinguere convenit orationem, hoc est, tum inductione uti, tum ratiocinatione. Deinde in ipsa argumentatione non semper a propositione incipere, nec semper quinque partibus abuti, neque eadem ratione partitiones expolire; sed tum ab assumtione incipere licet, tum ab approbatione alterutra, tum utraque, tum hoc, tum illo genere complexionis uti. Id ut perspiciatur, aut scribamus, aut in quolibet exemplo de iis, quæ proposita sunt, hoc idem exerceamus, ut quam facile factu sit.

Ac de partibus quidem argumentationis satis nobis dictum videtur. Illud autem volumus intelligi, nos probe tenere, aliis quoque rationibus tractari argumentationes in philosophia multis et obscuris, de quibus certum est artificium constitutum. Verum illa nobis abhorrere ab usu oratorio videntur. Quæ pertinere autem ad dicendum putamus, ea nos commodius, quam ceteros, attendisse, non affirmamus; perquisitius et diligentius conscripsisse pollicemur. Nunc, ut instituimus proficisci, ordine ad reliqua pergemus.

XLII. Reprehensio est, per quam argumentando adversariorum confirmatio diluitur, aut infirmatur [aut allevatur]. Hæc fonte inventionis eodem utetur, quo utitur confirmatio; propterea quod, quibus ex locis aliqua res confirmari potest, iisdem potest ex locis infirmari. Nihil enim considerandum est in his omnibus

c'est-à-dire en employant tantôt l'induction, tantôt le syllogisme. Ensuite, dans chaque argument, il est bon de ne pas commencer toujours par la proposition, de ne pas prodiguer continuellement les cinq parties, et de ne point les présenter toujours dans le même ordre; mais on peut commencer tantôt par l'assomption, tantôt par l'une des deux preuves, tantôt même par toutes les deux à la fois, et employer tantôt une conclusion, tantôt une autre. Pour bien comprendre ces règles et en rendre l'application aussi aisée que possible, il faut écrire ou s'exercer sur un des exemples que j'ai donnés.

Je crois m'être assez étendu sur les parties du raisonnement. Je ne dois pas laisser ignorer que je sais fort bien que la philosophie enseigne encore un grand nombre d'autres règles peu connues pour l'argumentation, et que ces règles ont été mises en traités; mais je les regarde comme étrangères à l'art oratoire. Quant à celles que je crois appartenir à l'éloquence, je ne dirai pas que je les ai mieux traitées que les autres auteurs; mais je puis garantir que j'y ai consacré plus de soins et de recherches. Je vais maintenant passer à ce qui me reste à dire, suivant l'ordre que j'ai établi.

XLII. La réfutation est cette partie du discours dans laquelle on cherche à ruiner, ou du moins à affaiblir la thèse de l'adversaire. Elle tire ses moyens de la même source que la confirmation; car les mêmes lieux qui fournissent des raisons à l'appui d'une thèse quelconque, peuvent en fournir contre elle, puisque tous ces moyens rentrent nécessairement dans les attributions des personnes

inventionibus, nisi id, quod personis, aut negotiis attributum est. Quare inventionem, et argumentationum expolitionem, ex illis, quæ ante præcepta sunt, hanc quoque in partem orationis transferri oportebit. Verumtamen, ut quædam præceptio detur hujus quoque partis, exponemus modos reprehensionis; quos qui observabunt, facilius ea, quæ contra dicentur, diluere aut infirmare poterunt.

Omnis argumentatio reprehenditur, si aut ex iis, quæ sumta sunt, non conceditur aliquod unum plurave; aut, his concessis, complexio confici ex his negatur; aut si genus ipsum argumentationis vitiosum ostenditur; aut si contra firmam argumentationem, alia æque firma, aut firmior ponitur. Ex iis, quæ sumuntur, aliquid non conceditur, quum aut id, quod credibile dicunt, negatur esse ejusmodi; aut quod comparabile putant, dissimile ostenditur; aut judicatum aliam in partem traducitur, aut omnino judicium improbatur; aut, quod signum esse adversarii dixerunt, id ejusmodi negatur esse; aut si complexio, aut ex una, aut ex utraque parte reprehenditur; aut si enumeratio falsa ostenditur; aut si simplex conclusio falsi aliquid continere demonstratur. Nam omne, quod sumitur ad argumentandum, sive pro probabili, sive pro necessario, necesse est sumatur ex his locis, ut ante ostendimus.

XLIII. Quod pro credibili sumtum erit, id infirma-

ou des choses. Il faut donc rapporter à cette partie du discours les règles que j'ai tracées plus haut pour l'invention et pour la manière de présenter les argumens. Toutefois, pour exposer quelques préceptes particuliers sur cette partie, je vais montrer les différens modes de réfutation. L'orateur qui voudra s'y attacher, y trouvera des moyens plus sûrs de ruiner ou d'affaiblir les propositions de son adversaire.

La réfutation d'un argument se fait de plusieurs manières : en n'accordant pas une ou plusieurs de ses parties, ou, si on les accorde, en niant la conclusion ; en montrant que le genre même de l'argumentation est vicieux, ou en opposant à un argument solide un argument de même ou de plus grande force. Ne pas accorder quelqu'une des parties d'un argument, c'est nier que ce que l'adversaire présente comme conforme aux idées reçues, le soit en effet ; c'est montrer le peu de rapport des comparaisons qu'il établit ; c'est faire valoir contre lui-même les jugemens dont il s'autorise, ou même les déclarer tout-à-fait mauvais ; c'est rejeter ce qu'il appelle un indice, nier sa conclusion en tout ou en partie ; montrer que son énumération est fausse, ou que la simple conclusion qu'il emploie n'est pas juste sous tous les rapports : car tels sont les lieux d'où se tirent les raisons propres à établir la probabilité d'un fait ou son évidence, comme je l'ai fait voir plus haut.

XLIII. Il faut réfuter une proposition dans laquelle

bitur, si aut perspicue falsum erit, hoc modo : « Nemo est, qui non pecuniam, quam sapientiam malit; » aut ex contrario quoque credibile aliquid habebit, hoc modo : « Quis est, qui non officii cupidior sit, quam pecuniæ? » aut erit omnino incredibile, « Ut si quis, quem constet esse avarum, dicat, alicujus mediocris officii causa, se maximam pecuniam neglexisse; » aut si, quod in quibusdam rebus, aut hominibus accidit, id omnibus dicatur usu evenire, hoc pacto : « Qui pauperes sunt, iis antiquior officio pecunia est. » — « Qui locus desertus est, in eo cædem factam esse oportet. » — « In loco celebri homo occidi qui potuit? » aut si id, quod raro fit, fieri omnino negetur : ut Curio pro Fulvio : « Nemo potest uno aspectu, neque præteriens, in amorem incidere. »

Quod autem pro signo sumetur, id ex iisdem locis, quibus confirmatur, infirmabitur. Nam in signo, primum verum esse ostendi oportet : deinde ejus esse rei signum proprium, qua de re agitur, ut cruorem cædis : deinde factum esse, quod non oportuerit; aut non factum, quod oportuerit : postremo scisse eum, de qua quæritur, ejus rei legem et consuetudinem. Nam cæ res sunt signo attributæ : quas diligentius aperiemus, quum separatim de ipsa conjecturali constitutione dicemus. Ergo horum unumquodque in reprehensione, aut non esse signo, aut parum magno esse, aut a se

on a prétendu exprimer une vérité conforme aux idées reçues, quand elle est évidemment fausse, comme : « Il n'est personne qui ne préfère l'argent à la sagesse ; » quand le contraire de ce qu'elle exprime offre aussi un caractère de vérité, par exemple : « Quel est l'homme qui ne met pas le devoir au dessus de l'intérêt ? » quand elle est tout-à-fait incroyable, comme si un avare bien reconnu pour tel disait, « Qu'à une légère considération morale il a sacrifié une grande somme d'argent ; » quand elle énonce comme un principe général et absolu ce qui n'est vrai que de certains hommes ou de certaines choses, par exemple : « Les pauvres mettent l'intérêt au dessus du devoir. » — « Le lieu est désert, c'est là que le meurtre a été commis. » — « Est-il possible de tuer un homme dans un lieu fréquenté ? » quand elle nie comme absolument impossible un fait qui n'arrive que rarement, comme dans cette phrase du plaidoyer de Curion pour Fulvius : « On ne devient jamais amoureux d'une femme, pour l'avoir vue une fois et en passant. »

Quant aux indices, les mêmes lieux qui ont fourni des moyens pour les établir, en fourniront pour les écarter : car il faut d'abord prouver que l'indice est véritable ; ensuite qu'il se rapporte spécialement au fait dont il s'agit, comme le sang, lorsqu'il est question d'un meurtre ; puis qu'on a fait ce qu'il ne fallait pas faire, ou qu'on n'a pas fait ce qu'il fallait faire ; enfin que l'accusé connaissait parfaitement la loi et la coutume : car ce sont là les conditions qu'il faut chercher dans l'indice. Je les développerai avec plus de soin, quand j'aurai à traiter particulièrement de l'état de question conjectural. Il faut donc démontrer, dans la réfutation, qu'un indice ne prouve rien, ou fort peu de chose, ou

potius, quam ab adversariis stare, aut omnino falso dici, aut in aliam quoque suspicionem duci posse, demonstrabitur.

XLIV. Quum autem pro comparabili aliquid inducetur, quoniam id per similitudinem maxime tractatur, in reprehendendo conveniet, simile id negare esse, quod conferetur ei, quicum conferetur. Id fieri poterit, si demonstrabitur diversum esse genere, natura, vi, magnitudine, tempore, loco, persona, opinione; ac si, quo in numero illud, quod per similitudinem afferetur, et quo in loco hoc genus, cujus causa afferetur, haberi conveniat, ostendetur. Deinde, quid res cum re differat, demonstrabitur : ex quo docebimus, aliud de eo, quod comparabitur, et de eo, quicum comparabitur, existimari oportere. Hujus facultatis maxime indigemus, quum ea ipsa argumentatio, quæ per inductionem tractatur, erit reprehendenda.

Sin judicatum aliquod inferetur, quoniam id ex his locis maxime firmatur : laude eorum, qui judicarunt; similitudine ejus rei, qua de agitur, ad eam rem, qua de judicatum est, et commemorando, non modo non esse reprehensum judicium, sed ab omnibus approbatum; et demonstrando, difficilius et majus fuisse id judicatum, quod afferatur, quam id, quod instet : ex contrariis locis, si res aut vera, aut verisimilis permittat, infirmari oportebit. Atque erit observandum

qu'il est plus favorable à notre thèse qu'à celle des adversaires, ou qu'il est complètement faux, ou qu'il peut même conduire à d'autres soupçons.

XLIV. S'il s'agit de réfuter une comparaison, comme elle est ordinairement fondée sur la ressemblance, établissez que les deux choses comparées n'ont entre elles aucun rapport. Pour cela, il faut montrer qu'il y a diversité de genre, de nature, de force, d'importance, de temps, de lieu, de personnes et d'opinion ; marquer le genre auquel appartient la similitude, et remettre à sa véritable place l'objet dont il s'agit dans la cause ; puis on fera ressortir la différence, afin de prouver qu'il n'y a point de rapport à établir entre la chose comparée et celle avec laquelle on la compare. C'est surtout la marche qu'on doit suivre, quand il s'agit de réfuter un raisonnement amené sous la forme d'induction.

Quand on cite quelque jugement, la meilleure manière de le faire valoir, c'est d'y joindre l'éloge de ceux qui l'ont rendu, de montrer les rapports de l'affaire jugée avec celle qui se plaide, de faire observer que la décision n'a été critiquée par personne, mais approuvée de tout le monde, et, enfin, que la cause offrait plus d'importance et de difficultés que celle dont il s'agit : c'est donc des lieux contraires qu'il faut tirer ses moyens de réfutation, si la vérité ou la vraisemblance le permettent. On devra prendre bien garde que le jugement invoqué ne soit pas sans rapport avec le fait dont il

diligenter, ne nihil ad id, quo de agatur, pertineat id, quod judicatum sit; et videndum, ne ea res proferatur, in qua sit offensum, ut de ipso, qui judicarit, judicium fieri videatur. Oportet autem animadvertere, ne, quum aliter multa sint judicata, solitarium aliquod, aut rarum judicatum afferatur. Nam his rebus auctoritas judicati maxime potest infirmari. Atque ea quidem, quæ quasi probabilia sumentur, ad hunc modum tentari oportebit.

XLV. Quæ vero sicuti necessaria inducentur, ea si forte imitabuntur modo necessariam argumentationem, neque erunt ejusmodi, sic reprehendentur. Primum complexio, quæ, utrum concesseris, debet tollere, si vera est, nunquam reprehendetur; sin falsa, duobus modis, aut conversione, aut alterius partis infirmatione. Conversione, hoc modo :

> Nam si veretur, quid eum accuses, qui est probus?
> Sin inverecundum animi ingenium possidet,
> Quid eum accuses, qui id parvi auditu existimet?

Hic, sive vereri dixeris, sive non vereri, concedendum hoc putat, ut neget esse accusandum. Quod conversione sic reprehendetur : « Imo vero accusandum est. Nam si veretur, accuses : non enim parvi auditu æstimabit. Sin inverecundum animi ingenium possidet, tamen accuses : non enim probus est. » Alterius autem partis infirmatione, hoc modo reprehendetur :

s'agit; on s'abstiendra de citer une décision entachée d'erreur et qui mettrait le juge lui-même dans le cas d'être jugé. Il faut encore bien faire attention, quand il y a un grand nombre de jugemens contraires, de n'aller pas s'autoriser d'une décision exceptionnelle et isolée; car une décision de ce genre porte avec elle-même sa réfutation. C'est ainsi qu'il faut attaquer les raisons employées pour établir la probabilité.

XLV. Quant à celles qui ont pour but de démontrer l'évidence nécessaire, si elles n'ont que l'apparence d'un raisonnement vigoureux, sans en avoir la force, voici la manière de les réfuter. Quand le dilemme qui vous donne tort, quoi que vous accordiez, est juste, il ne faut jamais y répondre. S'il est faux, il y a deux manières de le détruire : il faut le retourner, ou nier une des deux propositions. On le retourne de cette manière :

« S'il a de la pudeur, pourquoi accusez-vous un honnête homme? Si au contraire il porte une âme tout-à-fait insensible à la honte, pourquoi accuser un homme qui n'en sera nullement affecté? »

Dans ce dilemme, convenez qu'il est sensible à la honte ou qu'il ne l'est pas, l'adversaire conclura toujours qu'il ne faut pas l'accuser. Vous répondez à ce dilemme, en le retournant : « Il faut au contraire l'accuser : car, s'il a de la pudeur, il ne sera point insensible à l'accusation; si au contraire il est insensible à la honte, il faut encore l'accuser : car c'est un méchant homme. » Quand, pour réfuter le dilemme, vous niez une de ses deux conséquences; voici la manière : « S'il porte une âme hon-

« Verum si veretur, accusatione tua correctus, ab errato recedet. »

Enumeratio vitiosa intelligitur, si aut præteritum quiddam dicemus, quod velimus concedere, aut infirmum aliquid annumeratum, quod aut contra dici possit, aut causa non sit, quare non honeste possimus concedere. Præteritur quiddam in ejusmodi enumerationibus : « Quoniam habes istum equum, aut emeris oportet, aut hereditate possideas, aut munere acceperis, aut domi tibi natus sit, aut, si horum nihil est, surripueris necesse est. Sed neque emisti, neque hereditate venit, neque domi natus est, neque donatus est : necesse est ergo surripueris. » Hoc commode reprehendetur, si dici possit ex hostibus equus esse captus, cujus prædæ sectio non venierit : quo illato, infirmatur enumeratio; quoniam id sit inductum, quod præteritum sit in enumeratione.

XLVI. Altero autem modo reprehendetur, si aut contra aliquid dicitur : hoc est, si, exempli causa, ut in eodem versemur, poterit ostendi hereditate venisse. Aut si extremum illud non erit turpe concedere; ut si quis, quum dixerint adversarii : « Aut insidias facere voluisti, aut amico morem gessisti, aut cupiditate elatus es; » amico se morem gessisse fateatur.

Simplex autem conclusio reprehendetur, si id, quod sequitur, non videatur necessario cum eo, quod ante-

nête, l'accusation peut le retirer du mal et le corriger. »

Vous prouvez qu'une énumération est vicieuse, en montrant qu'on a oublié d'y comprendre quelque point que vous êtes prêt à accorder, ou qu'on y a fait entrer des parties faibles que vous pourriez facilement réfuter, ou sur lesquelles vous n'avez aucun motif raisonnable de ne pas tomber d'accord. Voici un exemple d'énumération incomplète : « Puisque vous avez ce cheval, c'est que vous l'avez acheté, ou que vous en avez hérité, ou que vous l'avez reçu en présent, ou qu'il est né dans votre maison, ou, si non, il faut absolument que vous l'ayez volé ; or, vous ne l'avez point acheté, vous n'en avez point hérité, il n'est point né chez vous, on ne vous l'a point donné en présent ; donc il faut que vous l'ayez volé. » Il est facile de réfuter ce raisonnement, si l'on peut dire qu'on l'a pris sur l'ennemi, et que cette partie du butin n'est pas soumise à l'enchère. Ce moyen détruit l'effet de l'énumération, en faisant admettre un cas qu'elle avait omis.

XLVI. L'autre manière de la réfuter, c'est de contredire un des points qu'elle renferme, en montrant, pour nous servir du même exemple, que vous avez acquis le cheval par héritage ; ou, enfin, d'accorder un des points, si vous le pouvez sans honte : par exemple, si l'adversaire disait : « Ou vous méditiez une perfidie, ou vous vouliez plaire à un ami, ou la passion vous entraînait ; » vous conviendriez que vous avez voulu plaire à un ami.

On réfute une simple conclusion, en montrant que la conséquence n'est pas la déduction nécessaire de ce qui

cessit, cohærere. Nam hoc quidem, « Si spiritum ducit, vivit;—Si dies est, lucet; » ejusmodi est, ut cum priore necessario posterius cohærere videatur. Hoc autem : « Si mater est, diligit ; — Si aliquando peccavit, nunquam corrigetur ; » sic conveniet reprehendi, ut demonstretur non necessario cum priore posterius cohærere.

Hoc genus, et cetera necessaria, et omnino omnis argumentatio, et ejus reprehensio majorem quamdam vim continet, et latius patet, quam hic exponitur : sed ejus artificii cognitio hujusmodi est, ut non ad hujus artis partem aliquam adjungi possit, sed ipsa separatim longi temporis, et magnæ atque arduæ cogitationis indigeat. Quare illa nobis alio tempore atque ad aliud institutum, si facultas erit, explicabuntur. Nunc his præceptionibus rhetorum ad usum oratorium contentos nos esse oportebit. Quum igitur ex iis, quæ sumuntur, aliquid non conceditur, sic infirmabitur.

XLVII. Quum autem, his concessis, complexio ex his non conficitur, hæc erunt consideranda : num aliud conficiatur, aliud dicatur, hoc modo : Si, quum aliquis dicat se profectum esse ad exercitum, contraque eum quis velit hac argumentatione uti : « Si venisses ad exercitum, a tribunis militaribus visus esses; non es autem ab his visus; non es igitur profectus ad exercitum; » hic quum concesseris propositionem et assum-

précède. Dans celles-ci, par exemple : « S'il respire, il vit; — S'il fait jour, la lumière brille, » le conséquent est nécessairement compris dans l'antécédent. Mais dans ces autres: « Si elle est mère, elle aime ses enfans ; — S'il a commis quelques fautes, il ne se corrigera jamais, » il suffit, pour les réfuter, de faire voir qu'il n'y a pas rapport nécessaire entre l'antécédent et le conséquent.

Ce genre d'argument et tous les argumens nécessaires, et, en général, tous les genres d'argumentation, avec la manière de les réfuter, ont plus d'importance et d'étendue que je ne leur en donne ici. Mais l'ensemble de ces règles n'est pas de nature à pouvoir être joint à quelque partie de la rhétorique ; il exige, à lui seul, une étude spéciale, l'emploi de beaucoup de temps, de graves et sérieuses réflexions. Aussi je réserve pour un autre moment et pour un autre ouvrage le traité que j'en dois faire, si mes talens me le permettent. Je dois me borner maintenant à exposer les règles de la rhétorique à l'usage des orateurs. Je viens d'enseigner la manière de réfuter un raisonnement dont on nie quelque proposition.

XLVII. Mais quand, les propositions accordées, c'est la conclusion que l'on doit attaquer, il faut examiner si la conséquence n'est pas contraire aux prémisses. On prétend, par exemple, qu'on était parti pour l'armée; l'adversaire le nie et fait ce raisonnement : « Si vous vous étiez rendu à l'armée, les tribuns militaires vous auraient vu; or, ils ne vous ont point vu; donc vous n'êtes pas parti pour l'armée. » En accordant la proposition et l'assomption, il faut nier la conclusion, car elle n'est pas nécessairement vraie.

tionem, complexio est infirmanda : aliud enim, quam cogebatur, illatum est.

Ac nunc quidem, quo facilius res cognosceretur, perspicuo et grandi vitio præditum posuimus exemplum; sed sæpe obscurius positum vitium pro vero probatur, quum aut parum memineris, quid concesseris, aut ambiguum aliquid pro certo concesseris. Ambiguum si concesseris ex ea parte, quam ipse intellexeris, eam partem si adversarius ad aliam partem per complexionem velit accommodare; demonstrare oportebit, non ex eo, quod ipse concesseris, sed ex eo, quod ille sumserit, confici complexionem, ad hunc modum : « Si pecuniæ indigetis, pecuniam non habetis; si pecuniam non habetis, pauperes estis : indigetis autem pecuniæ; mercaturæ enim, nisi ita esset, operam non daretis : pauperes igitur estis. » Hoc sic reprehenditur : Quum dicebas : « Si indigetis pecuniæ, pecuniam non habetis; » hoc intelligebam, « Si propter inopiam in egestate estis, pecuniam non habetis; » et idcirco concedebam. Quum autem hoc sumebas, «indigetis autem pecuniæ; » illud accipiebam, « vultis autem pecuniæ plus habere. » Ex quibus concessionibus non conficitur hoc, « pauperes igitur estis : » conficeretur autem, si tibi primo quoque hoc concessissem, « qui pecuniam majorem vellet habere, eum pecuniam non habere. »

XLVIII. Sæpe autem oblitum putant, quid concesse-

Pour me faire mieux comprendre, j'ai pris un exemple où la faute dont je parle est visible et bien prononcée; mais il est des cas où ce défaut, mieux déguisé, nous fait admettre la conclusion comme vraie; soit que nous ne nous souvenions plus de ce que nous avons accordé, soit que nous ayons accordé comme certaine une proposition douteuse. Si nous avons admis une proposition douteuse pour le sens que nous lui donnions, et que l'adversaire veuille, dans sa conclusion, en déduire une conséquence à laquelle nous n'avions point songé, il faudra démontrer que sa conclusion ne ressort pas de la proposition que nous avons admise, mais de l'assomption qu'il a lui-même établie; par exemple : « Si vous avez besoin d'argent, c'est que vous n'en avez pas; si vous n'avez pas d'argent, vous êtes pauvres; or, vous avez besoin d'argent, puisque sans cela vous ne feriez pas le commerce; donc vous êtes pauvres. » Voici la manière de répondre : « Quand vous me disiez, Si vous avez besoin d'argent, c'est que vous n'en avez pas, je comprenais, Si vous êtes dans le besoin, parce que vous manquez de tout, vous n'avez pas d'argent ; et voilà pourquoi je vous accordais votre proposition ; quant à l'assomption, Or, vous avez besoin d'argent, j'entendais, Or, vous voulez avoir plus d'argent. De ces deux concessions ainsi faites, il ne faut pas conclure, Donc vous êtes pauvre. Cette conclusion ne serait juste qu'autant que je vous aurais d'abord accordé que celui qui veut gagner plus d'argent, n'en a pas du tout. »

XLVIII. Souvent l'adversaire croit que vous ne vous

ris, et idcirco id, quod non conficitur, quasi conficiatur, in conclusione infertur, hoc modo : « Si ad illum hereditas veniebat, verisimile est ab illo esse necatum. » Deinde hoc approbant plurimis verbis; post assumunt, « ad illum autem hereditas veniebat;-» deinde inferlur, « ille igitur occidit. » Id ex iis, quæ sumserant, non conficitur. Quare observare diligenter oportet, et quid sumatur, et quid conficiatur.

Ipsum autem genus argumentationis vitiosum his de causis ostendetur, si aut in ipso vitium erit, aut si non ad id, quod instituitur, accommodabitur. Atque in ipso vitium erit, si omnino totum falsum erit, si commune, si vulgare, si leve, si remotum, si mala definitio, si controversum, si perspicuum, si non concessum, si turpe, si offensum, si contrarium, si inconstans, si adversum. Falsum est, in quo perspicue mendacium est, hoc modo : « Non potest esse sapiens, qui pecuniam negligit; Socrates autem pecuniam negligebat; non igitur sapiens erat. » Commune est, quod nihilo magis ab adversariis, quam a nobis facit, hoc modo : « Idcirco, judices, quia veram causam habebam, brevi peroravi. » Vulgare est, quod in aliam quoque rem non probabilem, si nunc concessum sit, transferri possit, hoc modo : « Si veram causam non haberet, vobis se, judices, non commisisset. » Leve est, quod aut post tempus dicitur, hoc modo : « Si in mentem venisset, non commisisset; »

souvenez plus de ce que vous avez accordé, et fait ainsi entrer dans la conclusion une conséquence qui n'est pas la véritable ; par exemple : « Puisqu'il était héritier, il est probable que c'est lui qui a commis ce meurtre. » Il fortifie cette proposition par des développemens, puis passe à l'assomption : « Or, c'est lui qui était l'héritier ; » et finit par conclure : « Donc, c'est lui qui a commis le meurtre ; » ce qui n'est pas la conséquence rigoureuse des propositions antécédentes. Il faut donc bien prendre garde aux prémisses, et à la conséquence que l'on en tire.

Il faut montrer que le genre même du raisonnement est vicieux, quand il porte en lui-même quelque vice, ou qu'il est mal appliqué dans l'espèce. Il est vicieux en lui-même, s'il est complètement faux, commun, vulgaire, frivole, tiré de trop loin ; s'il renferme une mauvaise définition ; s'il est controversé, trop évident, contesté, honteux, offensant, contraire, inconséquent, défavorable. Il est faux, quand il exprime une contre-vérité palpable, comme : « Celui qui méprise l'argent ne saurait être sage ; or, Socrate méprisait l'argent ; donc il n'était pas sage. » Il est commun, quand il peut être aussi bien employé par l'adversaire : « Je n'ai pas eu besoin de parler long-temps, magistrats, parce que ma cause était bonne. » Il est vulgaire, quand la raison qu'il énonce, recevable dans une affaire, peut également s'appliquer à une autre moins bonne : « Si la cause de mon client n'était pas juste, magistrats, il ne se fût pas soumis à votre jugement. » Il est frivole, s'il vient mal-à-propos, comme : « S'il y avait pensé, il ne l'aurait point fait ; » ou s'il donne une justification sans force à une action dont la honte est manifeste ; par exemple :

aut si perspicue rem turpem levi tegere vult defensione, hoc modo :

> Quum te expetebant omnes, florentissimo
> Regno reliqui : nunc desertum ab omnibus,
> Summo periclo, sola ut restituam, paro.

XLIX. Remotum est, quod ultra quam satis est, petitur, hoc modo : « Quod si non P. Scipio Corneliam filiam Tib. Graccho collocasset, atque ex ea duos Gracchos procreasset, tantæ seditiones natæ non essent : quare hoc incommodum Scipioni adscribendum videtur. » Hujusmodi est illa quoque conquestio :

> Utinam ne in nemore Pelio securibus
> Cæsa cecidisset abiegna ad terram trabes!

Longius enim repetita est, quam res postulabat. Mala definitio est, quum aut communia describit, hoc modo : « Seditiosus est is, qui malus atque inutilis est civis. » Nam hoc non magis seditiosi, quam ambitiosi, quam calumniatoris, quam alicujus improbi hominis vim describit. Aut falsum quiddam dicit, hoc pacto : « Sapientia est pecuniæ quærendæ intelligentia. » Aut aliquid non grave, nec magnum continens, sic : Stultitia est immensæ gloriæ cupiditas. » Est hæc quidem stultitia, sed ex parte quadam, non ex omni genere, definita. Controversum est, in quo ad dubium demonstrandum dubia causa affertur, hoc modo :

> Eho tu, dii, quibus est potestas motus superum atque inferum,
> Pacem inter sese conciliant, conferunt concordiam.

« Quand tous vous recherchaient, assis sur le trône le plus florissant, je vous laissai; maintenant que tous vous abandonnent, au milieu de tant de périls, seule je m'apprête à vous relever. »

XLIX. Il est tiré de trop loin, quand on remonte plus haut qu'il n'est nécessaire; par exemple : « Si P. Scipion n'eût point marié sa fille avec Tiberius Gracchus, et que de ce mariage ne fussent point nés les deux Gracques, de pareilles séditions n'eussent point eu lieu; c'est donc à Scipion qu'il faut imputer ces malheurs. » Il y a le même défaut dans cette plainte :

« Plût aux cieux que jamais, sur le Pélion, sapins abattus ne fussent tombés sous la hache! »

C'est reprendre la chose de trop haut. Une mauvaise définition est celle qui n'attribue pas des qualités précises; par exemple : « Un séditieux, c'est un citoyen dangereux et nuisible; » car ce n'est pas donner l'idée d'un séditieux, plutôt que celle d'un ambitieux, d'un calomniateur, ou de tout autre individu pervers. Elle est mauvaise encore si elle énonce une fausseté, comme : « La sagesse est le talent de s'enrichir; » ou si elle manque de force et d'étendue, comme : « La sottise est un désir immense de gloire. » Sans doute c'est là une sottise, mais c'est une espèce, et non le genre tout entier de la sottise qu'on définit. Un argument controversé est celui dans lequel on apporte une raison douteuse à l'appui d'un point douteux; exemple :

« Eh, quoi! ne sais-tu pas que les dieux, maîtres souverains du ciel et de l'enfer, font régner entre eux la paix et l'harmonie? »

Perspicuum est, de quo non est controversia : ut, « si quis, quum Orestem accuset, planum faciat, ab eo matrem esse occisam. » Non concessum est, quum id, quod augetur, in controversia est, ut, « si quis, quum Ulyssem accuset, in hoc maxime commoretur : Indignum esse, ab homine ignavissimo virum fortissimum, Ajacem, necatum. » Turpe est, quod aut eo loco, in quo dicitur; aut eo homine, qui dicit; aut eo tempore, quo dicitur; aut iis, qui audiunt; aut ea re, qua de agitur, indignum, propter inhonestam rem, videtur. Offensum est, quod eorum, qui audiunt, voluntatem lædit : ut, « si quis apud equites romanos cupidos judidicandi, Cæpionis legem judiciariam laudet. »

L. Contrarium est, quod contra ea dicitur, quæ ii, qui audiunt, fecerunt : ut, si quis apud Alexandrum Macedonem contra aliquem urbis expugnatorem diceret, « nihil esse crudelius, quam urbes diruere, » quum ipse Alexander Thebas diruisset. Inconstans est, quod ab eodem de eadem re diverse dicitur : ut, « si quis, quum dixerit, qui virtutem habeat, eum nullius rei ad bene vivendum indigere, neget postea sine bona valitudine posse bene vivere; aut se amico adesse propter benivolentiam; sperare enim aliquid commodi ad se perventurum. » Adversum est, quod ipsi causæ aliqua ex parte officit : ut, « si quis hostium vim, et copias, et felicitatem augeat, quum ad pugnandum milites adhortetur. »

Un argument trop évident est celui qui porte sur un point non contesté, comme « si l'accusateur d'Oreste s'attachait à démontrer qu'il a tué sa mère. » L'argument contesté développe ce qui forme précisément le point à juger, comme « si, en accusant Ulysse, on s'arrêtait long-temps sur cette idée, que c'est une indignité, qu'Ajax, le plus courageux des hommes, ait péri de la main du plus lâche. » Il est honteux, quand il exprime des idées inconvenantes, également indignes du lieu où elles sont dites, de l'orateur qui les énonce, du temps où il parle, de ceux qui l'écoutent, du sujet qu'il traite. Il est offensant, lorsqu'il blesse l'opinion de l'auditoire ; comme « si, devant des chevaliers romains, jaloux de la puissance judiciaire, on citait avec éloges la loi de Cépion sur les jugemens. »

L. Un argument est contraire, quand il porte avec lui la condamnation d'un fait qui est celui du juge; comme si un orateur, plaidant devant Alexandre de Macédoine contre quelque destructeur de villes, disait « que rien n'est plus cruel que de détruire des villes, » quand il sait bien qu'Alexandre lui-même a détruit Thèbes. Il est inconséquent, lorsqu'il ne se trouve pas d'accord avec lui-même sur un point ; comme si quelqu'un, après avoir dit « que l'homme vertueux n'a besoin que de sa vertu pour vivre heureusement, » ajoutait ensuite « qu'il n'y a pas de bonheur possible sans la santé ; » ou « que l'amitié l'amène auprès de son ami, à cause de l'avantage qu'il compte en retirer. » Il est défavorable, quand il renferme quelque chose de nuisible à la cause ; par exemple, « si un général, exhortant son armée à combattre, allait exagérer la force, le nombre et le bonheur des ennemis. »

Si non ad id, quod instituitur, accommodabitur aliqua pars argumentationis, horum aliquo in vitio reperietur : si plura pollicitus pauciora demonstrabit; aut si, quum totum debebit ostendere, de parte aliqua loquetur, hoc modo : « Mulierum genus avarum est; nam Eriphyle auro viri vitam vendidit; » aut si non id, quod accusabitur, defendet : ut, « si quis, quum ambitus accusabitur, manu se fortem esse defendet : » ut Amphion apud Euripidem, item apud Pacuvium, qui, « vituperata musica, sapientiam laudat; » aut si res ex hominis vitio vituperabitur : ut, « si quis doctrinam ex alicujus docti vitiis reprehendat; » aut si qui, quum aliquem volet laudare, de felicitate ejus, non de virtute dicat; aut si qui rem cum re ita comparabit, ut alteram se non putet laudare, nisi alteram vituperarit; aut si alteram ita laudet, ut alterius non faciat mentionem; aut si, quum de certa re quaeretur, de communi instituetur oratio : ut, « si quis, quum aliqui deliberent, bellum gerant, an non, pacem laudet omnino, non illud bellum inutile esse demonstret; » aut si ratio alicujus rei reddetur falsa, hoc modo : « Pecunia bonum est, propterea quod ea maxime vitam beatam efficit; » aut si infirma, ut Plautus,

> Amicum castigare ob meritam noxiam,
> Immune est facinus; verum in aetate utile
> Et conducibile : nam ego amicum hodie meum
> Concastigabo pro commerita noxia;

Un argument mal appliqué dans l'espèce, présente quelqu'un des défauts suivans : on prouve moins qu'on n'avait avancé; ou quand il faut démontrer le tout, on ne parle que d'une partie; comme : « La femme est portée à l'avarice, car Ériphyle a vendu à prix d'or la vie de son époux; » ou l'on ne se défend point de ce dont on est accusé; comme « lorsque, à une accusation de brigue, on oppose la preuve de son courage; » ou comme « Amphion, dans la pièce d'Eupiride, et aussi dans celle de Pacuvius, répond par l'éloge de la sagesse au blâme jeté sur la musique; » ou l'on part des défauts d'un homme pour condamner une chose; par exemple, « lorsqu'on rejette sur la science même les vices de quelque savant; » d'autres fois, pour faire l'éloge d'un individu, on parle de son bonheur, et point de son mérite; ou, dans la comparaison de deux choses, on ne croit pas louer l'une, si l'on ne rabaisse l'autre; ou l'on se contente pas de louer la première sans parler de la seconde; ou l'on sort d'une question déterminée, pour se jeter dans une thèse générale, comme « si, quand il s'agit de délibérer sur une guerre à entreprendre, on se mettait à faire simplement l'éloge de la paix, sans songer à prouver que la guerre dont il est question n'est pas avantageuse; » ou l'on donne de fausses raisons d'une chose; par exemple : « La richesse est un bien, parce que, plus que tout le reste, elle procure le bonheur; » ou des raisons faibles, comme dans ces vers de Plaute :

« Il est cruel de reprendre un ami pour une faute dont il s'est rendu coupable; mais c'est aussi quelquefois un bien et un avantage : car moi-même je me prépare aujourd'hui à reprendre pour sa faute un ami coupable; »

aut eadem, hoc modo : « Maximum malum est avaritia; multos enim magnis incommodis affecit pecuniæ cupiditas; » aut parum idonea, hoc modo : « Maximum bonum est amicitia; plurimæ enim delectationes sunt in amicitia. »

LI. Quartus modus erat reprehensionis, per quem contra firmam argumentationem, æque firma aut firmior ponebatur. Hoc genus in deliberationibus maxime versabitur, quum aliquid, quod contra dicatur, æquum esse concedimus, sed id, quod nos defendimus, necessarium esse demonstramus : aut quum id, quod illi defendant, utile esse fateamur; quod nos dicamus, demonstremus esse honestum. Ac de reprehensione hæc quidem existimavimus esse dicenda. Deinceps nunc de conclusione ponemus.

Hermagoras degressionem deinde, tum postremam conclusionem ponit. In hac autem degressione ille putat oportere quamdam inferri orationem, a causa, atque a judicatione ipsa remotam, quæ aut sui laudem, aut adversarii vituperationem contineat, aut in aliam causam deducat, ex qua conficiat aliquid confirmationis, aut reprehensionis, non argumentando, sed augendo per quamdam amplificationem. Hanc si quis partem putarit orationis, sequatur Hermagoram licebit. Nam et augendi, et laudandi, et vituperandi præcepta a nobis partim data sunt, partim suo loco dabuntur. Nobis autem

ou des raisons qui n'en sont pas, comme : « L'avarice est un très-grand mal, car l'amour de l'argent nous cause de grands malheurs; » ou des raisons peu convenables; par exemple : « L'amitié est le premier des biens; car elle offre une foule d'agrémens. »

LI. La quatrième réfutation que j'ai indiquée consiste à opposer à un raisonnement solide un autre raisonnement de même ou de plus grande force. Il faut l'employer surtout dans les causes délibératives : l'orateur convient que l'avis de l'adversaire est conforme à l'équité, mais il prouve que le sien est dicté par la nécessité même; ou il avoue que la proposition contraire est utile, mais il démontre que la sienne est plus honorable. Voilà tout ce que j'avais à dire sur la réfutation. Je vais maintenant parler de la conclusion.

Avant la conclusion, qui est la dernière partie du discours, Hermagoras place la digression. Elle doit renfermer, dit-il, quelque développement étranger à la cause et au point à juger; par exemple, l'éloge de celui qui parle ou le blâme de ses adversaires, ou quelque autre sujet de discours qui lui fournisse, plutôt pour l'amplification que pour le raisonnement, quelques moyens d'attaque ou de réfutation. Si l'on croit que la digression soit une partie du discours, on peut adopter l'avis d'Hermagoras; car j'ai moi-même donné, ou je donnerai en temps et lieu les règles pour l'amplification, pour l'éloge et pour le blâme. Mais je ne suis pas d'avis de classer la digression parmi les parties du discours,

non placet, hanc partem in numero reponi, quod de causa degredi, nisi per locum communem, displicet; quo de genere posterius est dicendum. Laudes autem et vituperationes non separatim placet tractari, sed in ipsis argumentationibus esse implicitas. Nunc de conclusione dicemus.

LII. Conclusio est exitus et determinatio totius orationis : hæc habet partes tres, enumerationem, indignationem, conquestionem. Enumeratio est, per quam res disperse et diffuse dictæ unum in locum coguntur, et reminiscendi causa unum sub aspectum subjiciuntur. Hæc si semper eodem modo tractabitur, perspicue ab omnibus artificio quodam tractari intelligetur; sin varie fiet, et hanc suspicionem et satietatem vitare poterit. Quare tum oportebit ita facere, ut plerique faciunt propter facilitatem, singillatim unamquamque rem attingere, et ita omnes transire breviter argumentationes; tum autem id, quod difficilius est, dicere, quas partes exposueris in partitione, de quibus te pollicitus sis dicturum, et reducere in memoriam, quibus rationibus unamquamque partem confirmaris; tum ab iis, qui audiunt, quærere, quid sit, quod sibi velle debeant demonstrari, hoc modo : « Illud docuimus, illud planum fecimus. » Ita simul et in memoriam redibit auditor, et putabit nihil esse præterea, quod debeat desiderare.

Atque in his generibus (ut ante dictum est) tum tuas

n'admettant de digression que sous la forme du lieu commun dont j'aurai à parler plus tard. Quant à l'éloge et au blâme, je ne crois pas qu'on doive les traiter séparément; mais plutôt les enchâsser dans l'argumentation. Je vais maintenant parler de la conclusion.

LII. La conclusion est le complément et la fin du discours. Elle comprend trois parties : l'énumération, l'indignation, la plainte. L'énumération réunit en un faisceau toutes les raisons disséminées dans le corps du discours, de manière à les faire embrasser d'un seul regard pour en rappeler le souvenir. Si l'on traitait toujours cette partie de la même manière, l'emploi de l'art serait trop facilement reconnaissable; la variété aura le double avantage de cacher l'art et de prévenir le dégoût. Il faut donc, et c'est la méthode la plus suivie, parce qu'elle est la plus facile, reprendre en l'effleurant chaque partie du discours, et récapituler en peu de mots tous les argumens. On peut aussi, mais c'est moins facile, retracer les parties de la division, rappeler les points qu'on avait promis de traiter, et remettre sous les yeux les raisons données à l'appui de chaque proposition. On doit encore demander aux juges quel est le point qu'ils désirent qu'on leur démontre; en disant : « J'ai démontré ceci, j'ai prouvé cela. » Ainsi l'on réveille les souvenirs de l'auditoire, et on lui persuade qu'il n'a plus d'autres élémens de conviction à attendre.

Il faut donc, comme je l'ai dit plus haut, tantôt re-

argumentationes transire separatim ; tum id, quod artificiosius est, cum tuis contrarias conjungere; et quum tuam argumentationem dixeris, tum, contra eam quod afferebatur, quemadmodum dilueris, ostendere. Ita per brevem comparationem, auditoris memoria et de confirmatione, et de reprehensione redintegrabitur. Atque hæc aliis actionis quoque modis variare oportebit. Nam quum ex tua persona enumerare possis, ut, quid, et quo quidque loco dixeris, admoneas; tum vero personam aut rem aliquam inducere, et enumerationem ei totam attribuere. Personam hoc modo : « Nam si legis scriptor exsistat, et quærat a vobis, quid dubitetis; quid possitis dicere, quum vobis hoc et hoc sit demonstratum ? » Atque hic, item ut in nostra persona, licebit alias singillatim transire omnes argumentationes, alias ad partitiones singula genera referre, alias ab auditore, quid desideret, quærere, alias hæc facere per comparationem suarum et contrariarum argumentationum.

Res autem inducetur, si alicui rei hujusmodi, legi, loco, urbi, monumento attribuetur oratio per enumerationem, hoc modo : « Quid? si leges loqui possent, nonne hæc apud vos quererentur? Quidnam amplius desideratis, judices, quum vobis hoc et hoc planum factum sit? » In hoc quoque genere omnibus eisdem modis uti licebit. Commune autem præceptum hoc datur ad enumerationem, ut ex unaquaque argumentatione,

prendre séparément toutes vos raisons, tantôt y joindre les objections de l'adversaire, rappelant d'abord vos moyens, puis la manière dont vous avez réfuté les propositions contraires. Ainsi, par une courte comparaison, vous remettez l'auditoire au fait de la confirmation et de la réfutation. Il faut aussi varier les formes de cette récapitulation. Au lieu de rappeler vous-même ce que vous avez dit, de quelle manière et en quel lieu, il vaut mieux introduire quelque autre personne, ou même une chose inanimée que vous chargiez de votre rôle. Voici comme on fait parler une personne étrangère : « Si le législateur venait à paraître, et qu'il vous demandât la cause de votre hésitation, que pourriez-vous lui répondre, après que tel et tel point vous ont été démontrés? » Vous pouvez alors, comme si vous parliez en votre propre nom, tantôt reprendre séparément toutes vos raisons, tantôt retracer tout le plan des divisions que vous avez établies, tantôt demander à l'auditeur quelle nouvelle preuve il désire encore, tantôt mettre en parallèle vos argumens et ceux de l'adversaire.

Faire parler une chose inanimée, c'est, par exemple, charger la loi, un lieu, une ville, un monument, de la récapitulation : « Si la loi pouvait parler, n'aurait-elle pas lieu de se plaindre et de vous dire : Quelle nouvelle preuve attendez-vous encore, magistrats, quand on vous a démontré, etc. ? » Et vous avez de plus toutes les ressources de l'autre exemple. Or, c'est une règle commune à tous les deux que, comme on ne peut pas reprendre en entier chaque partie de l'argumentation, il n'en faut rappeler que les preuves les plus frappantes,

quoniam tota iterum dici non potest, id eligatur, quod erit gravissimum, et unumquodque quam brevissime transeatur; ut memoria, non oratio renovata videatur.

LIII. Indignatio est oratio, per quam conficitur, ut in aliquem hominem magnum odium, aut in rem gravis offensio concitetur. In hoc genere illud primum intelligi volumus, posse omnibus ex locis iis, quos in confirmandi præceptis posuimus, tractari indignationem. Nam ex iis rebus, quæ personis atque negotiis attributæ sunt, quævis amplificationes et indignationes nasci possunt: sed tamen ea, quæ separatim de indignatione præcipi possunt, consideremus.

Primus locus sumitur ab auctoritate, quum commemoramus, quantæ curæ res ea fuerit diis immortalibus, aut eis, quorum auctoritas gravissima debeat esse. Qui locus sumetur ex sortibus, ex oraculis, vatibus, ostentis, prodigiis, responsis, et similibus rebus, item ex majoribus nostris, regibus, civitatibus, gentibus, hominibus sapientissimis, senatu, populo, legum scriptoribus. Secundus locus est, per quem, illa res ad quos pertineat, cum amplificatione, per indignationem, ostenditur, an ad omnes, aut ad majorem partem, quod atrocissimum est; an ad superiores, quales sunt ii, quorum ex auctoritate indignatio sumitur, quod indignissimum est; an ad pares animo, fortuna, corpore, quod iniquissimum est; an ad inferiores, quod superbissimum

et encore le plus brièvement possible, de manière à rafraîchir la mémoire, sans recommencer la plaidoirie.

LIII. L'indignation a pour objet d'amasser beaucoup de haine sur un individu, ou beaucoup de défaveur sur un fait. Je dirai d'abord que, pour traiter cette partie, il faut puiser aux mêmes sources que j'ai indiquées pour la confirmation ; car, dans les lieux attribués aux personnes et aux choses, se trouve toute la matière de l'indignation, comme de l'amplification. Cependant je crois devoir exposer les règles particulières de l'indignation.

Le premier lieu se tire de l'autorité, qui se prouve par l'intérêt que les dieux immortels ou les personnages les plus imposans prennent à une chose. On cite à l'appui les sorts, les oracles, les prophéties, les phénomènes, les prodiges, les réponses des devins, et autres faits de ce genre ; on invoque le témoignage des aïeux, des rois, des villes, des hommes les plus sages, du sénat, du peuple, des législateurs. Le second lieu sert à montrer, avec les développemens que suggère l'indignation, quels sont ceux que le fait intéresse, si c'est la société tout entière, ou la plus grande partie de ses membres, ce qui constitue un crime atroce; s'il a été commis contre des supérieurs, comme dans le premier lieu tiré de l'autorité, ce qui est le comble de la scélératesse; contre des égaux sous le rapport des avantages de l'âme, du corps et de la fortune, ce qui est une extrême injustice ; ou contre des inférieurs, ce qui est un acte de despo-

est. Tertius locus est, per quem quærimus, quidnam sit eventurum, si idem ceteri faciant; et simul ostendimus, huic si concessum sit, multos æmulos ejusdem audaciæ futuros : ex quo, quid mali sit eventurum, demonstrabimus. Quartus locus est, per quem demonstramus, multos alacres exspectare, quid statuatur; ut ex eo, quod uni concessum sit, sibi quoque tali de re quid liceat, intelligere possint. Quintus locus est, per quem ostendimus, ceteras res perperam constitutas, intellecta veritate, commutatas corrigi posse : hanc esse rem, quæ si sit semel judicata, neque alio commutari judicio, neque ulla potestate corrigi possit. Sextus locus est, per quem consulto et de industria factum esse demonstratur, et illud adjungitur, voluntario maleficio veniam dari non oportere; imprudentiæ concedi nonnunquam convenire. Septimus locus est, per quem indignamur, quod tetrum, crudele, nefarium, tyrannicum factum esse dicamus, per vim, per manum opulentam, quæ res ab legibus et ab æquabili jure remotissima sit.

LIV. Octavus locus est per quem demonstramus, non vulgare, neque factitatum esse, ne ab audacissimis quidem hominibus, id maleficium, de quo agitur; atque id a feris quoque hominibus, et a barbaris gentibus, et immanibus bestiis remotum esse. Hæc erunt, quæ in parentes, liberos, conjuges, consanguineos, supplices, crudeliter facta dicentur; et deinceps si qua proferantur

tisme insupportable. Dans le troisième lieu, on demande ce qui arriverait, si un tel exemple avait des imitateurs, et l'on fait voir combien l'indulgence pour ce crime en produirait d'autres semblables, et tout le mal qui en résulterait. Dans le quatrième lieu, on dit que bien des gens attendent impatiemment le prononcé de l'arrêt, afin de trouver, dans l'indulgence avec laquelle on aura traité l'accusé, la mesure de ce qu'ils en pourront attendre en pareille occasion. Dans le cinquième lieu, il faut montrer que, dans d'autres cas, une première erreur peut se réparer quand la vérité vient à être reconnue; mais que, pour le fait dont il s'agit, aucun jugement contraire, aucune puissance, ne sauraient corriger le vice d'une première décision. Le sixième lieu doit prouver que le crime a été commis volontairement et de dessein prémédité; et l'on ajoute que, si parfois l'erreur a droit à l'indulgence, un crime volontaire ne peut jamais être pardonné. Dans le septième lieu, l'indignation s'enflamme contre l'attentat, parce qu'il est cruel, affreux, abominable, tyrannique, l'œuvre de la force et d'une main toute-puissante, qui n'a respecté ni les lois ni la justice.

LIV. Dans le huitième lieu, on démontre que le fait dont il s'agit n'est pas un crime vulgaire que les plus grands scélérats aient déjà commis, mais un attentat inconnu même aux hommes sauvages, aux nations barbares, aux animaux féroces. Telles sont les violences exercées sur les parens, les enfans, les époux, les alliés, les supplians; puis les actes de cruauté commis contre des vieillards, des hôtes, des voisins, des amis, contre

in majores natu, in hospites, in vicinos, in amicos, in eos, quibuscum vitam egeris, in eos, apud quos educatus sis, in eos, a quibus eruditus, in mortuos, in miseros et misericordia dignos, in homines claros, nobiles et honore usos, in eos, qui neque lædere alium, nec se defendere potuerint, ut in pueros, senes, mulieres: quibus omnibus acriter excitata indignatio, summum in eum, qui violarit horum aliquid, odium commovere poterit.

Nonus locus est, per quem cum aliis, quæ constat esse peccata, hoc, quo de quæstio est, comparatur; et ita per contentionem, quanto atrocius et indignius sit illud, quo de agitur, ostenditur. Decimus locus est, per quem omnia, quæ in negotio gerendo acta sunt, quæque post negotium consecuta sunt, cum uniuscujusque indignatione et criminatione colligimus, et rem verbis quam maxime ante oculos ejus, apud quem dicitur, ponimus; ut id, quod indignum est, perinde illi videatur indignum, ac si ipse interfuerit, ac præsens viderit. Undecimus locus est, per quem ostendimus ab eo factum, a quo minime oportuerit, et a quo, si alius faceret, prohiberi conveniret. Duodecimus locus est, per quem indignamur, quod nobis hoc primis acciderit, nec alicui unquam usu evenerit. Tertiusdecimus locus est, si cum injuria contumelia juncta demonstratur, per quem locum in superbiam et arrogantiam odium concitatur.

ceux enfin chez qui nous avons été élevés, contre ceux qui nous ont donné l'instruction, contre les morts, contre des malheureux dignes de pitié, contre des hommes illustres, grands par leur naissance et par leurs dignités, contre des personnes également incapables d'attaquer et de se défendre, comme les enfans, les vieillards, les femmes. Puissamment excitée par toutes ces circonstances, l'indignation ne peut manquer de soulever une violente haine contre l'auteur de quelqu'une de ces atrocités.

Dans le neuvième lieu, on compare le crime qui est l'objet du débat, avec d'autres crimes bien reconnus; et, par le parallèle qu'on en fait, on montre combien il l'emporte en scélératesse et en atrocité. Dans le dixième, on rassemble toutes les circonstances de l'exécution et les faits qui l'ont suivie, en faisant ressortir, par les formules de l'indignation, tout ce que chaque détail offre de criminel, et l'on met, pour ainsi dire, le crime lui-même sous les yeux des juges, de manière à leur inspirer autant d'horreur que s'ils le voyaient réellement se commettre devant eux. Dans le onzième, on fait voir que celui qui a commis le crime devait être le dernier à le commettre, et le premier à empêcher qu'un autre ne le commît. Dans le douzième, on s'indigne d'être la première victime d'un attentat jusqu'alors inconnu. Dans le treizième, il faut montrer l'outrage s'ajoutant à l'injustice, et soulever ainsi la haine contre l'orgueil et l'arrogance du coupable. Dans le quatorzième, nous prions les juges de ne pas séparer leurs intérêts du malheur que nous éprouvons, mais de penser à leurs enfans, s'il s'a-

Quartusdecimus locus est, per quem petimus ab iis, qui audiunt, ut ad suas res nostras injurias referant; si ad pueros pertinebit, de liberis suis cogitent; si ad mulieres, de uxoribus; si ad senes, de patribus aut parentibus. Quintusdecimus locus est, per quem dicimus, inimicis quoque et hostibus ea, quæ nobis acciderint, indigna videri solere. Et indignatio quidem his fere de locis gravissime sumetur.

LV. Conquestionis autem hujusmodi de rebus partes petere oportebit. Conquestio est oratio, auditorum misericordiam captans. In hac primum animum auditoris mitem et misericordem conficere oportet, quo facilius conquestion ecommoveri possit. Id locis communibus efficere oportebit, per quos fortunæ vis in omnes, et hominum infirmitas ostenditur : qua oratione habita graviter et sententiose, maxime demittitur animus hominum, et ad misericordiam comparatur; quum in alieno malo suam infirmitatem considerabit.

Deinde primus locus est misericordiæ, per quem, quibus in bonis fuerint, et nunc quibus in malis sint ostenditur. Secundus, qui in tempora tribuitur, per quem, quibus in malis fuerint, et sint, et futuri sint, demonstratur. Tertius, per quem unumquodque deploratur incommodum, ut, in morte filii, pueritiæ delectatio, amor, spes, solatium, educatio, et, si qua, simili in genere, quolibet de incommodo per conquestionem dici

git d'enfans; à leurs épouses, s'il s'agit de femmes; à leurs pères et à leurs parens, s'il s'agit de vieillards outragés. Enfin, dans le quinzième, nous dirons qu'un ennemi public ou particulier serait lui-même révolté de ce que nous avons eu à souffrir. Voilà quels sont à peu près les lieux les plus propres à fournir des moyens à l'indignation.

LV. Je vais dire maintenant quelles sont les sources d'où il faut tirer la plainte. Son but est d'exciter la compassion du juge; il faut donc le porter d'abord à la douceur et à la pitié, pour arriver plus facilement à l'émouvoir par notre plainte. Il faut employer des lieux communs où l'on s'étend sur la souveraine puissance de la fortune, et sur la faiblesse de l'homme; exprimées dans un style grave et sentencieux, de telles pensées portent dans les âmes une impression de tristesse qui les dispose à la compassion par le retour qu'elles nous font faire sur notre propre faiblesse à la vue du malheur d'autrui.

Ensuite, le premier lieu pour exciter la commisération, c'est le tableau de notre félicité passée à côté de notre infortune actuelle. Le second, suivant l'ordre du temps, montre nos maux passés, présens et à venir. Dans le troisième, il faut relever chaque circonstance de notre infortune; par exemple, s'il s'agit de la mort d'un fils, nous ferons valoir les charmes de son enfance, l'amour qu'il inspirait, l'espérance et les consolations attachées à sa vie, les soins de son éducation, et autres détails sem-

poterunt. Quartus, per quem res turpes, et humiles, et illiberales proferentur, et indignæ ætate, genere, fortuna, pristino honore, beneficiis, quas passi perpessurive sint. Quintus est, per quem omnia ante oculos singillatim incommoda ponentur, ut videatur is, qui audit, videre, et re quoque ipsa, quasi adsit, non verbis solum, ad misericordiam ducatur. Sextus, per quem præter spem in miseriis demonstratur esse; et, quum aliquid exspectaret, non modo id non adeptus esse, sed in summas miserias incidisse. Septimus, per quem ad ipsos, qui audiunt, similem casum convertimus, et petimus, ut de suis liberis, aut parentibus, aut aliquo, qui illis carus debeat esse, nos quum videant, recordentur. Octavus, per quem aliquid dicitur esse factum, quod non oportuerit, aut non factum, quod oportuerit, hoc modo : « Non affui, non vidi, non postremam ejus vocem audivi, non extremum ejus spiritum excepi. » Item : « Inimicorum in manibus mortuus est, hostili in terra turpiter jacuit insepultus; a feris diu vexatus, communi quoque honore in morte caruit. » Nonus, per quem oratio ad mutas et expertes animi res fertur : ut, si ad equum, domum, vestem, sermonem alicujus accommodes, quibus animus eorum, qui audiunt et aliquem dilexerunt, vehementer commovetur. Decimus, per quem inopia, infirmitas, solitudo demonstratur. Undecimus, per quem aut liberorum, aut parentum, aut sui cor-

blables qui, dans quelque malheur que ce soit, sont des moyens d'intérêt. Dans le quatrième, nous faisons connaître les affronts, les humiliations, les outrages tout-à-fait indignes de notre âge, de notre naissance, de notre fortune, de nos honneurs passés, de nos bienfaits, que nous avons déjà soufferts, ou que nous avons à souffrir encore. Le cinquième mettra sous les yeux des juges le tableau de chacun de nos malheurs, de manière à les rendre, pour ainsi dire, visibles, et à exciter la compassion par la vue même, plutôt que par le récit de nos disgrâces. Dans le sixième, il faut montrer que l'infortune est venue contre notre attente, et que c'est au moment où nous espérions un sort plus heureux que, loin d'y atteindre, nous sommes tombés dans les plus grands malheurs. Dans le septième, nous prierons les juges de faire un retour sur eux-mêmes à la vue de nos disgrâces, et de songer à leurs enfans, à leurs parens, à tous ceux enfin qui doivent leur être chers. Dans le huitième, on parlera de ce qu'on a fait quand on ne le devait pas, ou de ce qu'on n'a pas fait quand on devait le faire. Par exemple : « Je n'étais pas présent ; je ne l'ai point vu ; je n'ai pu entendre ses dernières paroles, ni recevoir son dernier soupir ; » ou « il est mort aux mains des ennemis ; son corps est demeuré sans sépulture, honteusement jeté sur une terre étrangère, et long-temps exposé en proie aux bêtes féroces ; il a été privé même de ces derniers honneurs qu'on rend à tous les morts. » Dans le neuvième, on s'adresse à des êtres muets, à des choses inanimées ; par exemple, on suppose des paroles adressées à un cheval, à une maison, à un vêtement, puissant moyen d'émotion quand le juge est un homme sensible qui a aimé. Dans le dixième, il faut exposer notre misère, notre fai-

poris sepeliendi, aut alicujus ejusmodi rei commendatio fit. Duodecimus, per quem disjunctio deploratur ab aliquo, quum diducaris ab eo, quicum libentissime vixeris, ut a parente, filio, fratre, familiari. Tertiusdecimus, per quem cum indignatione conquerimur, quod ab iis, a quibus minime conveniat, male tractemur, propinquis, amicis, quibus benefecerimus, quos adjutores fore putaverimus; aut a quibus indignum sit, ut servis, libertis, clientibus, supplicibus.

Quartusdecimus, qui per obsecrationem sumitur : in quo orantur modo illi, qui audiunt, humili et supplici oratione, ut misereantur. Quintusdecimus, per quem non nostras, sed eorum, qui cari nobis debent esse, fortunas conqueri nos demonstramus. Sextusdecimus est, per quem animum nostrum in alios misericordem esse ostendimus; et tamen amplum, et excelsum, et patientem incommodorum esse, et futurum esse, si quid acciderit, demonstramus. Nam sæpe virtus et magnificentia, in qua gravitas et auctoritas est, plus proficit ad misericordiam commovendam, quam humilitas et obsecratio. Commotis autem animis, diutius in conquestione morari non oportebit. Quemadmodum enim dixit rhetor Apollonius, « lacryma nihil citius arescit. »

Sed quoniam et satis videmur de omnibus partibus orationis dixisse, et hujus voluminis magnitudo longius processit; quæ sequuntur, deinceps in secundo libro dicemus.

blesse, notre abandon isolément. Dans le onzième, on recommande ses enfans, ses parens, sa sépulture, ou quelque chose de semblable. Dans le douzième, on gémit d'être séparé d'une personne avec qui l'on se trouvait heureux de vivre, comme un père, un fils, un frère, un ami. Dans le treizième, on se plaint en même temps qu'on s'indigne d'être outragé par ceux mêmes qui devraient être les derniers à se mal conduire envers nous, par des parens, par des amis, par des hommes comblés de nos bienfaits, et dont nous espérions de l'assistance; ou par des hommes de la part de qui c'est une indignité, des esclaves, des affranchis, des cliens, des supplians.

Dans le quatorzième lieu, on emploie l'obsécration pour implorer seulement la pitié des juges par des supplications et des prières. Dans le quinzième, nous disons que c'est moins notre sort qui excite nos plaintes, que celui des êtres qui nous sont chers. Dans le seizième enfin, il faut montrer qu'on porte une âme compatissante aux malheurs d'autrui, mais grande et forte pourtant, sans faiblesse jusqu'ici dans le malheur, et qu'un malheur nouveau n'abattra point; car souvent le courage même et la grandeur d'âme, s'exprimant avec noblesse et dignité, excitent mieux la commisération que les plus humbles prières. Mais les âmes une fois émues, gardez-vous de prolonger vos plaintes; car, ainsi que l'a dit le rhéteur Apollonius, « rien ne sèche plus vite que les larmes. »

Mais je crois avoir suffisamment développé toutes les parties oratoires, et ce livre me semble déjà trop long; il faut renvoyer au second livre la suite de ces préceptes.

SOMMAIRE DU LIVRE SECOND.

Chap. I. Introduction. L'auteur se propose l'exemple de Zeuxis peignant, à Crotone, le portrait d'Hélène. — II. Tisias père et inventeur de la rhétorique. Tous les ouvrages des anciens maîtres ont été recueillis et résumés par Aristote : c'est dans ses écrits qu'il faut étudier leurs préceptes. Disciples d'Aristote. Isocrate et son école. — III. Philosophes et rhéteurs. Réflexions de l'auteur sur son ouvrage. Rappel de ce qu'il a dit dans son premier livre. Il va exposer d'une manière plus précise les règles de la confirmation et de la réfutation. — IV. Du genre judiciaire. De la question conjecturale. Exemple. — V. Des lieux communs dans la question conjecturale. Trois sources : le motif, la personne, le fait. De la passion et de sa préméditation. — VI. Suite du précédent. Manière d'établir la préméditation. — VII. Deux sortes d'erreurs, portant sur le fait ou sur le résultat. Ce que l'accusateur doit prouver sur ce point. — VIII. Comment le défenseur doit détruire le fait de passion et de préméditation, et les autres imputations de l'accusateur. — IX. Conjectures tirées de la personne. Celles que peuvent fournir le nom, la nature, le genre de vie, la fortune, la manière d'être, le fait, les affections de l'âme ; c'est-à-dire, l'amour, la colère, la douleur, etc., les goûts, les desseins, la conduite, les évènemens, les discours. — X. Manière de développer les moyens indiqués dans le chapitre précédent. — XI. Devoir du défenseur. Comment il doit réfuter les argumens de l'adversaire. — XII-XIII. Conjectures tirées du fait. Du fait et de la personne tout ensemble. Des précédens, des circonstances, des conséquences. Des tortures, des témoignages, des bruits publics. — XIV. Développement des règles précédentes. Réflexions générales sur l'emploi des lieux communs. — XV. Même sujet. Définition des lieux communs. De leur usage. De la manière de les traiter. — XVI. Des lieux communs qui convien-

nent à la question du fait. — XVII. Question de définition. Exemple. Manière de réfuter une définition. — XVIII. Suite du précédent. — XIX. Questions de forme et de compétence. Récusations. Exceptions données par le préteur. Exemple. — XX. Récusation dans la cause. Exemple. Règles particulières. — XXI. Question de genre. Se divise en négociale et juridiciaire. Exemple de la première. — XXII. Suite du précédent. Du droit. Naturel. Fondé sur la coutume. Prétorien. Légal. — XXIII. Question juridiciaire. Absolue et accessoire. Exemple de la première. — XXIV. Définition de la seconde, et ses parties qui sont au nombre de quatre : l'alternative, la récrimination, le recours et l'aveu. Exemple de l'alternative. — XXV. Suite du précédent. Moyens de l'accusation dans cet état de cause. — XXVI. Lieux communs à l'usage de l'accusation et de la défense. De la récrimination. Exemple. — XXVII-XXVIII. Suite du précédent. — Même exemple. Développement des moyens propres à la défense et à l'accusation. — XXIX. Du recours. Définition. Exemple. Règles à suivre. — XXX. Autres sortes de secours. Exemples. — XXXI-XXXIII. De l'aveu. Justification et déprécation. Moyens de la première, exemples et développemens. — XXXIV-XXXVI. De la déprécation. Manière de la traiter. Moyens à faire valoir pour et contre par la défense et l'accusation. Exemples. — XXXVII-XXXIX. Questions de récompense et de peine. Exemple de la première. Motifs à développer. Considérations qui s'y rattachent. Exemples. — XL-XLVIII. De la discussion portant sur un texte. Développement des moyens à faire valoir pour ou contre la lettre, pour ou contre la volonté présumée du législateur, du testateur, etc. Lieux communs et exemples. — XLIX. Question portant sur deux ou plusieurs lois contradictoires. Exemples. Moyens. Lieux communs. — L. Question d'analogie. Exemple. — LI. Question portant sur la définition. Exemple. Fin des règles du genre judiciaire. Définition des trois genres. — LII. Du genre délibératif. Réflexions générales sur les vertus et les vices. Trois genres des unes et des autres. L'honneur et le bien, principes des choses désirables. La honte et le mal, principes des choses qu'il faut éviter. La nécessité et les circonstances, deux autres principes. — LIII. De l'honnête et du droit naturel. Ce

qu'ils comprennent. — LIV. Du droit fondé sur la coutume. De la force et de ses attributs. De la tempérance et de ce qui s'y rapporte. Vices contraires à ces vertus. — LV. De l'utile et de l'honnête réunis. De la gloire, de la dignité, de l'élévation, de l'amitié. — LVI. De l'utilité, personnelle et extérieure. — LVII. De la nécessité. Définition. Exemple. — LVIII. Différentes sortes de nécessité. Des circonstances. Définition et exemple. — LIX. De l'éloge et du blâme. Ils se tirent des lieux propres aux personnes, ou, suivant une division moins générale, des lieux propres à l'âme, au corps, aux choses extérieures. Ce qui doit faire préférablement l'objet de l'éloge et du blâme. Renvoi au troisième livre perdu, ainsi que le quatrième.

LIBER SECUNDUS.

I. Crotoniatæ quondam, quum florerent omnibus copiis, et in Italia cum primis beati numerarentur, templum Junonis, quod religiosissime colebant, egregiis picturis locupletare voluerunt. Itaque Heracleotem Zeuxin, qui tum longe ceteris excellere pictoribus existimabatur, magno pretio conductum adhibuerunt. Is et ceteras complures tabulas pinxit, quarum nonnulla pars usque ad nostram memoriam propter fani religionem remansit; et, ut excellentem muliebris formæ pulchritudinem muta in sese imago contineret, Helenæ se pingere simulacrum velle dixit: quod Crotoniatæ, qui eum muliebri in corpore pingendo plurimum aliis præstare sæpe accepissent, libenter audierunt; putaverunt enim, si, quo in genere plurimum posset, in eo magnopere elaborasset, egregium sibi opus illo in fano relicturum.

Neque tum eos illa opinio fefellit. Nam Zeuxis illico quæsivit ab eis, quasnam virgines formosas haberent. Illi autem statim hominem deduxerunt in palæstram, atque ei pueros ostenderunt multos, magna præditos dignitate. Etenim quodam tempore Crotoniatæ multum

LIVRE SECOND.

I. Les habitans de Crotone, au temps de leur plus grande prospérité, et quand leur ville était regardée comme une des plus heureuses de toute l'Italie, songèrent à enrichir d'excellentes peintures leur temple de Junon, qui était pour eux l'objet d'un culte particulier. Ils firent donc venir, à grands frais, Zeuxis d'Héraclée, le plus habile, sans comparaison, des peintres de cette époque. Zeuxis peignit d'abord plusieurs tableaux, dont quelques-uns, par la sainteté du temple, ont été conservés jusqu'à nos jours; puis, songeant à exprimer sur une toile muette le type idéal de la beauté, il leur dit qu'il voulait faire le portrait d'Hélène. Les Crotoniates, qui avaient plus d'une fois entendu vanter le talent supérieur de Zeuxis à peindre les femmes, furent charmés de ce projet; pensant bien que si ce grand peintre voulait employer tout son génie dans un genre où il excellait, il ne manquerait pas d'enrichir leur temple d'un merveilleux chef-d'œuvre.

Leur espérance ne fut point trompée. Zeuxis d'abord leur demanda s'ils avaient parmi eux des vierges remarquables par leur beauté. Ils le menèrent aussitôt à leur gymnase, et lui firent voir un grand nombre de jeunes hommes parfaitement beaux. Car il fut un temps où les Crotoniates se distinguaient entre tous les autres peuples

omnibus corporum viribus et dignitatibus antestete‑
runt, atque honestissimas ex gymnico certamine vi‑
ctorias domum cum maxima laude retulerunt. Quum
puerorum igitur formas et corpora magno hic opere
miraretur : Horum, inquiunt illi, sorores sunt apud nos
virgines; quare, qua sint illæ dignitate, potes ex his
suspicari. Præbete igitur mihi, quæso, inquit, ex istis
virginibus formosissimas, dum pingo id, quod pollicitus
sum vobis, ut mutum in simulacrum ex animali exem‑
plo veritas transferatur.

Tum Crotoniatæ, publico de consilio, virgines unum
in locum conduxerunt, et pictori, quas vellet, eligendi
potestatem dederunt. Ille autem quinque delegit; qua‑
rum nomina multi poetæ memoriæ tradiderunt, quod
ejus essent judicio probatæ, qui verissimum pulchritu‑
dinis habere judicium debuisset. Neque enim putavit,
omnia, quæ quæreret ad venustatem, uno in corpore
se reperire posse, ideo quod nihil, simplici in genere,
omni ex parte perfectum natura expolivit : itaque, tan‑
quam ceteris non sit habitura quod largiatur, si uni
cuncta concesserit, aliud alii commodi, aliquo adjuncto
incommodo, muneratur.

II. Quod quoniam nobis quoque voluntatis accidit,
ut artem dicendi perscriberemus, non unum aliquod
proposuimus exemplum, cujus omnes partes, quocum‑
que essent in genere, exprimendæ nobis necessario

par la vigueur et les grâces du corps, et, vainqueurs dans les combats gymnastiques, en revenaient chargés de gloire et de couronnes. Comme Zeuxis ne se lassait pas d'admirer la figure et la taille de ces jeunes gens : Nous avons, lui dirent-ils, leurs sœurs vierges encore ; ce que vous voyez peut vous donner une idée de leur beauté. Donnez-moi donc, leur dit-il, les plus belles de ces vierges pour me servir à peindre le tableau que je vous ai promis, et je réunirai dans ma peinture muette toutes les perfections de la beauté vivante.

Les Crotoniates alors, par un décret public, réunirent en un même lieu toutes leurs jeunes vierges, et permirent au peintre de faire son choix parmi elles. Zeuxis en prit cinq ; et plusieurs poètes nous ont transmis les noms de ces femmes déclarées belles au jugement de l'homme qui devait le mieux se connaître en beauté. Cet excellent juge ne croyait donc pas que toutes les perfections pussent se rencontrer dans un seul modèle, parce que la nature ne produit rien de complet dans aucun genre : elle semble craindre d'épuiser le trésor de ses perfections, en les donnant toutes à un seul être, et fait un partage de ses faveurs, en y mêlant toujours quelque disgrâce.

II. Et moi aussi, dans le dessein que j'ai formé de tracer les règles de la rhétorique, je ne me suis pas proposé un modèle unique pour en copier fidèlement tous les traits, qualités ou défauts ; mais, réunissant tous les auteurs qui ont écrit sur cette matière, j'ai choisi dans

viderentur : sed, omnibus unum in locum coactis scriptoribus, quod quisque commodissime præcipere videbatur, excerpsimus, et ex variis ingeniis excellentissima quæque libavimus. Ex his enim, qui nomine et memoria digni sunt, nec nihil optime, nec omnia præclarissime quisquam dicere nobis videbatur. Quapropter stultitia visa est, aut a bene inventis alicujus recedere, si quo in vitio ejus offenderemur, aut ad vitia quoque ejus accedere, cujus aliquo bene præcepto duceremur.

Quod si in ceteris quoque studiis a multis eligere homines commodissimum quodque, quam sese uni alicui certo vellent addicere, minus in arrogantia offenderent; non tantopere in vitiis perseverarent; aliquanto levius ex inscientia laborarent. Ac si par in nobis hujus artis, atque in illo picturæ, scientia fuisset, fortasse magis hoc suo in genere opus nostrum, quam ille in sua pictura nobilis eniteret. Ex majore enim copia nobis, quam illi, fuit exemplorum eligendi potestas. Ille una ex urbe, et ex eo numero virginum, quæ tum erant, eligere potuit : nobis omnium, quicumque fuerunt, ab ultimo principio hujus præceptionis usque ad hoc tempus, expositis copiis, quodcumque placeret, eligendi potestas fuit.

Ac veteres quidem scriptores artis, usque a principe illo atque inventore Tisia repetitos, unum in locum

chacun d'eux les meilleurs préceptes, et pris en quelque sorte la fleur des ouvrages les plus parfaits. Car, de tous ces hommes dont le nom mérite d'être conservé, il n'en est pas un seul qui n'offre d'excellens préceptes, comme il n'en est pas un seul qui atteigne la perfection de l'ensemble. Aussi j'ai cru que ce serait une folie de rejeter ce qu'il y a de bon dans un auteur, à cause de ce qui peut s'y rencontrer de mauvais, ou d'accepter ses défauts en considération de ses qualités.

Si de même, dans les autres arts, on consentait à prendre partout les meilleurs préceptes, plutôt que de s'attacher exclusivement à un seul modèle, il y aurait sur la terre moins de folle présomption, moins d'opiniâtreté dans l'erreur, moins d'ignorance; et si j'avais pour l'éloquence le même talent que Zeuxis pour la peinture, peut-être mon ouvrage serait-il dans son genre plus parfait que celui de ce grand peintre ne le fut dans le sien; car j'ai eu à choisir parmi un plus grand nombre de modèles. Il n'a pu prendre les siens que dans une seule ville, et parmi les vierges qui existaient alors; moi, j'ai eu à ma disposition tous les traités de rhétorique faits depuis l'origine de l'éloquence jusqu'à nos jours, et j'ai pu choisir parmi tant de richesses.

Les premiers ouvrages écrits sur cette matière depuis Tisias, le père et l'inventeur de la rhétorique, ont été

conduxit Aristoteles, et nominatim cujusque præcepta magna conquisita cura perspicue conscripsit, atque enodata diligenter exposuit : ac tantum inventoribus ipsis suavitate et brevitate dicendi præstitit, ut nemo illorum præcepta ex ipsorum libris cognoscat, sed omnes, qui, quod illi præcipiant, velint intelligere, ad hunc, quasi ad quemdam multo commodiorem explicatorem, revertantur. Atque hic quidem ipse, et sese ipsum nobis, et eos, qui ante se fuerant, in medio posuit, ut et ceteros, et se ipsum per se cognosceremus : ab hoc autem qui profecti sunt, quanquam in maximis philosophiæ partibus operæ plurimum consumserunt, sicut et ipse, cujus instituta sequebantur, fecerat; tamen permulta nobis præcepta dicendi reliquerunt. Atque alii quoque alio ex fonte præceptores dicendi emanaverunt, qui item permultum ad dicendum, si quid ars proficit, opitulati sunt; nam fuit tempore eodem, quo Aristoteles, magnus et nobilis rhetor Isocrates : cujus ipsius quam constet esse artem, non invenimus; discipulorum autem atque eorum, qui protinus ab hac sunt disciplina profecti, multa de arte præcepta reperimus.

III. Ex his duabus diversis sicuti familiis, quarum altera quum versaretur in philosophia, nonnullam rhetoricæ quoque artis sibi curam assumebat, altera vero omnis in dicendi erat studio et præceptione occupata,

recueillis et rassemblés par Aristote, qui sut si bien éclaircir et développer, sous le nom de chaque auteur, cette multitude de préceptes, et se montra tellement supérieur aux inventeurs eux-mêmes par le charme et la précision de son style, que ce n'est plus dans leurs livres qu'on va chercher la connaissance des règles, mais dans les écrits de ce philosophe. C'est ainsi qu'en mettant ses préceptes à côté de ceux des auteurs plus anciens, il fait connaître les autres et lui-même ; ses disciples aussi, quoique, à l'exemple de leur maître, ils se soient principalement occupés des plus hautes questions de la philosophie, nous ont laissé beaucoup de préceptes sur l'art oratoire. D'autres écoles ont encore fourni d'autres rhéteurs, qui ont puissamment servi au progrès de l'éloquence, s'il est vrai que l'art y contribue en quelque chose : Isocrate, ce grand et célèbre orateur, vivait du temps d'Aristote. Je n'ai pu découvrir aucun traité de rhétorique dont il soit incontestablement l'auteur ; mais de ses disciples, et des orateurs sortis immédiatement de son école, les ouvrages sont en grand nombre.

III. De ces deux classes d'hommes, dont la première, livrée plus particulièrement à la philosophie, consacrait néanmoins quelques momens à l'éloquence, et dont l'autre s'occupait exclusivement d'éloquence et de rhétorique, une troisième s'est formée plus tard, qui a pris

unum quoddam est conflatum genus a posterioribus, qui ab utrisque ea, quæ commode dici videbantur, in suas artes contulerunt : quos ipsos simul, atque illos superiores, nos nobis omnes, quoad facultas tulit, proposuimus, et ex nostro quoque nonnihil in commune contulimus.

Quod si ea, quæ in his libris exponuntur, tantopere eligenda fuerunt, quanto studio electa sunt, profecto neque nos, neque alios industriæ nostræ pœnitebit. Sin autem temere aliquid alicujus præteriisse, aut non satis eleganter secuti videbimur, docti ab aliquo, facile et libenter sententiam commutabimus. Non enim parum cognosse, sed in parum cognito stulte et diu perseverasse turpe est : propterea quod alterum communi hominum infirmitati, alterum singulari uniuscujusque vitio est attributum. Quare nos quidem sine ulla affirmatione, simul quærentes, dubitanter unumquodque dicemus, ne, dum parvulum hoc consequimur, ut satis commode hæc perscripsisse videamur, illud amittamus, quod maximum est, ut ne cui rei temere atque arroganter assenserimus. Verum hoc quidem nos, et in hoc tempore, et in omni vita studiose, quoad facultas feret, consequemur. Nunc autem, ne longius oratio progressa videatur, de reliquis, quæ præcipienda videntur esse, dicemus.

Igitur primus liber, exposito genere hujus artis, et

aux deux premières ce qu'elle a trouvé de meilleur dans leurs ouvrages. Quant à moi, j'ai pris pour maîtres les anciens et les nouveaux, pour me régler sur eux autant que j'ai pu le faire, en ajoutant moi-même quelques règles nouvelles à ce domaine reconnu de la rhétorique.

Si les préceptes que je développe dans ces livres valent en effet l'empressement et le soin que j'ai mis à les recueillir, personne n'aura regret à ce travail, ni moi ni les autres. Si au contraire l'inattention m'a fait omettre quelques préceptes utiles, ou adopter légèrement des opinions peu convenables, il suffira de m'avertir de mon erreur pour que je m'empresse de la reconnaître. Car, ce n'est pas dans l'erreur même qu'est la honte, mais dans la sotte obstination qui nous attache à l'erreur; l'une est proprement le partage de la faiblesse humaine, l'autre tient à un vice particulier d'organisation. Ainsi donc, sans prétendre jamais affirmer, mais comme un homme qui cherche la vérité, je parlerai toujours avec la réserve du doute, afin que, si l'on m'accorde le faible mérite de tracer avec assez de méthode les règles de l'art, je n'en perde pas un autre beaucoup plus grand, celui de n'adopter jamais aucun avis avec présomption ou légèreté. C'est un mérite auquel je tiens, et auquel je tiendrai toujours autant que je pourrai. Mais il faut couper court à ces réflexions, et passer immédiatement à la suite des règles que je dois tracer.

Dans le premier livre, après avoir exposé le genre de

officio, et fine, et materia, et partibus, genera controversiarum, et inventiones, et constitutiones, et judicationes continebat, deinde partes orationis, et in eas omnes omnia præcepta. Quare quum in eo ceteris de rebus distinctius dictum sit, disperse autem de confirmatione et de reprehensione : nunc certos confirmandi et reprehendendi in singula causarum genera locos tradendos arbitramur. Et quia, quo pacto tractari conveniret argumentationes, in libro primo non indiligenter expositum est, hic tantum ipsa inventa unamquamque in rem exponentur simpliciter, sine ulla exornatione, ut ex hoc inventa ipsa, ex superiore autem expolitio inventorum petatur. Quare hæc, quæ nunc præcipientur, ad confirmationis et reprehensionis partes referre oportebit.

IV. Omnis et demonstrativa, et deliberativa, et judicialis causa, necesse est in aliquo eorum, quæ ante exposita sunt, constitutionis genere, uno pluribusve, versetur. Hoc quanquam ita est, tamen quum communiter quædam de omnibus præcipi possint, separatim quoque aliæ sunt cujusque generis, et diversæ præceptiones. Aliud enim laus aut vituperatio, aliud sententiæ dictio, aliud accusatio, aut recusatio, conficere debet. In judiciis, quid æquum sit, quæritur; in demonstrationibus, quid honestum; in deliberationibus, ut nos arbitramur, quid honestum sit, et quid utile : nam ceteri

la rhétorique, son devoir, sa fin, sa matière et ses parties, j'ai parlé des causes, de leurs moyens, des questions, des points à juger, puis des parties du discours, et des règles propres à chacune d'elles. Ces différens sujets y sont traités avec détail; mais il n'y a point d'ordre dans l'exposé des règles de la confirmation et de la réfutation ; il faut maintenant déterminer les lieux communs qui conviennent à ces deux parties, dans tous les genres de causes. Comme, dans le premier livre, j'ai développé avec assez de soin la manière de traiter la confirmation, je me contenterai, dans celui-ci, d'exposer avec simplicité et sans ornement les raisons à trouver dans chaque cause : de sorte que ce livre traitera du fond même des raisons, et le premier enseignera l'art de les faire valoir. Ainsi donc, les règles que je vais tracer doivent être rapportées aux différentes parties de la confirmation et de la réfutation.

— — — — — — —

IV. Toute cause, démonstrative, délibérative ou judiciaire, appartient nécessairement à un ou plusieurs des genres de cause précédemment établis. Cependant, quoiqu'il y ait pour toutes un certain nombre de préceptes généraux, il y a, pour chaque genre, certaines règles particulières qu'il faut donner séparément. Car l'éloge et le blâme, l'énoncé d'une opinion, l'attaque et la défense, ne procèdent pas de la même manière. Dans les jugemens, on cherche l'équité; dans les démonstrations, l'honneur; dans les délibérations, l'honneur et l'intérêt : du moins à mon avis, car les autres rhéteurs prétendent que c'est de l'intérêt tout seul qu'il faut tirer ses moyens pour persuader ou dissuader.

utilitatis modo finem in suadendo et in dissuadendo exponi oportere arbitrati sunt.

Quorum igitur generum fines et exitus diversi sunt, eorum præcepta eadem esse non possunt. Neque nunc hoc dicimus, non easdem incidere constitutiones; verumtamen oratio quædam ex ipso fine et ex genere causæ nascitur, quæ pertineat ad vitæ alicujus demonstrationem, aut ad sententiæ dictionem. Quare nunc in exponendis controversiis, in judiciali genere causarum et præceptorum versabimur; ex quo pleraque in cetera quoque causarum genera, simili implicata controversia, nulla cum difficultate transferentur : post autem separatim de reliquis dicemus.

Nunc ab conjecturali constitutione proficiscemur; cujus exemplum sit hoc expositum : «In itinere quidam proficiscentem ad mercatum quemdam, et secum aliquantum nummorum ferentem, est consecutus. Cum hoc, ut fere fit, in via sermonem contulit : ex quo factum est, ut illud iter familiarius facere vellent Quare, quum in eamdem tabernam devertissent, simul cœnare, et in eodem loco somnum capere voluerunt. Cœnati discubuerunt ibidem. Caupo autem (nam ita dicitur post inventum, quum in alio maleficio deprehensus esset) quum illum alterum, videlicet qui nummos haberet, animadvertisset : noctu, postquam illos arctius jam, ut fit, ex lassitudine dormire sensit, acces-

Il n'est pas possible que des genres dont la fin et le but sont différens, admettent les mêmes règles. Je ne dis pas que les mêmes questions ne puissent s'y rencontrer ; mais quelquefois aussi la fin même et le genre de la cause exigent qu'on fasse connaître la vie d'un homme, ou qu'on énonce une opinion. Je vais donc maintenant traiter du développement des points de discussion, des causes et des règles pour le genre judiciaire ; la plupart de ces préceptes, une fois donnés, pourront aisément s'appliquer aux autres genres qui renfermeront les mêmes questions à débattre : j'exposerai ensuite les autres règles séparément.

Je vais commencer par la question conjecturale, dont voici un exemple : « Un voyageur trouva sur sa route un marchand qui allait faire des achats, et portait sur lui quelque argent. Chemin faisant, il engage conversation avec lui, comme c'est l'usage, et les voilà bientôt voyageant de compagnie, et dans une certaine intimité. Ils s'arrêtent à la même auberge, soupent ensemble, et demandent à coucher dans la même chambre. En effet, le repas achevé, ils vont se reposer dans le même appartement. Mais l'aubergiste, comme on l'a su plus tard, lorsqu'il eut été condamné pour un autre crime, avait remarqué celui des deux qui portait de l'argent. Au milieu de la nuit, et quand il les sut plongés dans ce profond sommeil qui suit la fatigue, il s'approche, tire du fourreau l'épée que le voyageur qui ne portait point d'argent avait mise à ses côtés, frappe son

sit, et alterius eorum, qui sine nummis erat, gladium propter appositum e vagina eduxit, et illum alterum occidit, nummos abstulit, gladium cruentatum in vaginam recondidit, ipse sese in lectum suum recepit. Ille autem, cujus gladio occisio erat facta, multo ante lucem surrexit, comitem suum inclamavit semel et sæpius. Illum somno impeditum non respondere existimavit : ipse gladium, et cetera, quæ secum attulerat, sustulit, solus profectus est. Caupo non multo post conclamavit, hominem esse occisum, et cum quibusdam deversoribus illum, qui ante exierat, consequitur. In itinere hominem comprehendit, gladium ejus e vagina educit, reperit cruentum : homo in urbem ab illis deducitur, ac reus fit. » In hac causa intentio est criminis, « Occidisti. » Depulsio, « Non occidi. » Ex quibus constitutio est. Quæstio eadem in conjecturali, quæ judicatio, « Occideritne? »

V. Nunc exponemus locos, quorum pars aliqua in omnem conjecturalem incidit controversiam. Hoc autem et in horum locorum expositione, et in ceterorum, oportebit attendere, non omnes in omnem causam convenire. Ut enim omne nomen ex aliquibus, non ex omnibus litteris scribitur : sic omnem in causam non omnis argumentorum copia, sed eorum necessaria pars aliqua conveniet. Omnis igitur, ex causa, ex persona, ex facto ipso, conjectura capienda est.

compagnon, prend son argent, remet l'épée sanglante dans le fourreau, et va se coucher. Le voyageur dont l'épée avait servi à ce meurtre se lève bien avant le jour, et appelle plusieurs fois son compagnon. Pensant que le sommeil l'empêche de répondre, il prend son épée, tout son bagage et se met seul en route. Un instant après, l'aubergiste se met à crier au meurtre, et, suivi de quelques voyageurs qu'il avait logés, court à la poursuite du premier qui venait de partir. Il l'atteint sur la route, tire son épée du fourreau, et la trouve ensanglantée. Le voyageur est ramené par eux à la ville et mis en jugement. » Dans cette cause, la formule de l'accusation est : « Vous avez tué ; » celle de la défense : « Je n'ai pas tué. » De là naît la question qui, dans le genre conjectural, n'est autre que le point à juger, c'est-à-dire : « A-t-il tué ? »

V. Maintenant je vais indiquer les lieux qui conviennent en partie à toute question de conjecture ; mais je fais ici une remarque également applicable aux autres lieux communs, c'est que tous ne conviennent pas à toutes les causes. De même que toutes les lettres de l'alphabet n'entrent pas dans l'intérieur d'un mot, mais seulement quelques-unes ; de même une seule cause n'admet pas l'emploi de tous les argumens possibles, mais de ceux-là seulement qui sont nécessaires. Or, toute conjecture doit se tirer du motif, de la personne, du fait lui-même.

Causa distribuitur in impulsionem, et in ratiocinationem. Impulsio est, quæ sine cogitatione per quamdam affectionem animi facere aliquid hortatur, ut amor, iracundia, ægritudo, vinolentia, et omnino omnia, in quibus animus ita videtur affectus fuisse, ut rem perspicere cum consilio et cura non potuerit; et id, quod fecit, impetu quodam animi potius, quam cogitatione fecerit. Ratiocinatio autem est diligens et considerata faciendi aliquid, aut non faciendi excogitatio. Ea dicitur interfuisse tum, quum aliquid faciendum, aut non faciendum, certa de causa vitasse, aut secutus esse animus videtur, ut, si amicitiæ quid causa factum dicetur, si inimici ulciscendi, si metus, si gloriæ, si pecuniæ, si denique, ut omnia generatim amplectamur, alicujus retinendi, augendi, adipiscendive commodi, aut contra rejiciendi, deminuendi, devitandive incommodi causa. Nam horum in genus alterutrum illa quoque incident, in quibus aut incommodum aliquod majoris vitandi incommodi causa, aut majoris adipiscendi commodi, suscipitur, aut commodum aliquod majoris adipiscendi commodi, aut majoris vitandi incommodi, præteritur.

Hic locus sicut aliquod fundamentum est hujus constitutionis; nam nihil factum esse cuiquam probatur, nisi aliquid, quare factum sit, ostenditur. Ergo accusator, quum aliquid impulsione factum esse dicet, illum impetum, et quamdam commotionem animi, affectio-

Dans le motif, on distingue la passion et la préméditation. La passion est une violente affection de l'âme qui nous pousse, malgré nous et sans calcul, à une action, comme l'amour, la colère, la douleur, l'ivresse, et généralement tout ce qui peut ôter à l'âme le calme et le sang-froid nécessaires à la réflexion ; de sorte que nos actes soient plutôt l'effet d'un entraînement aveugle que d'un sage raisonnement. La préméditation, au contraire, est un mûr et sérieux examen des raisons qui doivent nous porter à faire ou à ne pas faire quelque chose. On dit qu'il y a eu préméditation, quand on voit que l'esprit a eu des motifs bien déterminés pour agir dans un sens, ou ne pas agir dans un autre ; par exemple, l'amitié, la vengeance, la crainte, la gloire, la fortune, enfin, pour généraliser davantage, quelque bien à conserver, à augmenter, à acquérir, ou quelque mal à repousser, à diminuer, à éviter ; car, dans l'un de ces deux genres, on doit comprendre aussi le cas où l'on se soumet volontairement à quelque mal pour en éviter un plus grand, ou se procurer un plus grand bien, et ceux où l'on renonce à quelque bien, soit pour en acquérir un plus grand, soit pour éviter un plus grand mal.

Ce lieu commun est comme le fondement de ce genre de cause. Car on ne prouve point un fait sans montrer les motifs qui l'ont produit. Si donc l'accusateur prétend que c'est la passion qui a fait agir l'accusé, il doit développer, par des pensées et par des mots, la puissance et la fougue désordonnée de ces tempêtes de l'âme,

nemque verbis et sententiis amplificare debebit, et ostendere, quanta vis amoris sit, quanta animi perturbatio ex iracundia fiat, aut ex aliqua causa earum, qua impulsum aliquem id fecisse dicet. Hic et exemplorum commemoratione, qui simili impulsu aliquid commiserint, et similitudinum collatione, et ipsius animi affectionis explicatione, curandum est, ut non mirum videatur, si quod ad facinus tali perturbatione commotus animus accesserit.

VI. Quum autem non impulsione, verum ratiocinatione aliquem commisisse quid dicet, quid commodi sit secutus, aut quid incommodi fugerit, demonstrabit, et id augebit, quam maxime poterit, ut, quoad ejus fieri possit, idonea quam maxime causa ad peccandum hortata videatur. Si gloriæ causa; quantam gloriam consecuturam existimarit : item si dominationis, si pecuniæ, si amicitiæ, si inimicitiarum; et omnino quicquid erit, quod causæ fuisse dicet, id summe augere debebit. Et hoc eum magnopere considerare oportebit, non quid in veritate modo, verum etiam vehementius, quid in opinione ejus, quem arguet, fuerit. Nihil enim refert, non fuisse, aut non esse aliquid commodi, aut incommodi, si ostendi potest, ei visum esse, qui arguatur. Nam opinio dupliciter fallit homines; quum aut res aliusmodi est, ac putatur, aut non is eventus est, quem arbitrati sunt. Res aliusmodi est tum, quum aut id,

montrer quelle est la violence de l'amour et le trouble profond où nous jette, soit la colère, soit toute autre de ces causes qu'il prétend avoir fait agir l'accusé. Puis, par des exemples d'actions commises sous une influence pareille, en faisant ressortir les ressemblances et en développant la nature même de la passion, il prouvera qu'il n'est point étonnant que l'âme, dans une situation aussi violente, se soit laissé emporter au crime.

VI. Au contraire, lorsque c'est la préméditation que l'on accuse, non la passion, il faut montrer l'avantage que le prévenu voulait acquérir, le dommage qu'il voulait éviter, et développer ces raisons jusqu'à établir, aussi clairement qu'il sera possible, que l'accusé avait des motifs suffisans de mal faire. Dites-vous que c'est une idée de gloire qui l'a fait agir, montrez quelle grande gloire il se promettait. Est-ce l'amour de la puissance, l'intérêt, l'amitié, ou enfin tout autre motif que ce puisse être, attachez-vous à le bien développer, et n'insistez pas seulement sur ce qui est vrai en soi, mais encore, et beaucoup plus même, sur ce qui paraissait tel au point de vue de l'accusé. Car il importe peu que le bien qu'il espérait, le mal qu'il craignait, fussent réels, il suffit d'établir qu'il en jugeait ainsi. Car il y a pour l'homme deux manières de se tromper; c'est la nature même d'un fait qu'il apprécie mal, ou c'est le résultat qui ne répond pas à son attente. La première de ces erreurs consiste à prendre le bien pour le mal, ou le mal pour le bien; à regarder comme bien ou mal ce qui est

quod bonum est, malum putant; aut contra, quod malum est, bonum ; aut quod nec malum est, nec bonum, malum, aut bonum; aut quod malum, aut bonum est, nec malum, nec bonum.

Hoc intellecto, si quis negabit, ullam esse pecuniam, fratris aut amici vita, aut denique officio antiquiorem, aut suaviorem, non erit hoc accusatori negandum. Nam in eum culpa, et summum odium transferetur, qui id, quod tam vere et pie dicetur, negabit. Verum illud dicendum erit, illi non esse ita visum : quod sumi oportet ex iis, quæ ad personam pertinent, de quo post dicendum est.

VII. Eventus autem tum fallit, quum aliter accidit, atque ii, qui arguuntur, arbitrati esse dicuntur : ut, si qui dicatur alium occidisse, ac voluerit, quod aut similitudine, aut suspicione, aut demonstratione falsa deceptus sit; aut eum necasse, cujus testamento non sit heres, quod ejus testamento se heredem arbitratus sit. Non enim ex eventu cogitationem spectari oportere; sed qua cogitatione et spe ad maleficium profectus sit, considerare; et quo animo quid quisque faciat, non quo casu utatur, ad rem pertinere.

In hoc autem loco, caput illud erit accusatori, si demonstrare poterit, alii nemini causam fuisse faciendi; secundarium, si tantam, aut tam idoneam nemini. Sin fuisse aliis quoque causa faciendi videbitur; aut potestas

indifférent, ou comme indifférent ce qui est bien ou mal.

Cela compris, si l'on objecte qu'aucune somme d'argent ne peut offrir un intérêt plus puissant ni plus doux que la vie d'un frère, d'un ami, que le devoir enfin, l'accusateur ne doit pas dire le contraire; car, nier cette pure et sainte vérité, ce serait se rendre à la fois odieux et coupable : mais il dira que l'accusé n'en a pas jugé ainsi : cette manière d'argumenter se tire des lieux propres aux personnes, dont je parlerai plus tard.

VII. L'erreur porte sur le résultat, quand on prouve que l'évènement n'a pas répondu aux espérances de l'accusé; par exemple, qu'il a tué celui qu'il ne voulait pas, abusé par la ressemblance, par de faux soupçons, par une fausse indication ; qu'il a tué un homme dont il n'était pas légataire, parce qu'il croyait l'être en effet. Car, dites-vous, il ne faut pas juger de l'intention par l'évènement, mais chercher plutôt dans quelle intention et dans quelle espérance le crime a été commis ; c'est la pensée même du coupable, et non le résultat de son fait, qui importe dans la cause.

Dans ce lieu, le premier point pour l'accusateur, c'est de prouver que nul autre que l'accusé n'avait intérêt à commettre le crime; le second, d'établir que nul autre n'avait un aussi grand, un aussi puissant motif; s'il paraît que d'autres aussi avaient des raisons pour le commettre,

aliis defuisse demonstranda est, aut facultas, aut voluntas. Potestas, si aut nescisse, aut non affuisse, aut conficere aliquid non potuisse dicetur. Facultas, si ratio, adjutores, adjumenta, et cetera, quæ ad rem pertinebunt, defuisse alicui demonstrabuntur. Voluntas, si animus a talibus factis vacuus, et integer esse dicetur. Postremo, quas ad defensionem rationes reo dabimus, iis accusator ad alios ex culpa eximendos abutetur. Verum id brevi faciendum est, et in unum multa sunt conducenda, ut ne alterius defendendi causa hunc accusare, sed hujus accusandi causa defendere alterum videatur.

VIII. Atque accusatori quidem hæc fere sunt in causa facienda, et consideranda. Defensor autem ex contrario primum impulsionem aut nullam fuisse dicet, aut, si fuisse concedet, extenuabit, et parvulam quamdam fuisse demonstrabit, aut non ex ea solere hujusmodi facta nasci docebit. Quo et erit in loco demonstrandum, quæ vis et natura ejus sit affectionis, qua impulsus aliquid reus commisisse dicetur : in quo et exempla, et similitudines erunt proferendæ, et ipsa diligenter natura ejus affectionis quam lenissime quietissimam ad partem explicanda, ut et res ipsa a facto crudeli et turbulento ad quoddam mitius et tranquillius traducatur, et oratio tamen ad animum ejus, qui audiet, et ad animi quemdam intimum sensum accommodetur.

il faut démontrer que la possibilité, les moyens ou la volonté leur manquaient : la possibilité, en alléguant leur ignorance, leur éloignement, ou l'impuissance où ils étaient de faire ce dont il s'agit ; les moyens, en montrant qu'ils n'avaient ni plan, ni complices, ni secours, ni rien de ce qu'il fallait pour l'entreprise ; la volonté, en soutenant qu'ils avaient une âme honnête et incapable de pareilles pensées. Enfin, les mêmes moyens que j'indiquerai pour la défense, l'accusateur doit s'en servir pour la justification des autres ; mais il doit le faire en peu de mots et sommairement, de manière à ne pas faire croire qu'il accuse l'un pour justifier les autres, mais plutôt qu'il ne justifie les seconds que pour accuser le premier.

VIII. Telle est à peu près la marche que doit suivre l'accusateur. Le défenseur, au contraire, doit soutenir d'abord que la passion n'a été pour rien dans le fait de l'accusé, ou, s'il lui accorde quelque part, il la fera petite, ou prouvera que d'ordinaire elle ne produit pas de pareils effets. Il faut alors définir la nature et le caractère de la passion à laquelle on attribue la conduite de l'accusé, employer des exemples et des comparaisons, ne présenter le caractère de la passion que par ses faces les plus tranquilles et les plus douces, de manière à ne point laisser au fait dont il s'agit un aspect de violence et de cruauté, mais une physionomie plus calme et plus honnête, en ménageant toutefois la conscience et le sens moral de l'auditoire.

Ratiocinationis autem suspiciones infirmabit, si aut commodum nullum fuisse, aut parvum, aut aliis magis fuisse, aut nihilo sibi magis, quam aliis, aut incommodum sibi majus, quam commodum dicet : ut nequaquam fuerit illius commodi, quod expetitum dicatur, magnitudo aut cum eo incommodo, quod acciderit, aut cum illo periculo, quod subeatur, comparanda : qui omnes loci similiter in incommodi quoque vitatione tractabuntur.

Sin accusator dixerit, eum id esse secutum, quod ei visum sit commodum, aut id fugisse, quod putarit esse incommodum, quanquam in falsa fuerit opinione : demonstrandum erit defensori, neminem tanta esse stultitia, qui tali in re possit veritatem ignorare. Quod si id concedatur, illud non concessum iri, ne dubitasse quidem hunc, quid ejus juris esset, sed id, quod falsum fuerit, sine ulla dubitatione pro falso, quod verum, pro vero probasse. Quod si dubitaverit, summæ fuisse amentiæ, dubia spe impulsum, certum in periculum se committere. Quemadmodum autem accusator, quum ab aliis culpam demovebit, defensoris locis utetur : sic iis locis, qui accusatori dati sunt, utetur reus, quum in alios ab se crimen volet transferre.

IX. Ex persona autem conjectura capietur, si eæ res, quæ personis attributæ sunt, diligenter considerabuntur, quas omnes in primo libro exposuimus. Nam et

Pour affaiblir le reproche de préméditation, il faut dire que l'accusé n'avait aucun intérêt, ou qu'un faible intérêt au crime; que d'autres en avaient plus que lui, ou que lui n'en avait pas plus que d'autres; ou qu'il avait un intérêt tout contraire, au point qu'il n'y a aucune comparaison à établir entre l'avantage qu'il se serait promis et la perte qu'il a éprouvée, ou le danger auquel il est exposé; il faudrait employer ces mêmes lieux s'il s'agissait d'un dommage que l'accusé aurait voulu éviter.

Si l'adversaire prétend que l'accusé, quoique égaré par de fausses idées, n'en a pas moins agi dans le but d'atteindre ce qu'il croyait un bien pour lui, ou d'éviter ce qu'il regardait comme un malheur, le défenseur devra démontrer qu'il n'y a pas d'homme assez peu intelligent pour se tromper sur ce point; qu'en accordant même ce point, il ne conviendra jamais que l'accusé n'ait pas eu au moins quelque doute sur ce qui l'intéressait, et qu'il ait tout d'abord, et sans hésitation, jugé faux ce qui était faux, reconnu vrai ce qui était vrai; que s'il a douté, c'eût été chez lui le comble de la folie de s'exposer pour une espérance incertaine à un danger certain. J'ai dit que l'accusateur devra, pour la justification des autres, se servir des lieux propres à la défense; de même l'accusé emploiera les lieux propres à l'accusation, quand il voudra imputer à d'autres le fait dont on l'accuse.

IX. Pour tirer de la personne les conjectures, il faut considérer avec soin tous les lieux attribués aux personnes, et que j'ai exposés dans le premier livre. Le nom

de nomine nonnunquam aliquid suspicionis nascitur. Nomen autem quum dicimus, cognomen quoque intelligatur oportet. De hominis enim certo et proprio vocabulo agitur : ut si dicamus, « Idcirco aliquem Caldum vocari, quod temerario et repentino consilio sit; » aut si, « Ea re hominibus Græcos imperitis verba dedisse, quod Clodius, aut Cæcilius, aut Mucius, vocarentur. » Et de natura licet aliquantulum ducere suspicionis. Omnia enim hæc, vir, an mulier; hujus an illius civitatis sit; quibus sit majoribus, quibus consanguineis, qua ætate, quo animo, quo corpore, quæ naturæ sunt attributa, ad aliquam conjecturam faciendam pertinebunt. Et ex victu multæ trahuntur suspiciones, quum, quemadmodum, et apud quos, et a quibus educatus et eruditus sit, quæritur, et quibuscum vivat, qua ratione vitæ, quo more domestico vivat. Et ex fortuna sæpe argumentatio nascitur, quum, servus an liber, pecuniosus an pauper, nobilis an ignobilis, felix an infelix, privatus an in potestate sit, aut fuerit, aut futurus sit, consideratur; aut denique aliquid eorum quæritur, quæ fortunæ esse attributa intelliguntur. Habitus autem quoniam in aliqua perfecta et constanti animi aut corporis absolutione consistit, quo in genere est virtus, scientia, et quæ contraria sunt; res ipsa, causa posita, docebit, ecquid hic quoque locus suspicionis ostendat. Nam affectionis quidem ratio perspicuam solet præ se gerere conjectu-

même peut fournir parfois des inductions ; et quand je dis le nom, j'y comprends aussi le surnom. Car je parle du mot propre qui sert à distinguer quelqu'un ; on dira par exemple : « Cet homme est appelé Caldus, parce qu'il est aveugle et précipité dans ses résolutions. » Ou bien : « Les Grecs se sont joués de la sottise de ces hommes qui avaient nom Clodius, ou Cécilius, ou Mucius. » La nature aussi peut fournir des conjectures. Le sexe, le pays, la famille, la parenté, l'âge, les qualités de l'esprit et du corps, toutes choses comprises dans la nature, pourront servir dans ce but. Le genre de vie même fournit de nombreuses inductions tirées des personnes qui ont élevé l'accusé, des maîtres qui l'ont instruit, de ses relations, de son plan d'existence, de ses habitudes domestiques. La fortune peut encore fournir des argumens ; on examine si un homme est, s'il a été, s'il sera libre ou esclave, riche ou pauvre, illustre ou inconnu, heureux ou malheureux, simple particulier ou magistrat ; en un mot, on saisit tous les rapports compris dans ce mot fortune. La manière d'être exprime une qualité constante et absolue, soit morale, soit physique, comme la vertu, la science, ou leurs contraires ; c'est aux faits mêmes de la cause à faire connaître les inductions que ce lieu peut fournir. Les conjectures à tirer des affections de l'âme sont toutes claires ; de l'amour, par exemple, de la colère ou de la douleur ; on est parfaitement fixé sur la nature de chacune d'elles, et les résultats qu'elle doit amener sont faciles à connaître. Quant au goût, qui exprime une ardente et continuelle application de l'esprit et de la volonté puissamment concentrés sur un seul objet, il ne sera pas difficile d'en tirer des argumens selon l'intérêt de la cause. Il en sera de

ram, ut amor, iracundia, molestia : propterea quod et ipsorum vis intelligitur, et quæ res harum aliquam rem consequantur, faciles cognitu sunt. Studium autem quoniam est assidua et vehemens ad aliquam rem applicata magna cum voluntate occupatio, facile ex eo ducetur argumentatio, quam res ipsa desiderabit in causa. Item ex consilio sumetur aliquid suspicionis. Nam consilium est, aliquid faciendi non faciendive excogitata ratio. Jam facta, et casus, et orationes, quæ sunt omnia (ut in confirmationis præceptis dictum est) in tria tempora distributa, facile erit videre, ecquid afferant ad conjecturam confirmandam suspicionis.

X. Ac personis quidem res eæ sunt attributæ, ex quibus omnibus unum in locum coactis, accusatoris erit improbatione hominis uti. Nam causa facti parum firmitudinis habet, nisi animus ejus, qui insimulatur, in eam suspicionem adducatur, ut a tali culpa non videatur abhorruisse. Ut enim animum alicujus improbare nihil attinet, quum causa, quare peccaverit, non intercessit : sic causam peccati intercedere leve est, si animus nulli minus honestæ rationi affinis ostenditur. Quare vitam ejus, quem arguit, ex ante factis accusator improbare debebit, et ostendere, si quo in pari ante peccato convictus sit. Si id non poterit; si quam in similem ante suspicionem venerit, ac maxime, si fieri poterit, simili aliquo in genere ejusdem modi causa

même du dessein, qui est une résolution raisonnée de faire ou de ne pas faire quelque chose. Pour les actions, les évènemens et les discours, qui, comme je l'ai dit en exposant les règles de la confirmation, se rapportent à la triple division du temps, on verra facilement la matière qu'ils peuvent fournir à des conjectures.

X. Tels sont les lieux attribués aux personnes : l'accusateur doit les réunir tous, et les jeter comme une masse de reproches contre l'accusé; car les motifs du fait seraient peu de chose en eux-mêmes, si l'on n'y ajoutait certains soupçons qui puissent faire croire l'accusé capable d'un pareil crime, parce que, s'il ne sert de rien d'attaquer le caractère d'un homme, quand on ne montre pas qu'il a eu quelque raison de mal faire, c'est peu de chose aussi d'établir le motif du crime, quand on l'impute à un homme honnête et incapable d'une mauvaise action. Que l'accusateur donc s'attache à flétrir la vie de l'accusé en rappelant ses antécédens ; à prouver, s'il y a lieu, qu'il a déjà été convaincu d'un crime semblable; ou, s'il ne le peut pas, à montrer que déjà les mêmes soupçons avaient plané sur sa tête, et surtout, si cela est possible, que des motifs du même ordre l'avaient porté précédemment à quelque faute du même genre, ou plus

aliqua commotum peccasse, aut in æque magna re, aut in majore, aut in minore : ut si, quem pecunia dicat inductum fecisse, possit demonstrare aliqua in re ejus aliquod factum avarum. Item in omni causa naturam, aut victum, aut studium, aut fortunam, aut aliquid eorum, quæ personis attributa sunt, ad eam causam, qua commotum peccasse dicet, adjungere, atque ex dispari quoque genere culparum, si ex pari sumendi facultas non erit, improbare animum adversarii oportebit : « Ut, si avaritia inductum arguas fecisse, et avarum eum, quem accuses, demonstrare non possis; aliis affinem esse vitiis doceas, et ex ea re non esse mirandum, qui in illa re turpis, aut cupidus, aut petulans fuerit, hac quoque in re eum deliquisse. » Quantum enim de honestate et auctoritate ejus, qui arguitur, detractum est, tantumdem de facultate totius est defensionis deminutum. Si nulli affinis poterit vitio reus ante admisso demonstrari; locus inducetur ille, per quem hortandi judices erunt, ut veterem famam hominis nihil ad rem putent pertinere. Nam eum ante celasse, nunc manifesto teneri; quare non oportere hanc rem ex superiori vita spectari, sed superiorem vitam ex hac re improbari, et aut potestatem ante peccandi non fuisse, aut causam; aut, si hæc dici non poterunt, dicendum erit illud extremum, non esse mirum, si nunc primum deliquerit. Nam necesse est, eum, qui

grave, ou plus légère, ou égale. C'est ainsi que, dans toute cause, il faut joindre au motif qui a fait agir le coupable, des inductions tirées de la nature, du genre de vie, des goûts, de la fortune, ou de quelque autre des lieux propres à la personne, ou chercher même dans des fautes d'un autre genre les reproches qu'on veut faire à la moralité de l'adversaire, quand on ne trouve point de faute du même ordre à lui reprocher : « Si vous dites, par exemple, que c'est l'avarice qui l'a poussé au crime, et que vous ne puissiez prouver que c'est un avare, dites qu'il a d'autres vices, et qu'il n'est pas étonnant qu'un homme qui a donné des preuves de bassesse, de cupidité, de violence, ait commis aussi le crime dont vous l'accusez. » Toute brèche que vous aurez faite à son honneur et à sa moralité, diminuera d'autant ses moyens de défense. S'il n'est possible de lui reprocher aucun mauvais antécédent, rejetez-vous sur ce lieu commun par lequel vous exhortez les juges à n'avoir point d'égard, dans la cause actuelle, à sa vieille réputation. Jusqu'à ce jour, il a su se cacher; le voilà maintenant découvert : ce n'est pas sa vie antérieure qui doit le justifier du fait dont on l'accuse, mais plutôt c'est ce dernier fait qui doit condamner sa vie passée; jusqu'à ce moment, il n'a pas eu en sa puissance de mal à faire, ou le motif lui a manqué; ou, si vous ne pouvez employer cet argument, dites, pour dernière ressource, qu'il n'est pas étonnant que ce soit là son premier crime; car il faut bien qu'un homme pervers débute dans le mal. Si sa vie antérieure n'est pas connue, supprimez ce lieu, en disant pourquoi vous le supprimez, et passez de suite aux raisonnemens qui doivent appuyer l'accusation.

velit peccare, aliquando primum delinquere. Sin vita anteacta ignorabitur, hoc loco præterito, et cur prætereatur, demonstrato, argumentis accusationem statim confirmare oportebit.

XI. Defensor autem primum, si poterit, debebit vitam ejus, qui insimulabitur, quam honestissimam demonstrare. Id faciet, si ostendet aliqua ejus nota et communia officia : quod genus, in parentes, cognatos, amicos, affines, necessarios; etiam quæ magis rara et eximia sunt, si ab eo cum magno aliquo labore, aut periculo, aut utraque re, quum necesse non esset, officii causa, aut in rempublicam, aut in parentes, aut in aliquos eorum, qui modo expositi sunt, factum aliquid esse dicet; deinde si nihil deliquisse, nulla cupiditate impeditum ab officio recessisse. Quod eo confirmatius erit, si, quum potestas impune aliquid faciendi minus honeste fuisse dicetur, voluntas ei faciendi demonstrabitur abfuisse.

Hoc autem ipsum genus erit eo firmius, si eo ipso in genere, quo arguetur, integer antea fuisse demonstrabitur : ut si, quum avaritiæ causa fecisse arguatur, minime omni in vita pecuniæ cupidus fuisse doceatur. Hic illa magna cum gravitate inducetur indignatio, juncta conquestioni, per quam miserum facinus esse, et indignum demonstrabitur, quum animus omni in vita fuerit a vitiis remotissimus, eam causam, putare, quæ

XI. Le premier devoir du défenseur est de représenter, s'il se peut, son client comme un modèle de probité. Pour cela, il faut montrer qu'il a rempli les devoirs de la morale ordinaire et commune, par exemple, envers ses parens, ses proches, ses alliés, ses amis ; et citer ensuite des traits plus rares et plus éclatans, comme des entreprises pénibles et périlleuses qu'il se serait imposées lui-même, non par nécessité, mais par zèle, dans l'intérêt de la république, de ses parens, ou de quelque autre de ces êtres chéris dont je viens de parler. Il faut dire encore qu'il n'a jamais fait de mal, que nulle passion ne l'a jamais détourné de ses devoirs ; et, pour donner plus de force à ce brillant éloge, montrer que, s'étant trouvé en position de faire le mal impunément, il n'en eut jamais la pensée.

Mais le moyen de fortifier plus encore sa justification, c'est de prouver qu'il est toujours demeuré pur de ce qui tient au fait même dont on l'accuse ; qu'il n'a jamais eu de sa vie le moindre faible, pour l'argent par exemple, si l'adversaire disait que l'avarice l'a porté au crime. Alors prenez le ton grave d'une vertueuse indignation mêlée de plaintes, montrez combien il est misérable et infâme de supposer, qu'après être demeuré toute sa vie exempt de vices, le plus moral de tous les hommes ait pu se

homines audaces in fraudem rapere soleat, castissimum quoque hominem ad peccandum potuisse impellere; aut iniquum esse, et optimo cuique perniciosissimum, non vitam honeste actam tali in tempore quam plurimum prodesse, sed subita ex criminatione, quæ confingi quamvis facile possit, non ex anteacta vita, quæ neque ad tempus fingi, neque ullo modo immutari possit, facere judicium.

Sin autem in anteacta vita aliquæ turpitudines eruut: aut falso venisse in eam existimationem dicentur, aut ex aliquorum invidia, aut obtrectatione, aut falsa opinione; aut imprudentiæ, necessitudini, aut persuasioni adolescentiæ, aut alicui non malitiosæ animi affectioni attribuentur, aut dissimili in genere vitiorum, ut animus non omnino integer, sed a tali culpa remotus esse videatur. Ac si nullo modo vitæ turpitudo, aut infamia leniri poterit oratione : negare oportebit de vita ejus et moribus quæri, sed de eo crimine, quo de arguatur; quare, ante factis omissis, illud, quod instet, agi oportere.

XII. Ex facto autem ipso suspiciones ducentur, si totius administratio negotii ex omnibus partibus pertentabitur : atque hæ suspiciones partim ex negotio separatim, partim communiter ex personis atque ex negotio proficiscentur. Ex negotio duci poterunt, si eas res, quæ negotiis attributæ sunt, diligenter con-

laisser aller au crime par les mêmes motifs qui entraînent les hommes pervers ; ou que ce serait une injustice horrible, et le malheur de tous les gens de bien, de ne tenir aucun compte, en pareille circonstance, d'une vie constamment honorable, et de régler son jugement plutôt sur une incrimination soudaine, où l'imposture est si facile, que sur des antécédens pleins d'honneur, dont il est impossible de détruire ou de supposer le témoignage.

Si, au contraire, la vie passée présente quelques souillures, dites que ce sont de fausses imputations, qui n'ont d'autre fondement que l'envie, la malveillance ou l'erreur ; rejetez-les sur l'imprudence, la nécessité, l'égarement d'une jeunesse mal conseillée, ou quelque passion qui n'ait rien de criminel, ou quelque défaut d'un autre genre, afin de montrer que si votre client n'est pas irrépréhensible en toute chose, il est incapable au moins du fait dont il s'agit. S'il n'y a pas moyen de déguiser la honte et l'infamie de sa conduite, soutenez qu'il ne s'agit point de juger son caractère ni sa vie passée, mais seulement l'accusation portée contre lui ; il faut donc laisser de côté ses antécédens pour ne voir que le fait même de la cause.

XII. Pour tirer quelques soupçons du fait même, il faut en peser tous les détails et toutes les circonstances. Ces soupçons naissent, les uns du fait en particulier, les autres du fait et de la personne tout ensemble. On les tire du fait en considérant avec soin tous les lieux que j'ai assignés aux choses. Tous leurs genres, et presque toutes les espèces de ces genres conviennent à cette partie de la cause.

siderabimus. Ex iis igitur in hanc constitutionem convenire videntur genera earum omnia, partes generum pleræque.

Videre igitur primum oportebit, quæ sint continentia cum ipso negotio, hoc est, quæ ab re separari non possunt. Quo in loco satis erit diligenter considerare, quid sit ante rem factum, ex quo spes perficiendi nata, et faciendi facultas quæsita videatur ; quid in ipsa re gerenda ; quid postea consecutum sit.

Deinde ipsius est negotii gestio pertractanda. Nam hoc genus earum rerum, quæ negotio attributæ sunt, secundo in loco nobis est expositum. Hoc ergo in genere spectabitur locus, tempus, occasio, facultas : quorum uniuscujusque vis diligenter in confirmationis præceptis explicata est. Quare, ne aut hic non admonuisse, aut ne eadem iterum dixisse videamur, breviter demonstrabimus, quid quaque in parte considerari oporteat. In loco igitur opportunitas, in tempore longinquitas, in occasione commoditas ad faciendum idonea, in facultate copia et potestas earum rerum, propter quas aliquid facilius fit, aut sine quibus omnino confici non potest, consideranda est.

Deinde videndum est, quid adjunctum sit negotio, hoc est, quid majus, quid minus, quid æque magnum sit, quid simile : ex quibus conjectura quædam ducitur, si, quemadmodum res majores, minores, æque

On devra d'abord chercher à reconnaître les dépendances nécessaires du fait, c'est-à-dire, ce qui en est inséparable. Il suffit, pour cela, de considérer ce qui a précédé le fait, ce qui a donné l'espérance du succès, et fourni les moyens d'exécution, les circonstances du fait même et ses résultats.

Il faut ensuite s'occuper des détails mêmes de l'exécution, car c'est là le second des lieux que j'ai assignés aux choses. Il comprend le lieu, le temps, l'occasion, la possibilité, toutes choses bien déterminées dans les règles de la confirmation. Pour éviter de n'en pas parler du tout, ou de revenir deux fois sur les mêmes détails, je vais indiquer en peu de mots ce qu'il faut considérer sur chacun de ces points. Dans le lieu, la commodité; dans le temps, la durée nécessaire; dans l'occasion, l'à-propos; dans la possibilité, la plénitude et le libre usage des moyens qui rendent l'exécution plus facile, ou sans lesquels même elle serait absolument impossible.

On considère ensuite les rapports du fait, c'est-à-dire, ce qui est plus grand ou plus petit, égal ou semblable; d'où l'on tire des conjectures en se réglant sur la marche ordinaire des choses moindres ou plus grandes, égales ou semblables. En pareil cas, il faut examiner aussi avec

magnæ similesque agi soleant, diligenter considerabitur. Quo in genere eventus quoque videndus erit, hoc est, quid ex unaquaque re soleat evenire, magnopere considerandum est; ut metus, lætitia, titubatio.

Quarta autem pars erat ex iis, quas negotiis dicebamus esse attributas, consecutio. In ea quæruntur ea, quæ gestum negotium confestim, aut ex intervallo consequuntur. In qua videbimus ecquæ consuetudo sit, ecquæ lex, ecquæ actio, ecquod ejus rei artificium sit, aut usus, aut exercitatio, hominum aut approbatio, aut offensio; ex quibus nonnunquam elicitur aliquid suspicionis.

XIII. Sunt autem aliquæ suspiciones, quæ communiter et ex negotiorum, et ex personarum attributionibus sumuntur. Nam et ex fortuna, et ex natura, et ex victu, studio, factis, casu, orationibus, consilio, et ex habitu animi aut corporis pleraque pertinent ad easdem res, quæ rem credibilem, aut incredibilem facere possunt, et cum facti suspicione junguntur.

Maxime enim quæri oportet in hac constitutione, primum potueritne aliquid fieri; deinde ecquo ab alio potuerit; deinde facultas, de qua ante diximus; deinde utrum id facinus sit, quod pœnitere fuerit necesse; item quod spem celandi non haberet; deinde necessitudo; in qua, num necesse fuerit id aut fieri, aut ita fieri, quæritur. Quorum pars ad consilium pertinet,

beaucoup de soin les résultats, c'est-à-dire, les effets habituels de chaque chose, comme la joie, la crainte, le trouble.

Le quatrième des lieux que j'ai assignés aux choses, ce sont les conséquences ; elles comprennent les dépendances du fait, immédiates ou éloignées. La coutume, la loi, l'action, sa formule consacrée, son usage, son exercice, la faveur ou la réprobation qui s'attache au fait, voilà ce qu'il faut considérer, et ce qui peut donner matière à quelques soupçons.

XIII. Il est aussi des conjectures que fournissent à la fois les lieux attribués aux personnes, et ceux attribués aux choses. Car tout ce qui tient à la fortune, à la nature, au genre de vie, aux goûts, aux actions, aux évènemens, aux desseins, à la manière d'être physique et morale, fait partie des moyens qui servent à rendre un fait croyable ou incroyable, et se joignent aux conjectures qu'on en peut tirer.

Car ce qui importe dans une question de ce genre, c'est de savoir d'abord si le fait lui-même était possible ; ensuite, si un autre pouvait s'en rendre l'auteur ; si les moyens d'exécution ne manquaient pas ; si l'action est telle qu'on ait dû s'en repentir ; s'il n'y avait pas d'espérance de la cacher ; si elle était nécessaire au fond ou dans la forme. Une partie de ces points sont compris dans le dessein, comme dans l'espèce que j'ai citée. Les circon-

quod personis attributum est, ut in ea causa, quam exposuimus. Ante rem erit, quod in itinere se tam familiariter applicaverit, quod sermonis causam quæsierit, quod simul deverterit, cœnarit. In re, nox, somnus. Post rem, quod solus exierit, quod illum tam familiarem comitem tam æquo animo reliquerit, quod cruentum gladium habuerit.

Horum pars ad consilium pertinet. Quæritur enim, utrum videatur diligenter ratio faciendi esse habita et excogitata, an ita temere, ut non verisimile sit, quemquam tam temere ad maleficium accessisse. In quo quæritur, num quo alio modo commodius potuerit fieri, vel a fortuna administrari. Nam sæpe, si pecuniæ, si adjumenta, si adjutores desint, facultas fuisse faciendi non videtur. Hoc modo si diligenter attendamus, apta inter se esse intelligimus hæc, quæ negotiis, et illa, quæ personis sunt attributa.

Hic neque facile est, neque necessarium distinguere, ut in superioribus partibus, quo pacto quidque accusatorem, et quomodo defensorem tractare oporteat. Non necessarium, propterea quod, causa posita, quid in quamque conveniat, res ipsa docebit eos, qui non omnia hic se inventuros putabunt, sed [ad ea, quæ præcepta sunt, comparationis modo] quamdam in commune mediocrem intelligentiam conferent : non facile autem, quod et infinitum est tot de rebus utramque in partem

stances qui ont précédé le fait, ce sont la familiarité contractée en chemin, la conversation engagée, la descente à la même auberge, le souper commun; celles qui l'ont accompagné, la nuit, le sommeil; celles qui l'ont suivi, le départ de l'accusé tout seul, l'indifférence avec laquelle il abandonne un compagnon de voyage qu'il avait traité comme un ami, son épée teinte de sang.

Une partie de tout cela rentre dans le dessein. On examine si les faits offrent une suite de démarches habilement calculées, ou une complète absence de combinaisons, qui ne permettrait pas de croire à la culpabilité. On considère alors si l'accusé n'aurait pu trouver, si le hasard même ne lui aurait pas ouvert une voie plus commode. Car souvent, faute d'argent, de secours, de complices, tous les moyens d'exécution disparaissent. Si nous y faisons bien attention, cet exemple nous montre comment les lieux assignés aux personnes, et ceux attribués aux choses, peuvent se réunir.

Il n'est pas facile, comme il n'est pas nécessaire, de tracer avec détails la marche à suivre pour l'attaque ou pour la défense. Je dis que cela n'est pas nécessaire, parce que, la question posée, on n'aura pas de peine à reconnaître les raisons qui s'y rapportent : il ne faut pour cela qu'une intelligence ordinaire, qui n'ait pas besoin qu'on lui montre d'avance tous les cas particuliers, mais qui sache, par comparaison, tirer parti des exemples donnés. Cela n'est pas facile non plus, parce qu'il n'y aurait point de fin à développer un aussi grand nombre de préceptes pour toutes les causes particulières dont il se-

singillatim de unaquaque explicare, et alias aliter hæc in utramque partem causæ solent convenire. Quare considerare hæc, quæ exposuimus, oportebit.

XIV. Facilius autem ad inventionem animus incedet, si gesti negotii et suam, et adversarii narrationem sæpe et diligenter pertractabit, et quod quæque pars suspicionis habebit, eliciens, considerabit, quare, quo consilio, qua spe perficiendi quidque factum sit; cur hoc modo potius, quam illo; cur ab hoc potius, quam ab illo; cur nullo adjutore, aut cur hoc; cur nemo sit conscius, aut cur sit, aut cur hic sit; cur hoc ante factum sit, cur hoc ante factum non sit; cur hoc in ipso negotio, cur hoc post negotium; aut quid factum de industria, aut quid rem ipsam consecutum sit; constetne oratio aut cum re, aut ipsa secum; hoc hujusne rei sit signum, an illius, an et hujus et illius, et utrius potius; quid factum sit, quod non oportuerit, aut non factum, quod oportuerit.

Quum animus hac intentione omnes totius negotii partes considerabit, tum illi ipsi in medium conservati loci procedent, de quibus ante dictum est; et quum ex singulis, tum ex conjunctis argumenta certa nascentur. Quorum argumentorum pars probabili, pars necessario in genere versabitur. Accedunt autem ad conjecturam sæpe quæstiones, testimonia, rumores : quæ contra omnia uterque simili via præceptorum torquere ad suæ

rait impossible d'ailleurs de prévoir toutes les modifications diverses. Il faudra donc étudier tous les préceptes généraux que j'ai tracés.

XIV. Pour procéder plus aisément dans l'invention des preuves, l'orateur devra examiner plusieurs fois et avec soin la narration de l'adversaire et la sienne, pour en tirer les conjectures qu'elles pourront offrir, et voir pourquoi, dans quel dessein, dans quelle espérance l'action a été commise; pourquoi de cette manière plutôt que d'une autre; pourquoi plutôt par celui-ci que par celui-là; pourquoi sans complice, ou précisément avec ce complice; pourquoi sans confident, ou avec un tel confident; pourquoi telle circonstance avant l'action, pourquoi pas telle autre; pourquoi celle-ci pendant l'action même, pourquoi celle-là après l'action; ce qui prouve la volonté; ce qui est une conséquence nécessaire du fait; si les paroles s'accordent avec le fait ou avec elles-mêmes; si cet indice doit se rapporter à ceci ou à cela, à tous les deux, auquel préférablement; ce qu'on a fait d'inutile, ce qu'on a omis d'essentiel.

Pendant cette revue attentive de tous les détails d'une affaire, ces mêmes lieux communs, dont j'ai parlé plus haut, tenus comme en réserve, s'offriront à l'esprit; séparés ou réunis, ils fourniront des argumens forts pour établir soit la probabilité, soit l'évidence. Souvent encore on tire certaines conjectures de la question, des témoignages, des bruits publics, que chacune des deux parties, au reste, doit s'efforcer de plier à l'intérêt de sa cause. Car la question, les témoignages, les bruits pu-

causæ commodum debebit. Nam et ex quæstione suspiciones, et ex testimonio, et ex rumore aliquo pari ratione, ut ex causa, et ex persona, et ex facto duci oportebit.

Quare nobis et ii videntur errare, qui hoc genus suspicionum artificii non putant indigere, et ii, qui aliter hoc de genere, ac de omni conjectura præcipiendum putant. Omnis enim iisdem ex locis conjectura sumenda est : nam et ejus, qui in quæstione aliquid dixerit, et ejus, qui in testimonio, et ipsius rumoris causa et veritas ex iisdem attributionibus reperietur. Omni autem in causa pars argumentorum est adjuncta ei causæ solum, quæ dicetur, et ab ipsa ita ducta, ut ab ea separatim in omnes ejusdem generis causas transferri non satis commode possit; pars autem est pervagatior, et aut in omnes ejusdem generis, aut in plerasque causas accommodata.

XV. Hæc ergo argumenta, quæ transferri in multas causas possunt, locos communes nominamus. Nam locus communis aut certæ rei quamdam continet amplificationem : ut si quis hoc velit ostendere, eum, qui parentem necarit, maximo supplicio esse dignum; quo loco, nisi perorata et probata causa, non est utendum : aut dubiæ, quæ ex contrario quoque habeat probabiles rationes argumentandi : ut suspicionibus credi oportere, et contra, suspicionibus credi non oportere. Ac pars

blics donnent matière à des soupçons, de la même manière que le motif, la personne, le fait.

Aussi, c'est à mon sens une erreur de dire qu'il n'y a point de règles à donner pour ce genre de conjectures, comme aussi de vouloir lui en assigner d'autres que celles qui s'appliquent aux conjectures en général. Les mêmes lieux fournissent toutes sortes de conjectures : pour expliquer, pour vérifier une parole dite au milieu des tortures, une déposition de témoins, ou un bruit public, la marche à suivre est absolument la même. Il y a certainement dans chaque cause un certain nombre d'argumens qui lui sont propres, et qu'elle seule fournit; de sorte qu'il serait difficile de les employer dans d'autres causes du même genre : mais il en est aussi d'autres plus généraux, qui peuvent s'appliquer à toutes les causes du même genre, du moins au plus grand nombre.

XV. Ces argumens, qu'on peut employer dans plusieurs causes, je les nomme lieux communs; car un lieu commun sert à développer ou une proposition certaine, par exemple, qu'un parricide a mérité le dernier supplice; mais il faut d'abord établir le point de fait et prouver le crime; ou une proposition douteuse, et qui a contre elle des raisons plausibles, comme, il faut croire aux soupçons, il n'y faut pas croire. Une partie des lieux communs s'emploie dans l'indignation ou dans la plainte, dont j'ai parlé plus haut; d'autres servent à déterminer un point qui offre pour et contre des probabilités.

locorum communium per indignationem, aut per conquestionem inducitur, de quibus ante dictum est; pars per aliquam probabilem utraque ex parte rationem.

Distinguitur autem oratio atque illustratur maxime, raro inducendis locis communibus, et aliquo loco, jam certioribus illis [auditoribus et] argumentis confirmatis. Nam et tum conceditur commune quiddam dicere, quum diligenter aliquis proprius causæ locus tractatus est, et auditoris animus aut renovatur ad ea, quæ restant, aut omnibus jam dictis exsuscitatur. Omnia enim ornamenta elocutionis, in quibus et suavitatis et gravitatis plurimum consistit, et omnia, quæ in inventione verborum et sententiarum aliquid habent dignitatis, in communes locos conferuntur. Quare, non ut causarum, sic oratorum quoque multorum communes loci sunt. Nam nisi ab iis, qui multa exercitatione magnam sibi verborum et sententiarum copiam comparaverint, tractari non poterunt ornate et graviter, quemadmodum natura ipsorum desiderat. Atque hoc sit nobis dictum communiter de omni genere locorum communium.

XVI. Nunc exponemus, in conjecturalem constitutionem qui loci communes incidere soleant : suspicionibus credi oportere, et non oportere; rumoribus credi oportere, et non oportere; testibus credi oportere, et non oportere; quæstionibus credi oportere, et non

Les lieux communs répandent la lumière et la variété dans le discours, surtout si on ne les prodigue pas, et si on ne les emploie qu'à la suite de plus fortes preuves qui ont déjà fait impression sur l'auditoire. Ce n'est qu'après avoir développé avec soin les faits particuliers de la cause, que l'on peut se permettre des argumens plus généraux qui réveillent l'attention de l'auditeur pour les points qu'on doit traiter ensuite, ou la ramènent sur ceux que l'on a déjà traités. Car c'est dans les lieux communs qu'il faut déployer toutes les richesses du style, la grâce, la force, la noblesse des expressions et des pensées : ce qui fait que, si les lieux communs conviennent à beaucoup de causes, ils ne conviennent pas de même à beaucoup d'orateurs; car, à moins de s'être fait, par l'exercice, une riche provision de mots et d'idées, il est impossible de les traiter avec toute la force et l'éclat que leur nature même exige. Cette observation s'applique à tous les lieux communs en général.

XVI. Je vais dire maintenant quels sont les lieux communs que renferme ordinairement la question de fait. Les voici : Il faut croire, et il ne faut pas croire aux soupçons, aux dépositions des témoins, aux paroles arrachées par la torture; il faut tenir compte de la conduite passée, il n'en faut pas tenir compte; on doit penser

oportere; vitam anteactam spectari oportere, et non oportere; ejusdem esse, qui in illa re peccarit, et hoc quoque admisisse, et non esse ejusdem; maxime spectari causam oportere, et non oportere. Atque hi quidem, et si qui ejusmodi ex proprio argumento communes loci nascentur, in contrarias partes deducentur.

Certus autem locus est accusatoris, per quem auget facti atrocitatem; et alter, per quem negat malorum misereri oportere : defensoris, per quem calumnia accusatorum cum indignatione ostenditur; et per quem cum conquestione misericordia captatur. Hi, et ceteri omnes loci communes, ex iisdem præceptis sumuntur, quibus ceteræ argumentationes : sed illæ tenuius, et acutius, et subtilius tractantur; hi autem gravius, et ornatius, et quum verbis, tum etiam sententiis excellentibus. In illis enim finis est, ut id, quod dicitur, verum esse videatur; in his, tametsi hoc quoque videri oportet, tamen finis est amplitudo. Nunc ad aliam constitutionem transeamus.

XVII. Quum est nominis controversia, quia vis vocabuli definienda verbis est, constitutio definitiva dicitur. Ejus generis exemplo nobis posita sit hæc causa : « C. Flaminius is, qui consul rempublicam male gessit bello punico secundo, quum tribunus plebis esset, invito senatu, et omnino contra voluntatem omnium optimatum, per seditionem ad populum legem Agra-

que l'homme qui a commis tel autre crime est coupable également de celui dont il s'agit, ou tout le contraire; il faut surtout considérer les motifs, il ne le faut pas. Ces lieux communs, et tous ceux que peut offrir une cause particulière, s'emploient également pour et contre.

Mais il est des lieux exclusivement propres à l'accusation, comme celui qui fait ressortir l'atrocité du crime, et celui qui refuse aux méchans toute pitié; il y en a d'autres exclusivement propres à la défense, comme celui où l'on repousse avec indignation les calomnies de l'accusateur, et celui où l'on cherche à exciter la compassion par la plainte. Il faut suivre, pour ces lieux communs et pour tous les autres, les règles générales tracées pour toutes les sortes d'argumens; mais ces derniers exigent plus de finesse, plus d'art, plus de simplicité; les lieux communs, au contraire, veulent plus de force, plus de développement, plus de grandeur dans l'expression et dans la pensée. Car les premiers n'ont pour but que la démonstration; les seconds, tout en servant à ce même but, en ont un qui leur est propre, l'amplification. Maintenant passons à un autre état de cause.

XVII. Quand la discussion porte sur un mot, comme il faut définir ce mot, c'est une question de définition. Voici un exemple de ce genre de cause : « C. Flaminius, le même qui, étant consul, mit la république en péril dans la seconde guerre punique, voulait, pendant son tribunat, malgré les résistances des sénateurs et l'opposition des principaux citoyens, faire passer la loi Agraire, en poussant le peuple à la sédition. Son père vint l'arra-

riam ferebat. Hunc pater suus concilium plebis habentem de templo deduxit : arcessitur majestatis. » Intentio est, « Majestatem minuisti, quod tribunum plebis de templo deduxisti. » Depulsio est, « Non minui majestatem. » Quæstio est, « Majestatemne minuerit. » Ratio, « In filium enim quam habebam potestatem, ea usus sum. » Rationis infirmatio, « At enim, qui patria potestate, hoc est, privata quadam, tribunitiam [potestatem], hoc est, populi potestatem infirmat, minuit is majestatem. » Judicatio est, « Minuatne is majestatem, qui in tribunitiam potestatem patria potestate utatur. » Ad hanc judicationem argumentationes omnes afferri oportebit.

Ac ne quis forte arbitretur, nos non intelligere, aliam quoque incidere constitutionem in hanc causam; eam nos partem solam sumimus, in quam præcepta nobis danda sunt. Omnibus autem partibus hoc in libro explicatis, quivis omni in causa, si diligenter attendet, omnes videbit constitutiones, et earum partes, et controversias, si quæ forte in eas incident. Nam de omnibus perscribemus.

Primus ergo accusatoris locus est, ejus nominis, cujus de vi quæritur, brevis, et aperta, et ex hominum opinione definitio, hoc modo : « Majestatem minuere, est de dignitate, aut amplitudine, aut potestate populi, aut eorum, quibus populus potestatem dedit, aliquid

cher de la tribune pendant qu'il tenait l'assemblée du peuple. On le met en jugement comme coupable de lèse-majesté. L'accusation dit : Vous êtes coupable de lèse-majesté pour avoir arraché de la tribune un tribun du peuple. La défense répond : Je ne suis point coupable de lèse-majesté. La question sera donc : Est-il coupable de lèse-majesté? La raison : J'ai usé envers mon fils de mon autorité. La réfutation : Mais, opposer la puissance paternelle, c'est-à-dire une puissance toute privée, à la puissance tribunitienne, qui est celle du peuple même, c'est un crime de lèse-majesté. Le point à juger sera donc : Est-ce un crime de lèse-majesté d'opposer l'autorité paternelle à la puissance tribunitienne? » C'est à ce point à juger que doivent se rapporter tous les argumens.

Il ne faut pas croire que je regarde cette question comme la seule que puisse présenter cette cause : mais je n'y veux voir maintenant que celle dont je me propose de tracer les règles. Je développerai toutes les autres dans la suite de ce livre, et il ne sera pas difficile, avec un peu d'attention, de reconnaître, dans quelque cause que ce soit, toutes les questions, avec leurs parties, et tous les points de discussion qui pourront s'y rencontrer; car je donnerai des règles pour tous ces points.

Le premier lieu qui s'offre ici à l'accusateur, c'est la définition courte, claire et conforme aux idées générales, du mot dont il s'agit de déterminer la valeur. Par exemple : « On appelle crime de lèse-majesté une atteinte quelconque à la dignité, à la grandeur, à la puissance du peuple ou des magistrats qu'il a investis de son auto-

derogare. » Hoc sic breviter expositum, pluribus verbis est et rationibus confirmandum, et ita esse, ut descripseris, ostendendum. Postea ad id, quod definieris, factum ejus, qui accusabitur, adjungere oportebit, et ex eo, quod ostenderis esse, verbi causa, majestatem minuere, docere, adversarium majestatem minuisse, et hunc locum totum communi loco confirmare, per quem ipsius facti atrocitas, aut indignitas, aut omnino culpa cum indignatione augeatur.

Post erit infirmanda adversariorum descriptio. Ea autem infirmabitur, si falsa demonstrabitur. Hoc ex opinione hominum sumetur, quum, quemadmodum, et quibus in rebus homines in consuetudine scribendi, aut sermocinandi eo verbo uti soleant, considerabitur. Item infirmabitur, si turpis, aut inutilis esse ostendetur ejus descriptionis approbatio, et si, quæ incommoda consecutura sint, eo concesso, ostendetur; id autem ex honestatis et utilitatis partibus sumetur, de quibus in deliberationis præceptis exponemus : et si cum definitione nostra adversariorum definitionem conferemus, et nostram, veram, honestam, utilem esse demonstrabimus; illorum, contra. Quæremus autem res, aut majori, aut pari in negotio similes, ex quibus affirmetur nostra descriptio.

XVIII. Jam si res plures erunt definiendæ : ut, si quæratur, « Fur sit, an sacrilegus, qui vasa ex privato

rité. » Cette définition établie en peu de mots, il faut la développer davantage, et l'appuyer de raisons qui en démontrent la justesse. On rapproche ensuite le fait incriminé de la définition du crime, et on prétend que, suivant l'explication donnée du crime de lèse-majesté, l'adversaire s'en est rendu coupable; puis, pour donner plus de force à cette démonstration, on y ajoute un lieu commun qui, par l'indignation, fasse ressortir l'atrocité, la scélératesse, en un mot la criminalité du fait.

Il faut ensuite réfuter la définition donnée par l'adversaire; on la réfute en prouvant sa fausseté : et pour cela on invoque l'opinion générale; on considère quand, de quelle manière et à quel propos ce terme s'emploie d'ordinaire, soit dans les écrits, soit dans les discours. On la réfute encore en montrant qu'il y aurait autant de danger que de honte à accepter sa définition, et en faisant voir les funestes conséquences qui en résulteraient. Les raisons sur ce point se tirent des lieux communs de l'honneur et de l'intérêt dont je parlerai plus tard, en exposant les règles du genre délibératif; vous devez aussi comparer votre définition avec celle de l'adversaire, et montrer que la vôtre est juste, honnête, utile; au lieu que la sienne n'est rien moins que tout cela. Puis cherchez dans d'autres causes, d'une plus haute ou d'une égale importance, des témoignages qui appuient votre définition.

XVIII. S'il y a plusieurs choses à définir, comme dans la question de savoir « si celui qui a dérobé des vases sa-

sacra surripuerit; » erit utendum pluribus definitionibus; deinde simili ratione causa tractanda. Locus autem communis in ejus malitiam, qui non modo rerum, verum etiam verborum potestatem sibi arrogare conetur, ut et faciat quod velit, et id, quod fecerit, quo velit nomine appellet.

Deinde defensoris primus locus est, item nominis brevis, et aperta, et ex opinione hominum descriptio, hoc modo : « Majestatem minuere est aliquid de republica, quum potestatem non habeas, administrare. » Deinde hujus confirmatio similibus et exemplis, et rationibus. Postea sui facti ab illa definitione separatio. Deinde locus communis, per quem facti utilitas, aut honestas adaugetur.

Deinde sequitur adversariorum definitionis reprehensio, quæ iisdem ex locis omnibus, quos accusatori præscripsimus, conficitur; et cetera post eadem præter communem locum inducentur. Locus autem communis erit defensoris is, per quem indignabitur, accusatorem sui periculi causa non res solum convertere, verum etiam verba commutare conari. Nam illi quidem communes loci, qui aut calumniæ accusatorum demonstrandæ, aut misericordiæ captandæ, aut facti indignandi, aut a misericordia deterrendi causa sumuntur, ex periculi magnitudine, non ex causæ genere ducuntur. Quare non in omnem causam, sed in omne causæ

crés dans une chapelle particulière est coupable de vol ou de sacrilège, » il faut donner plusieurs définitions, et suivre la marche ordinaire dans le reste de la cause. Le lieu commun à développer dans ce cas, c'est la perversité du prévenu, qui prétend soumettre à sa puissance les mots comme les choses, faire ce qui lui plaît, et donner le nom qu'il veut à son action.

Le premier lieu commun de la défense est également la définition du mot, courte, claire et conforme aux idées reçues; par exemple : « Le crime de lèse-majesté, c'est l'usurpation de la puissance publique; » définition qu'il faut appuyer par des rapprochemens, des exemples et des raisons. On montre ensuite qu'elle s'applique mal au fait incriminé; puis on ajoute le lieu commun qui fait ressortir l'honnêteté ou l'utilité de l'action.

On arrive ensuite à réfuter la définition de l'adversaire au moyen de tous les lieux que j'ai indiqués à l'accusateur. Au lieu commun près, il doit suivre en tout la même marche. Le lieu commun qu'emploiera l'accusé sera l'indignation contre l'accusateur, qui, pour le mettre en péril, cherche non-seulement à dénaturer les faits, mais encore à changer le sens des mots. L'emploi des lieux communs qui servent à montrer la perfidie de l'accusateur, ou à exciter la compassion, à soulever l'indignation contre le coupable, ou à lui refuser tout droit à la pitié, se règle sur la grandeur du péril, et non sur le genre de cause. Ainsi, ce n'est pas précisément dans toutes les causes, mais dans tous les genres de cause qu'ils peuvent être employés. J'en ai parlé déjà dans la

genus incidunt. Eorum mentionem in conjecturali constitutione fecimus. Inductione autem, quum causa postulabit, utemur.

XIX. Quum autem actio translationis aut commutationis indigere videtur, quod non aut is agit, quem oportet, aut cum eo, quicum oportet, aut apud quos, qua lege, qua pœna, quo crimine, quo tempore oportet, constitutio translativa appellatur. Hujus nobis exempla permulta opus sunt, si singula translationum genera quæramus : sed quia ratio præceptorum similis est, exemplorum multitudine supersedendum est. Atque in nostra quidem consuetudine multis de causis fit, ut rarius incidant translationes. Nam et prætoriis exceptionibus multæ excluduntur actiones, et ita jus civile habemus constitutum, ut causa cadat is, qui non, quemadmodum oportet, egerit. Quare in jure plerumque versantur. Ibi enim et exceptiones postulantur, et quodammodo agendi potestas datur, et omnis conceptio privatorum judiciorum constituitur. In ipsis autem judiciis rarius incidunt, et tamen si quando incidunt, ejusmodi sunt, ut per se minus habeant firmitudinis, confirmentur autem assumta alia aliqua constitutione : ut in quodam judicio, « Quum venefici cujusdam nomen esset delatum, et, quia parricidii causa subscripta esset, extra ordinem esset acceptum, quum in accusatione alia quædam crimina testibus et argumentis confirma-

question conjecturale : quand la cause l'exige, on se sert aussi de l'induction.

XIX. S'il faut que l'action soit portée à un autre tribunal, et changée, ou parce que celui qui l'intente ne le doit pas, ou parce qu'il ne l'intente pas contre qui de droit, ou parce que les juges, la loi, la peine, le crime, le temps, n'ont pas été bien choisis, c'est une question de récusation. J'aurais besoin de beaucoup d'exemples pour indiquer toutes les espèces de ce genre de causes. Mais, comme les règles sont les mêmes pour toutes, je laisse de côté les exemples. D'ailleurs, plusieurs motifs rendent les récusations très-rares devant nos tribunaux. Un grand nombre d'actions vient échouer contre les exceptions accordées par le préteur, et c'est un principe de notre droit civil, que le demandeur perd sa cause lorsqu'il n'exerce pas son action dans les formes prescrites. Aussi tout se passe devant le préteur : c'est à lui qu'on demande les exceptions ; c'est lui qui donne, pour ainsi dire, le pouvoir d'intenter une action, et la formule de tous les jugemens particuliers. Les récusations devant les tribunaux sont rares, et, s'il s'en rencontre parfois, elles ont peu de fondement par elles-mêmes, et il faut, pour leur donner plus de force, les appuyer de quelque autre état de question. En voici un exemple : « La cause d'un homme, accusé d'empoisonnement, avait été intitulée parricide, et, comme telle, inscrite et appelée hors de son rang. Les dépositions des témoins et les preuves fournies par l'accusation établissent d'autres faits à la charge du prévenu, mais le parricide n'est dans la cause qu'une simple allégation.

rentur, parricidii autem solum mentio facta esset; defensor in hoc ipso multum oportet et diu consistat : quum de nece parentis nihil demonstratum sit, indignum facinus esse, ea pœna afficere eum, qua parricidæ afficiuntur; id autem, si damnetur, fieri necesse esse, quoniam et id causæ subscriptum, et ex ea re nomen extra ordinem sit acceptum. Ea igitur pœna si affici reum non oporteat, damnari quoque non oportere, quoniam ea pœna damnationem necessario consequatur. » Hic defensor, pœnæ commutationem ex translativo genere inducendo, totam infirmabit accusationem. Verumtamen ceteris quoque criminibus defendendis conjecturali constitutione translationem confirmabit.

XX. Exemplum autem translationis in causa nobis positum sit hujusmodi : « Quum ad vim faciendam quidam armati venissent, armati contra præsto fuerunt, et cuidam equiti romano, quidam ex armatis, resistenti, gladio manum præcidit. Agit is, cui manus præcisa est, injuriarum. Postulat is, quicum agitur, a prætore exceptionem, EXTRA QUAM IN REUM CAPITIS PRÆJUDICIUM FIAT. Hic is, qui agit, judicium purum postulat; ille, quicum agitur, exceptionem addi ait oportere. » Quæstio est, « Excipiendum sit, an non. » Ratio, « Non enim oportet, in recuperatorio judicio, ejus maleficii, de quo inter sicarios quæritur, præjudicium fieri. » Infirmatio rationis, « Ejusmodi sunt injuriæ, ut de his

Il faut alors que le défenseur insiste fortement et longtemps sur ce point : Quand on n'a pas prouvé le meurtre d'un père, dira-t-il, c'est une atrocité que d'infliger à mon client la peine des parricides, ce qui ne peut manquer d'avoir lieu, puisque son affaire est intitulée parricide, et comme telle appelée hors de son rang. S'il n'a point mérité cette peine, il ne faut pas le condamner, puisque la condamnation doit nécessairement entraîner cette peine. » En demandant par voie de récusation le changement de la peine, il renverse toute l'accusation. Il faut cependant, qu'à l'appui de la récusation qu'il demande, il justifie son client sur les autres chefs en traitant la question de fait.

XX. Prenons pour exemple de récusation dans la cause l'espèce suivante : « Des hommes armés, venus pour piller, eurent affaire à d'autres hommes aussi en armes, et, dans la lutte, un des assaillans coupa la main à un chevalier qui se défendait. Ce dernier intente une action en voies de fait. L'accusé demande au préteur cette exception : *Sauf le mal qui peut en résulter pour un homme accusé du crime capital.* Le demandeur veut un jugement pur et simple ; le défendeur soutient qu'il faut y joindre l'exception. » La question est : « Faut-il ou ne faut-il pas admettre l'exception ? » — La raison : « C'est qu'il ne faut point, à propos de dommages-intérêts, préjuger un crime d'assassinat. » — La réfutation : « Les voies de fait sont telles, qu'il serait injuste de différer la sentence à cet égard. » — Le point à juger : « Les voies de fait sont-elles assez graves pour qu'on doive les juger, au risque même

indignum sit non primo quoque tempore judicari.» Judicatio, «Atrocitas injuriarum satisne causæ sit, quare, dum de ea judicetur, de aliquo majore maleficio, de quo judicium comparatum sit, præjudicetur.» Atque exemplum quidem hoc est. In omni autem causa ab utroque quæri oportebit, a quo, et per quos, et quomodo, et quo tempore aut agi, aut judicari, aut quid statui de ea re conveniat.

Id ex partibus juris, de quibus post dicendum est, sumi oportebit, et ratiocinari, quid in similibus rebus fieri soleat, et videre, utrum malitia aliud agatur, aliud simuletur, an stultitia, an necessitudine, quod alio modo agi non possit, an occasione agendi sic sit judicium aut actio constituta, an recte sine ulla re ejusmodi res agatur. Locus autem communis contra eum, qui translationem inducet, fugere judicium ac pœnam, quia causæ diffidat. A translatione autem, omnium fore perturbationem, si non ita res agantur, et in judicium veniant, quo pacto oporteat; hoc est, si aut cum eo agatur, quicum non oporteat, aut alia pœna, alio crimine, alio tempore; atque hanc rationem ad perturbationem judiciorum omnium pertinere. Tres igitur eæ constitutiones, quæ partes non habent, ad hunc modum tractabuntur. Nunc generalem constitutionem, et partes ejus consideremus.

XXI. Quum et facto, et facti nomine concesso, neque

de se prononcer d'avance sur un plus grand crime, qui doit être jugé plus tard?» Ceci est un exemple; mais, dans toute cause, c'est à chacune des parties de savoir par qui, devant qui, comment, dans quel temps l'action doit être intentée et jugée, et la décision qui doit intervenir.

Il faut consulter là dessus la jurisprudence, dont j'ai à parler plus bas; chercher quel est l'usage en pareille circonstance; tâcher de reconnaître si une action apparente ne cache pas la véritable, adroitement déguisée; si c'est par ignorance, par nécessité, parce qu'on n'a pas d'autres moyens, ou par envie de profiter de celui-là, que l'on veut intenter l'action de cette manière, et poursuivre le jugement, ou si la marche qu'on suit est régulière. Le lieu commun à développer contre celui qui demande l'exception, c'est de dire qu'il veut se soustraire au jugement et à la peine, parce qu'il se défie de sa cause. Il doit répondre qu'il n'y aurait plus que désordre partout, si l'on ne procède pas, si les jugemens ne sont pas rendus, conformément à la loi; c'est-à-dire, s'il est permis de poursuivre celui qu'on ne devrait pas, de changer la peine, la cause et le temps de l'accusation; qu'un pareil abus troublerait toute l'économie de la justice. Telle est la manière de traiter ces trois états de causes, qui n'ont point de parties. Maintenant passons à la question de genre et à ses divisions.

XXI. Quand le fait n'étant point contesté, ni le nom

ulla actionis illata controversia, vis et natura, et genus negotii ipsius quæritur; constitutionem generalem appellamus. Hujus primas esse partes duas nobis videri diximus, negotialem, et juridicialem. Negotialis est, quæ in ipso negotio juris civilis habet implicatam controversiam. Ea est hujusmodi : « Quidam pupillum heredem fecit; pupillus autem ante mortuus est, quam in suam tutelam venisset. De hereditate ea, quæ pupillo venit, inter eos, qui patris pupilli heredes secundi sunt, et inter agnatos pupilli controversia est. Possessio heredum secundorum est. » Intentio est agnatorum, « Nostra pecunia est, de qua is, cujus agnati sumus, testatus non est. » Depulsio est, « Imo nostra, qui heredes secundi testamento patris sumus. » Quæstio est, « Utrorum sit. » Ratio est, « Pater enim et sibi, et filio testamentum scripsit, dum is pupillus esset. Quare, quæ filii fuerunt, testamento patris nostra fiant necesse est. » Infirmatio est rationis, « Imo pater sibi scripsit, et secundum heredem non filio, sed sibi jussit esse. Quare, præterquam quod ipsius fuit, testamento illius vestrum esse non potest. » Judicatio, « Possitne quisquam de filii pupilli retestari; an heredes secundi, ipsius patrisfamilias, non filii quoque ejus pupilli heredes sint. » Atque hoc non alienum est, quod ad multa pertineat, ne aut nusquam, aut usquequaque dicatur, hic admonere. Sunt causæ, quæ plures habent rationes in sim-

qu'il faut lui donner, et aucune difficulté ne s'élevant sur la procédure, c'est le caractère, la nature, le genre du fait qu'il s'agit de déterminer, c'est ce qui s'appelle une question de genre. J'ai dit plus haut qu'elle se divisait en deux parties principales, négociale et juridiciaire. La première est celle qui offre, dans le fait même de la cause, un point de droit civil à discuter. Exemple : «Un mineur a été fait héritier ; il meurt avant d'avoir atteint sa majorité ; les héritiers substitués du père et les agnats du mineur se disputent son hérédité. Les héritiers substitués sont en possession.» Les agnats demandeurs viennent dire : «Les biens dont notre agnat n'a point disposé nous appartiennent.» — «Non, répondent les défendeurs, mais à nous qui sommes héritiers substitués par le père.» La question est : «A qui appartiennent-ils?» — La raison : « Le testament du père est celui du fils ; par conséquent les biens du fils sont à nous par le testament du père. » — La réfutation : «Non, le père n'a testé que pour lui seul : ce n'est pas pour son fils, mais pour lui-même qu'il a institué des héritiers seconds ; ainsi son testament ne peut vous donner que les biens qui lui appartenaient. » Le point à juger : «Peut-on par testament disposer des biens d'un fils mineur, ou les héritiers substitués du père n'ont-ils pas droit en même temps à l'hérédité de son fils mineur?» Je crois à propos de faire ici, pour ne pas l'omettre, ni la répéter toujours, une observation générale : il est des causes qui, n'offrant qu'une seule question à résoudre, s'appuient cependant sur plusieurs raisons, comme il arrive quand il y a plusieurs manières de justifier un fait ou d'établir une proposition, dans celle que je viens d'exposer, par exemple. Supposons qu'un des héritiers allègue cette raison : «Il n'est pas

plici constitutione : quod fit, quum id, quod factum est, aut quod defenditur, pluribus de causis rectum, aut probabile videri potest, ut in hac ipsa causa. Supponatur enim ab heredibus hæc ratio : « Unius enim pecuniæ plures, dissimilibus de causis, heredes esse non possunt; nec unquam factum est, ut ejusdem pecuniæ alius testamento, alius lege heres esset; » infirmatio hæc erit, « Non est una pecunia : propterea, quod altera jam erat pupilli adventitia; cujus heres non, illo tempore, testamento quisquam scriptus erat, si quid pupillo accidisset : et de altera, patris etiam nunc mortui voluntas plurimum valebat, quæ jam mortuo pupillo suis heredibus concedebat. »

Judicatio est, « Unane pecunia fuerit : » ac, si hac erunt usi infirmatione, « Posse plures esse unius pecuniæ heredes dissimilibus de causis; » de eo ipso judicatio nascitur, « Possintne ejusdem pecuniæ plures dissimilibus generibus esse heredes. »

XXII. Ergo una in constitutione intellectum est, quomodo et rationes, et rationum infirmationes et præterea judicationes plures fiant. Nunc hujus generis præcepta videamus. Utrisque, aut etiam omnibus, si plures ambigent, jus ex quibus rebus constet, est considerandum. Initium ergo ejus ab natura ductum videtur; quædam autem ex utilitatis ratione aut perspicua nobis, aut obscura, in consuetudinem venisse; post autem, appro-

possible qu'un seul héritage appartienne à plusieurs à des titres différens ; et jamais on n'a vu deux héritiers, l'un testamentaire, l'autre légitime, concourir ensemble pour un même bien. » On lui répondra : « Il ne s'agit pas d'une seule hérédité ; le mineur avait déjà des biens adventices, et il n'y avait point encore d'héritiers désignés pour le cas où il viendrait à mourir : quant aux autres biens, il faut suivre la volonté du père défunt, qui, au décès du mineur, les a donnés à ses propres héritiers. »

N'y a-t-il qu'une seule et même hérédité ? Voilà le point à juger ; et si l'on a opposé que, « Des titres différens peuvent donner droit à une seule et même hérédité, » il en résulte ce nouveau point à juger : « Est-il possible que plusieurs soient héritiers d'un seul et même bien à des titres différens ? »

XXII. On comprend ainsi qu'une seule question peut offrir plusieurs raisons, plusieurs réfutations, et aussi plusieurs points à juger. Voyons maintenant les règles propres à ces sortes de causes. Les deux parties, ou toutes les parties, s'il y en a plusieurs, doivent examiner ce qui constitue le droit. Il a ses principes dans la nature ; mais des raisons d'utilité plus ou moins reconnue ont introduit certaines coutumes ; puis des règlemens consacrés par l'usage, ou véritablement utiles, ont reçu la sanction de la loi. Il est un droit naturel, qui ne se

bata quædam, aut a consuetudine aut a vero utilia visa, legibus esse firmata : ac naturæ quidem jus esse, quod nobis non opinio, sed quædam innata vis afferat, ut religionem, pietatem, vindicationem, observantiam, veritatem. Religionem, eam, quæ in metu et cærimonia deorum sit, appellant; pietatem, quæ erga patriam, aut parentes, aut alios sanguine conjunctos officium conservare moneat; gratiam, quæ in memoria et remuneratione officiorum, et honoris, et amicitiarum observantiam teneat; vindicationem, per quam, vim, et contumeliam, defendendo, aut ulciscendo, propulsamus a nobis, et a nostris, qui nobis esse cari debent, et per quam peccata punimus; observantiam, per quam ætate, aut sapientia, aut honore, aut aliqua dignitate antecedentes veremur et colimus; veritatem, per quam damus operam, ne quid aliter, quam confirmaverimus, fiat, aut factum aut futurum sit. Ac naturæ quidem jura minus ipsa quæruntur ad hanc controversiam, quod neque in hoc civili jure versantur, et a vulgari intelligentia remotiora sunt; ad similitudinem vero aliquam, aut ad rem amplificandam sæpe sunt inferenda.

Consuetudinis autem jus esse putatur id, quod voluntate omnium sine lege vetustas comprobarit. In ea autem jura sunt quædam ipsa jam certa propter vetustatem. Quo in genere et alia sunt multa, et eorum multo maxima pars, quæ prætores edicere consuerunt. Quæ-

fonde pas sur l'opinion, mais qui est inné dans le cœur humain, comme la religion, la piété, la reconnaissance, la vengeance, le respect, la vérité. La crainte des dieux et le culte qu'on leur rend constituent la religion. La piété comprend les devoirs que nous avons à remplir envers notre patrie, nos parens, et ceux qui nous sont unis par les liens du sang. La reconnaissance nous oblige à nous souvenir des bienfaits, à les rendre, ainsi que l'honneur et l'amitié qu'on nous accorde. La vengeance nous porte à repousser ou à punir la violence ou l'injure qui nous est faite à nous personnellement, ou à ceux que nous devons chérir; elle comprend aussi le châtiment des crimes. Le respect, c'est l'honneur et l'hommage qu'il faut rendre à ceux que leur âge, leur sagesse, leurs dignités, leur mérite enfin, élèvent au dessus de nous. La vérité veut que dans le présent, dans le passé, dans l'avenir, rien ne puisse démentir ce que nous affirmons. Il est rare que l'on invoque le droit naturel dans une cause de ce genre; il a peu de rapport avec le droit civil, et d'ailleurs il n'est guère à la portée du vulgaire; mais il peut servir quelquefois pour la similitude ou l'amplification.

Le droit fondé sur la coutume est celui que le temps et la volonté générale ont consacré sans l'intervention de la loi. Celle-ci même comprend, si je puis le dire, plusieurs droits que leur ancienneté a rendus légitimes: le nombre en est grand; mais la majeure partie est contenue dans les édits des préteurs. D'autres espèces

dam autem genera juris jam certa consuetudine facta sunt : quod genus, pactum, par, judicatum. Pactum est, quod inter aliquos convenit, quod jam ita justum putatur, ut jure præstari dicatur. Par, quod in omnes æquabile est. Judicatum, de quo jam ante sententia alicujus, aut aliquorum constitutum est. Jam jura legitima ex legibus cognosci oportebit. His ergo ex partibus juris, quidquid aut ex ipsa re, aut ex simili, aut ex majore minoreve nasci videbitur, attendere, atque elicere pertentando unamquamque partem juris oportebit. Locorum autem communium, quoniam (ut ante dictum est) duo sunt genera, quorum alterum dubiæ rei, alterum certæ continet amplificationem, quid ipsa causa det, et quid augeri per communem locum possit et oporteat, considerabitur. Nam certi, qui in omnes incidant, loci, præscribi non possunt : in plerisque fortasse ab auctoritate jurisconsultorum, et contra auctoritatem dici oportebit. Attendendum est autem et in hac, et in omnibus, num quos locos communes, præter eos, quos exposuimus, ipsa res ostendat. Nunc juridiciale genus et partes ejus consideremus.

XXIII. Juridicialis est, in qua æqui et iniqui natura, et præmii aut pœnæ ratio quæritur. Hujus partes sunt duæ, quarum alteram absolutam, assumtivam alteram nominamus. Absoluta est, quæ ipsa in se, non ut negotialis implicite et abscondite, sed patentius et expeditius

de droits sont légitimées par la coutume, comme le contrat, l'équité, la chose jugée. Le contrat est une convention particulière, mais regardée comme si obligatoire, qu'on dit que son exécution est de droit. L'équité exprime l'idée d'un droit égal pour tous. La chose jugée est une décision antérieure, rendue par un seul ou par plusieurs juges. Quant au droit légal, c'est dans la loi même qu'on le trouve. Il faut donc chercher dans chacune de ces parties du droit tout ce que peut fournir le fait même, ou un autre semblable, ou plus ou moins important, et sonder avec soin toutes ses parties. Comme il y a deux sortes de lieux communs, ainsi que je l'ai dit plus haut, les uns servant à développer un point douteux, les autres un point évident, il faudra considérer les circonstances mêmes de la cause, et quels sont les lieux communs qui peuvent et doivent y trouver place. Car il est impossible de les déterminer d'avance pour toutes les causes; dans presque toutes, il faut invoquer l'autorité des jurisconsultes, ou l'attaquer. On examinera si, dans la cause présente et dans toutes les autres, outre ces lieux communs que je viens d'exposer, l'affaire même n'en fournit pas d'autres encore. Passons maintenant à la question juridiciaire et à ses parties.

XXIII. La question juridiciaire est celle où l'on discute le droit ou le tort, la récompense ou la peine. Elle offre deux parties, l'une absolue, l'autre accessoire. L'absolue est celle où la question de droit ou de tort se trouve, non pas implicitement comprise et cachée, comme dans la question négociale, mais saillante, et

recti et non recti quæstionem continet. Ea est hujusmodi : « Quum Thebani Lacedæmonios bello superavissent, et fere mos esset Graiis, quum inter se bellum gessissent, ut ii, qui vicissent, tropæum aliquod in finibus statuerent, victoriæ modo in præsentia declarandæ causa, non ut in perpetuum belli memoria maneret; æneum statuerunt tropæum. Accusantur apud Amphictyonas, id est, apud commune Græciæ concilium. » Intentio est, « Non oportuit. » Depulsio est, « Oportuit. » Quæstio est, « Oportueritne. » Ratio est, « Eam enim ex bello gloriam virtute peperimus, ut ejus æterna insignia posteris nostris relinquere vellemus. » Infirmatio est, « Attamen æternum inimicitiarum monumentum Graios de Graiis statuere non oportet. » Judicatio est, « Quum summæ virtutis celebrandæ causa Graii de Graiis æternum inimicitiarum monumentum statuerint, rectene, an contra fecerint. » Hanc ideo rationem subjecimus, ut hoc causæ genus ipsum, de quo agimus, cognosceretur. Nam si eam supposuissemus, qua fortasse usi sunt : « Non enim juste, neque pie bellum gessistis; » in relationem criminis delaberemur, de qua post loquemur. Utrumque autem causæ genus in hanc causam incidere perspicuum est. In hanc argumentationes ex iisdem locis sumendæ sunt, atque in causam negotialem, qua de ante dictum est. Locos autem communes et ex causa ipsa, si quid inerit indigna-

nettement posée. En voici un exemple : « Vainqueurs de Lacédémone, les Thébains, suivant l'usage presque général chez les Grecs d'élever un trophée sur les confins de leur territoire, après un avantage obtenu dans leurs guerres particulières, avaient dressé un trophée d'airain, non pour éterniser le souvenir de cette guerre, mais comme un témoignage actuel de la victoire qu'ils avaient remportée. On les accuse devant le conseil des Amphictyons, c'est-à-dire, dans l'assemblée générale des Grecs. »—« Ils ne le devaient pas, » dit l'accusation. « Ils le devaient, » répond la défense. « Le devaient-ils ? » voilà la question. La raison des Thébains est celle-ci : « La gloire acquise par nous à la guerre était assez grande pour que nous voulussions en laisser un monument éternel à nos descendans. » On la réfute ainsi : « Mais il ne convient pas à des Grecs de dresser un monument éternel de leurs divisions. » Voici le point à juger : « Convient-il, ou ne convient-il pas à des Grecs d'élever, en l'honneur de leur courage héroïque, un monument éternel des divisions de la Grèce ? » La raison que je mets ici dans la bouche des Thébains n'a pour but que de faire connaître le genre de cause dont je traite. En rappelant celle qu'ils ont probablement alléguée, « La guerre que vous nous avez faite est injuste et impie, » j'aurais trouvé la récrimination, qui ne viendra que plus tard. Il est certain que cette cause présente ces deux genres de questions. Pour celle qui se rencontre ici, les argumens se tirent des mêmes lieux que pour la question négociale. Quant aux lieux communs, la cause elle-même, pour peu qu'elle offre de matière à l'indignation ou à la plainte, comme aussi l'utilité et la nature du droit, en fourniront de nombreux et de solides, qu'il sera permis, et même né-

tionis aut conquestionis, et ex juris utilitate et natura multos et graves sumere licebit, et oportebit, si causæ dignitas videbitur postulare.

XXIV. Nunc assumtivam partem juridicialis consideremus. Assumtiva igitur tunc dicitur, quum ipsum ex se factum probari non potest, aliquo autem foris adjuncto argumento defenditur. Ejus partes sunt quatuor : comparatio, relatio criminis, remotio criminis, concessio.

Comparatio est, quum aliquod factum, quod per se ipsum non sit probandum, ex eo, cujus id causa factum est, defenditur. Ea est hujusmodi : « Quidam imperator, quum ab hostibus circumsideretur, neque effugere ullo modo posset, depactus est cum eis, ut arma et impedimenta relinqueret, milites educeret; itaque fecit; armis et impedimentis amissis, præter spem milites conservavit. Accusatur majestatis. » Incurrit huc definitio. Sed nos hunc locum, de quo agimus, consideremus.

Intentio est, « Non oportuit arma et impedimenta relinquere. » Depulsio est, « Oportuit. » Quæstio est, « Oportueritne. » Ratio est, « Milites enim omnes periissent. » Infirmatio est, aut conjecturalis, « Non periissent; » aut altera conjecturalis, « Non ideo fecisti. » Ex quibus sunt judicationes, « Periissentne; » et, « Ideone fecerit; » aut hæc comparativa, cujus nunc indigemus, « At enim satius fuit amittere milites, quam arma et

cessaire d'employer, si l'importance de la cause paraît l'exiger.

XXIV. Considérons maintenant la question juridiciaire accessoire. Cette question se présente quand le fait ne porte pas en lui-même sa justification, et qu'il faut la fonder sur des considérations étrangères. Elle offre quatre parties : l'alternative, la récrimination, le recours et l'aveu.

L'alternative s'emploie pour justifier, par les motifs, un fait en lui-même condamnable. Par exemple : « Un général enveloppé par les ennemis, et dans l'impuissance de s'échapper, capitule avec eux, et convient d'emmener ses soldats en laissant armes et bagages ; la convention s'exécute : en sacrifiant armes et bagages, il sauve au moins ses soldats contre toute espérance. On l'accuse de lèse-majesté. » Il faut ici une définition. Mais ne pensons qu'à l'objet qui nous occupe actuellement.

L'accusation dit : « Il ne fallait pas laisser armes et bagages. » La défense répond : « Il le fallait. » La question est : « Le fallait-il ? » La raison : « C'est que tous les soldats auraient péri. » On la réfute par cette objection conjecturale : « Ils n'auraient point péri ; » ou par cette autre : « Ce n'a pas été là votre motif ; » ce qui donne deux points à juger : « Les soldats auraient-ils péri ? » et « Était-ce là son motif ? » ou par cette autre, qui appartient à l'alternative : « Mais il valait mieux perdre tous

impedimenta hostibus concedere. » Ex qua judicatio nascitur, « Quum omnes perituri milites essent, nisi ad hanc pactionem venissent, utrum satius fuerit amittere milites, an ad hanc conditionem venire. »

Hoc causæ genus ex his locis tractare oportebit, et adhibere ceterarum quoque constitutionum rationem atque præcepta; ac maxime conjecturis faciendis infirmare illud, quod cum eo, quod crimini dabitur, ii, qui accusabuntur, comparabunt. Id fiet, si aut id, quod dicent defensores futurum fuisse, nisi id factum esset, quo de facto judicium est, futurum fuisse negabitur; aut si alia ratione, et aliam ob causam, ac dicet se reus fecisse, demonstrabitur esse factum. Ejus rei confirmatio, et item contraria de parte infirmatio ex conjecturali constitutione sumetur. Sin autem certo nomine maleficii vocabitur in judicium; sicut in hac causa (nam majestatis arcessitur), definitione et definitionis præceptis uti oportebit.

XXV. Atque hoc quidem plerumque in genere accidit, ut et conjectura et definitione utendum sit. Sin aliud quoque aliquod genus incidet, ejus generis præcepta licebit huc pari ratione transferre. Nam accusatori maxime est in hoc elaborandum, ut id ipsum factum, propter quod sibi reus concedi putat oportere, quam plurimis infirmet rationibus. Quod facile est, si quam plurimis constitutionibus aggreditur id improbare.

ses soldats, que d'abandonner à l'ennemi ses armes et ses bagages;» d'où naît ce point à juger : « Tous les soldats devant périr sans cette capitulation, lequel valait mieux de perdre ses soldats ou de l'accepter?»

C'est ainsi qu'on doit traiter ce genre de cause, en suivant du reste la marche et les règles tracées pour toutes les autres questions, et surtout en réfutant, par des conjectures, l'alternative présentée par l'accusé. Pour cela, il faut nier que le fait qu'il présente comme ayant dû nécessairement arriver, s'il n'eût point fait ce dont on l'accuse, fût réellement arrivé; ou démontrer qu'il avait des raisons et des motifs différens de ceux qu'il allègue pour agir comme il a fait. C'est dans la question conjecturale qu'il faut chercher les argumens pour et contre cette assertion; ou bien, quand le crime qui donne matière à la poursuite est clairement qualifié, comme dans cette cause où le général est accusé de lèse-majesté, c'est à la définition et à ses règles qu'il faut avoir recours.

XXV. Il arrive le plus souvent que, dans les causes de ce genre, on doit employer tout ensemble les conjectures et la définition; et si quelque autre question s'y rencontre encore, on pourra de même suivre les règles qui lui sont propres. Car le but principal de l'accusateur est de réunir le plus d'objections qu'il pourra contre le fait que l'accusé veut établir. C'est en multipliant les questions le plus possible, qu'il parvient à ruiner son système de défense.

Ipsa autem comparatio, separata a ceteris generibus controversiarum, sic ex sua vi considerabitur, si illud, quod comparabitur, aut non honestum, aut non utile, aut non necessarium fuisse, aut non tantopere utile, aut non tantopere honestum, aut non tantopere necessarium demonstrabitur.

Deinde oportet accusatorem illud, quod ipse arguat, ab eo, quod defensor comparat, separare. Id autem faciet, si demonstrabit, non ita fieri solere, neque oportere, neque esse rationem, quare hoc propter hoc fiat, ut, propter salutem militum, ea, quæ salutis causa comparata sunt, hostibus tradantur. Postea comparare oportebit cum beneficio maleficium, et omnino id, quod arguitur, cum eo, quod factum ab defensore laudatur, aut faciendum fuisse demonstrabitur, contendere, et hoc extenuando, maleficii magnitudinem simul adaugere. Id fieri poterit, si demonstrabitur, honestius, utilius, magis necessarium fuisse id, quod vitarit reus, quam illud, quod fecerit. Honesti autem et utilis et necessarii vis et natura in deliberationis præceptis cognoscetur.

Deinde oportebit ipsam illam comparativam judicationem exponere, tanquam causam deliberativam, et de ea ex deliberationis præceptis deinceps dicere. Sit enim hæc judicatio, quam ante exposuimus : «Quum omnes perituri milites essent, nisi ad hanc pactionem

En considérant l'alternative séparément et en elle-même, on fera voir que le fait qui sert de point de comparaison n'est ni honnête, ni utile, ni nécessaire, ou que du moins il ne l'est pas autant que l'accusé voudrait le faire croire.

L'accusateur doit ensuite séparer le fait qu'il incrimine de l'alternative présentée par l'accusé, en démontrant qu'il n'en va pas ainsi d'ordinaire, qu'aucune nécessité, qu'aucune raison n'autorise à livrer à l'ennemi, pour le salut des soldats, les instrumens mêmes de leur salut. Il faut ensuite comparer le bien et le mal, mettre enfin en parallèle le fait que l'on accuse, et celui que l'accusé présente comme louable ou nécessaire, en affaiblir le mérite, en faire ressortir l'indignité. Pour cela il faut démontrer que ce qu'il a voulu éviter était plus honorable, plus utile, plus nécessaire que ce qu'il a fait. Je ferai connaître, en exposant les règles du genre délibératif, ce que c'est que l'honneur, l'utilité, la nécessité.

Il faut ensuite poser cette question d'alternative, comme une question du genre délibératif, et suivre les règles de ce même genre, dans le cours de la plaidoirie. Prenons pour exemple le point à juger que j'ai posé plus haut : « Tous les soldats devant périr sans cette capitulation, lequel valait mieux de les laisser périr ou de

venissent, utrum satius fuerit perire milites, an ad hanc pactionem venire.» Hoc ex locis deliberationis, quasi aliquam in consultationem res veniat, tractari oportebit.

XXVI. Defensor autem, quibus in locis ab accusatore aliæ constitutiones erunt inductæ, in iis ipse quoque ex iisdem constitutionibus defensionem comparabit; ceteros autem omnes locos, qui ad ipsam comparationem pertinebunt, ex contrario tractabit.

Loci communes erunt, accusatoris, in eum, qui quum de facto turpi aliquo, aut inutili, aut utroque fateatur, quærat tamen aliquam defensionem, et facti inutilitatem, aut turpitudinem cum indignatione proferre; defensoris, nullum factum inutile, neque turpe, neque item utile, neque honestum putari oportere, nisi, quo animo, quo tempore, qua de causa factum sit, intelligatur: qui locus ita communis est, ut bene tractatus in hac causa, magno ad persuadendum momento futurus sit; et alter locus, per quem, magna cum amplificatione, beneficii magnitudo ex utilitate, aut honestate, aut facti necessitudine demonstratur; et tertius, per quem res expressa verbis, ante oculos eorum, qui audiunt, ponitur, ut ipsi se quoque idem facturos fuisse arbitrentur, si sibi illa res, atque ea faciendi causa per idem tempus accidisset.

Relatio criminis est, quum reus id, quod arguitur,

l'accepter ? » Il faut traiter cette question suivant les règles du genre délibératif, comme si l'on avait à donner son avis dans une délibération.

XXVI. Le défendeur doit chercher les moyens de justification dans les mêmes questions accessoires que l'accusateur aura traitées ; et pour celles que renferme l'alternative elle-même, il les développera dans le sens contraire à celui de l'accusation.

Quant aux lieux communs propres à chacune des parties, l'accusateur devra s'élever avec force contre l'accusé qui, tout en s'avouant coupable d'une action infâme ou funeste, ou de toutes les deux ensemble, cherche pourtant à se défendre, et lui reprocher avec indignation l'infamie et les fâcheux résultats de ce qu'il a fait ; le défenseur dira qu'on ne peut juger des avantages et des inconvéniens, de la gloire ou de l'infamie d'une action, sans en connaître l'intention, le temps et le motif. Ce lieu commun bien traité sera, dans cette cause, un puissant moyen de persuasion ; le second lieu commun, c'est de démontrer, avec beaucoup de développement, l'importance du service par des considérations d'utilité, d'honneur et de nécessité ; le troisième sert à exposer le fait, et à mettre sous les yeux des auditeurs une peinture si vive, qu'ils se persuadent qu'eux-mêmes, avec les mêmes motifs et les mêmes circonstances, ils n'auraient pas agi autrement en pareille occasion.

La récrimination a lieu quand l'accusé, convenant du

confessus, alterius se inductum peccato, jure fecisse demonstrat. Ea est hujusmodi : « Horatius, occisis tribus Curiatiis, et duobus amissis fratribus, domum se victor recepit. Is animadvertit sororem suam de fratrum morte non laborantem; sponsi autem nomen appellantem identidem Curiatii cum gemitu et lamentatione. Indigne passus, virginem occidit. Accusatur. »

Intentio est, « Injuria sororem occidisti. » Depulsio est, « Jure occidi. » Quæstio est, « Jurene occiderit. » Ratio est, « Illa enim hostium mortem lugebat, fratrum negligebat; me et populum romanum vicisse moleste ferebat. » Infirmatio est, « Tamen a fratre indemnatam necari non oportuit. » Ex qua judicatio fit : « Quum Horatia fratrum mortem negligeret, hostium lugeret, fratris et populi romani victoria non gauderet, oportueritne eam a fratre indemnatam necari. »

XXVII. Hoc in genere causæ, primum si quid ex ceteris dabitur constitutionibus, sumi oportebit, sicut in comparatione præceptum est; postea si qua facultas erit, per aliquam constitutionem illum, in quem crimen transfertur, defendere; deinde, levius esse, quod in alterum peccatum reus transferat, quam quod ipse susceperit; postea translationis partibus uti, et ostendere, a quo, et per quos, et quo modo, et quo tempore aut agi, aut judicari, aut statui de ea re convenerit; ac simul ostendere, non opor-

fait, s'en justifie en prouvant que le tort d'un autre l'a mis dans son droit. Par exemple : « Horace, après la mort des trois Curiaces et de ses deux frères, se retira victorieux dans sa maison. Là il vit que sa sœur, au lieu de pleurer la mort de ses frères, prononçait de temps en temps, avec des sanglots et des larmes, le nom de celui des trois Albains auquel elle était fiancée. Transporté de colère, il tua cette jeune fille. On le met en accusation. »

L'accusateur dit : « Vous avez tué votre sœur sans aucun droit. » Il répond : « J'en avais le droit. » La question est : « Avait-il le droit de la tuer ? » Il donne pour raison : « Elle pleurait la mort de mon ennemi, non celle de ses frères ; maudissait ma victoire et celle du peuple romain. » Son adversaire lui répond : « Son frère n'avait pas pour cela le droit de la tuer sans qu'elle fût condamnée. » De là naît le point à juger : « Horatia, pour avoir pleuré la mort de nos ennemis, non celle de ses frères, et n'avoir témoigné aucune joie de la victoire du peuple romain, pouvait-elle être justement mise à mort par son frère, sans avoir été condamnée ? »

XXVII. Dans une cause de ce genre, il faut d'abord prendre dans les autres questions les moyens qui peuvent convenir, comme je l'ai prescrit pour l'alternative ; puis trouver, s'il est possible, quelque question pour servir à la défense de celui sur qui l'accusé rejette le crime ; prouver que le tort qu'il lui impute est moins grave que celui dont lui-même s'est rendu coupable ; puis employer les argumens propres à la récusation ; montrer par qui, devant qui, comment, dans quel temps l'affaire devait être portée, plaidée, jugée, et montrer en même temps que le supplice ne devait point devancer la con-

tuisse ante supplicium, quam judicium, interponere. Tum leges quoque et judicia demonstranda sunt, per quæ potuerit id peccatum, quod sponte sua reus punitus sit, moribus et judicio vindicari. Deinde negare debebit, audiri oportere id, quod in eum criminis conferatur, de quo is ipse, qui conferat, judicium fieri noluerit; et id, quod judicatum non sit, pro infecto haberi oportere; postea impudentiam demonstrare eorum, qui eum nunc apud judices accusent, quem sine judicibus ipsi condemnarint, et de eo judicium faciant, de quo jam ipsi supplicium sumserint. Postea perturbationem judicii futuram dicemus, et judices longius, quam potestatem habeant, progressuros, si simul et de reo, et de eo, quem reus arguat, judicarint; deinde, hoc si constitutum sit, ut peccata homines peccatis, et injurias injuriis ulciscantur, quantum incommodorum consequatur; ac si idem facere ipse, qui nunc accuset, voluisset, ne hoc quidem ipso quidquam opus fuisse judicio; si vero ceteri quoque idem faciant, omnino judicium nullum futurum.

Postea demonstrabitur, ne si judicio quidem illa damnata esset, in quam id crimen ab eo conferatur, potuisse hunc ipsum de illa supplicium sumere : quare esse indignum, eum, qui ne de damnata quidem pœnas sumere potuisset, de ea supplicium sumsisse, quæ ne adducta quidem sit in judicium. Deinde postulabit, ut legem, qua lege fecerit, proferat.

damnation. Il faut citer aussi les lois et les jugemens qui pouvaient amener, par des voies honnêtes et légales, le châtiment d'un crime puni par un acte arbitraire. L'accusateur soutiendra de plus qu'il n'en faut point croire le témoignage de l'accusé sur le fait qu'il reproche à sa victime, quand lui-même n'a pas voulu qu'il fût porté devant les juges; qu'on doit regarder comme non avenu ce qui n'a point été jugé : il montrera l'impudence de ces hommes qui viennent accuser devant les juges celui qu'ils ont eux-mêmes condamné sans juges, et dont ils poursuivent le jugement après l'avoir puni de leur seule autorité. Puis on dira que c'est porter le désordre dans les jugemens, et que les juges même dépasseraient les bornes de leur pouvoir, en jugeant à la fois l'accusé et celui qu'il accuse ; ce principe une fois établi de punir un crime par un crime, une injustice par une autre, que de maux n'en résulterait-il pas ? Si l'accusateur avait voulu faire comme l'accusé, il n'y aurait pas besoin de jugement ; et si tout le monde suivait ce même exemple, il n'y aurait plus de tribunaux.

On fera voir ensuite que, quand même la sœur de l'accusé, sur laquelle celui-ci rejette son crime, eût été légalement condamnée, ce n'était point à lui de la punir. C'est donc une indignité à lui, qui n'avait point le droit de la punir condamnée, de l'avoir punie avant qu'elle eût été même appelée devant les juges. Puis on lui demandera de citer la loi en vertu de laquelle il a agi.

Deinde quemadmodum in comparatione præcipiebamus, ut illud, quod comparabitur, extenuaretur ab accusatore quam maxime : sic in hoc genere oportebit illius culpam, in quem crimen transferetur, cum hujus maleficio, qui se jure fecisse dicat, comparare. Postea demonstrandum est, non esse illud ejusmodi, ut ob id hoc fieri conveniret. Extrema est, ut in comparatione, assumtio judicationis, et de ea per amplificationem ex deliberationis præceptis dictio.

XXVIII. Defensor autem, quæ per alias constitutiones inducentur, ex iis locis, qui traditi sunt, infirmabit; ipsam autem relationem comprobabit, primum augendo ejus, in quem refert crimen, culpam et audaciam, et quam maxime per indignationem, si res feret, juncta conquestione, ante oculos ponendo; postea levius demonstrando reum punitum, quam sit ille promeritus, suum supplicium cum illius injuria conferendo. Deinde oportebit eos locos, qui ita erunt ab accusatore tractati, ut refelli, et contrariam in partem converti possint, quo in genere sunt tres extremi, contrariis rationibus infirmare. Illa autem acerrima accusatorum criminatio, per quam perturbationem fore omnium judiciorum demonstrant, si de indemnato supplicii sumendi potestas data sit, levabitur, primum si ejusmodi demonstrabitur injuria, ut non modo viro bono, verum omnino homini libero videatur non fuisse toleranda; deinde ita perspi-

Il faudra aussi, comme je l'ai enseigné pour l'alternative, affaiblir autant que possible l'importance du fait mis en parallèle. Ainsi, on devra comparer la faute de celui à qui l'accusé renvoie l'accusation, avec le crime de celui qui prétend n'avoir rien fait contre la justice ; puis on démontrera que la faute du premier ne pouvait en rien justifier celle du second ; et enfin, comme dans l'alternative, on doit reprendre le point à juger, et le développer par l'amplification suivant les règles du genre délibératif.

XXVIII. Le défenseur, de son côté, emploiera, pour réfuter les argumens tirés des autres questions, les lieux communs que j'ai indiqués. Il doit appuyer la récrimination, d'abord en exagérant le crime et la scélératesse de celui qu'il accuse, et surtout en les retraçant, si le sujet le comporte, avec un accent d'indignation mêlée de plaintes ; puis en démontrant que le coupable n'a pas été même assez puni, et en comparant la faute avec le châtiment. Ensuite, il faudra réfuter, par des raisons contraires, les lieux communs que l'accusateur aura traités de manière à ce qu'on puisse les rétorquer et les retourner contre lui, comme les trois derniers dont j'ai parlé. Quant à ce moyen si puissant de l'accusation, que ce serait porter le trouble dans tous les jugemens que de permettre, à qui que ce soit, de punir un homme qui n'aurait point été condamné, il faut en affaiblir l'effet, d'abord en montrant que le crime était tel que, non pas un homme vertueux, mais seulement un homme libre ne devait pas le souffrir ; si évident, que le coupable même ne le niait pas ; tel, en un mot, que celui qui l'a puni le

cua, ut ne ab ipso quidem, qui fecisset, in dubium vocaretur; deinde ejusmodi, ut in eam is maxime debuerit animadvertere, qui animadverterit; ut non tam rectum, non tam fuerit honestum, in judicium illam rem pervenire, quam eo modo, atque ab eo vindicari, quo modo et a quo sit vindicata; postea sic rem fuisse apertam, ut judicium de ea re fieri nihil attinuerit. Atque hic demonstrandum est rationibus, et rebus similibus, permultas ita atroces, et perspicuas res esse, ut de his non modo non necesse sit, sed ne utile quidem, quam mox judicium fiat, exspectare.

Locus communis accusatoris in eum, qui quum id, quod arguitur, negare non possit, tamen aliquid sibi spei comparet ex judiciorum perturbatione. Atque hic utilitatis judiciorum demonstratio, et de eo conquestio, qui supplicium dederit indemnatus; in ejus autem, qui sumserit, audaciam et crudelitatem, indignatio. Ab defensore, in ejus, quem ultus sit, audaciam sui conquestione : rem non ex nomine ipsius negotii, sed ex consilio ejus, qui fecerit, et causa, et tempore considerari oportere : quid mali futurum sit, aut ex injuria, aut ex scelere alicujus, nisi tanta, et tam perspicua audacia ab eo, ad cujus famam, aut ad parentes, aut ad liberos pertinuerit, aut ad aliquam rem, quam caram esse omnibus, aut necesse est, aut oportet esse, fuerit vindicata.

devait plus que tout autre; que la justice et la convenance demandaient moins qu'il fût poursuivi devant les tribunaux, que puni comme il l'a été, et de la main qui s'est chargée de le punir. Enfin, il a été si peu caché, qu'un jugement n'eût servi de rien en pareil cas. Et ici l'on démontrera, par des raisons et des similitudes, qu'il est un grand nombre de crimes, si évidens et si atroces, qu'il n'est point nécessaire, ni même utile, d'en attendre le jugement, si prompt qu'il puisse être.

L'accusateur a ici un lieu commun contre l'accusé qui, ne pouvant nier le fait qu'on lui reproche, fonde néanmoins quelque espérance sur le renversement de la justice. Il démontrera l'utilité des jugemens, plaindra le malheur de la victime immolée sans condamnation, et s'indignera contre la scélératesse et la cruauté de son bourreau. L'accusé, au contraire, exhalera son indignation contre la scélératesse de celui qu'il a puni, avec des plaintes sur lui-même. Il dira qu'il ne faut pas juger du fait par le nom qu'on lui donne, mais par le motif, le temps et l'intention. Quelles conséquences fatales n'entraînerait pas l'injustice ou le crime, si un attentat de cette nature et aussi évident n'avait été puni par celui qu'il frappait dans sa réputation, dans ses parens, dans ses enfans, dans quelqu'un enfin de ces intérêts qui sont ou qui doivent être chers à tous les hommes?

XXIX. Remotio criminis est, quum ejus intentio facti, quod ab adversario infertur, in alium, aut in aliud demovetur. Id fit bipertito. Nam tum causa, tum res ipsa removetur. Causæ remotionis hoc nobis exemplo sit : « Rhodii quosdam legarunt Athenas. Legatis quæstores sumtum, quem oportebat dari, non dederunt. Legati profecti non sunt. Accusantur. » Intentio est, « Proficisci oportuit. » Depulsio est, « Non oportuit. » Quæstio est, « Oportueritne. » Ratio est, « Sumtus enim, qui de publico dari solet, is ab quæstore non est datus. » Infirmatio est, « Vos tamen id, quod publice vobis datum erat negotii, conficere oportebat. » Judicatio est, « Quum iis, qui legati erant, sumtus, qui de publico debebatur, non daretur, oportueritne eos conficere nihilominus legationem. » Hoc in genere primum, sicut in ceteris, si quid aut ex conjecturali, aut ex alia constitutione sumi possit, videri oportebit. Deinde pleraque et ex comparatione, et ex relatione criminis in hanc quoque causam convenire poterunt.

Accusator autem illum, cujus culpa id factum reus dicet, primum defendet, si poterit; sin minus poterit, negabit, ad hoc judicium, illius, sed hujus, quem ipse accuset, culpam pertinere. Postea dicet, suo quemque officio consulere oportere; nec, si ille peccasset, hunc oportuisse peccare; deinde, si ille deliquerit, separatim illum, sicut hunc, accusari oportere, et non cum hujus defensione conjungi illius accusationem.

XXIX. Le recours a lieu quand un accusé rejette sur une autre personne ou sur une chose l'accusation portée contre lui. Il y en a deux espèces ; car tantôt c'est la cause, tantôt c'est le fait lui-même qu'on rejette. Voici un exemple du premier cas : « Les Rhodiens ont nommé des députés pour se rendre à Athènes. Les questeurs n'ont point remis à ces députés l'argent dont ils avaient besoin ; ils ne sont point partis. » On les met en jugement. L'accusation dit : « Ils devaient partir. » La défense répond : « Ils ne le devaient pas. » La question est : « Le devaient-ils ? » La raison : « Les frais de voyage, qui se prennent d'ordinaire sur le trésor public, ne leur ont point été remis par le questeur. » La réfutation : « Chargés d'un mandat public, vous ne deviez pas vous dispenser de le remplir. » Le point à juger : « Les députés, quoique n'ayant point reçu les frais d'ambassade qui leur étaient dus par le trésor public, devaient-ils néanmoins remplir leur mission ? » Dans cette cause, comme dans toutes les autres, il faut voir d'abord les moyens que peut fournir la question conjecturale, ou toute autre question. Puis on emploiera la plupart des argumens propres à l'alternative et à la récrimination.

L'accusateur s'attachera d'abord à justifier, s'il est possible, celui sur qui l'accusé rejette sa faute ; s'il ne le peut, il dira que c'est la faute de l'accusé, non celle de l'autre, qui fait la matière de ce jugement. Puis il ajoutera que chacun doit remplir ses devoirs ; que la faute de l'un n'autoriserait pas celle de l'autre ; que si celui sur lequel on se rejette est coupable, il faut lui faire séparément son procès ; comme à l'accusé, et ne point mêler ainsi l'accusation de l'un à la défense de l'autre.

Defensor autem quum cetera, si qua ex aliis incident constitutionibus, pertractarit, de ipsa remotione sic argumentabitur. Primum, cujus acciderit culpa, demonstrabit; deinde, quum id aliena culpa accidisset, ostendet, se aut non potuisse, aut non debuisse id facere, quod accusator dicat oportuisse : quod non potuerit, ex utilitatis partibus, in quibus est necessitudinis vis implicata; quod non debuerit, ex honestate considerabitur. De utroque distinctius in deliberativo genere dicetur. Deinde omnia facta esse ab reo, quæ in ipsius fuerint potestate; quod minus, quam convenerit, factum sit, culpa id alterius accidisse. Deinde in alterius culpa exponenda demonstrandum est, quantum voluntatis et studii fuerit in ipso : et id signis confirmandum hujusmodi; ex cetera diligentia, ex ante factis, aut dictis; atque hoc ipsi utile fuisse facere, inutile autem non facere, et cum cetera vita magis hoc fuisse consentaneum, quam quod propter alterius culpam non fecerit.

XXX. Si autem non in hominem certum, sed in rem aliquam causa demovebitur, « ut in hac eadem re, si quæstor mortuus esset, et idcirco legatis pecunia data non esset; » accusatione alterius, et culpæ depulsione demta, ceteris similiter uti locis oportebit, et ex concessionis partibus, quæ convenient, assumere : de quibus post nobis dicendum erit. Loci autem communes iidem utrisque fere, qui superioribus assumtivis, incident;

Quant à l'accusé, après avoir traité les points tirés des autres questions, voici comment il doit argumenter sur le recours. D'abord, il fera voir à qui la faute doit être imputée ; puis, soutenant que ce n'est pas à lui, il s'attachera à démontrer qu'il n'a pas pu, qu'il n'a pas dû faire ce à quoi l'accusateur dit qu'il était obligé. Il ne l'a pas pu, des raisons d'intérêt, qui comprennent aussi la nécessité, le prouveront ; il ne l'a pas dû, c'est par des considérations tirées de l'honneur qu'il le démontrera. Ces deux points seront mieux développés plus bas à propos du genre délibératif. Il soutiendra qu'il a fait tout ce qui était en son pouvoir, et que s'il n'a pas fait tout ce qu'il fallait, c'est à un autre qu'il faut s'en prendre. En cherchant à établir la culpabilité de ce dernier, il fera ressortir son propre zèle et sa bonne volonté, et en cherchera les preuves dans l'empressement qu'il a mis à remplir tous ses autres devoirs, dans sa conduite antérieure, dans ses discours ; il ajoutera que ce qu'on lui reproche de n'avoir point fait, il était dans son intérêt de le faire, contre son intérêt de ne le pas faire ; qu'il était plus conforme à toute sa vie passée de remplir ce devoir, que d'y manquer par la faute d'un autre.

XXX. Si, au lieu d'une personne, c'est sur une chose qu'on rejette l'accusation ; par exemple, si, dans l'espèce dont il s'agit, on s'en prenait à la mort du questeur, qui a empêché de remettre l'argent nécessaire aux députés, en laissant de côté la récrimination et le rejet de la faute, on doit se servir néanmoins de tous les autres lieux, et tirer de l'aveu, dont je traiterai plus bas, tous les moyens qui peuvent convenir à la cause. Les lieux communs à développer sont à peu près les mêmes des deux côtés que dans les précédentes questions. Voici

hi tamen certissimi : accusatoris, facti indignatio; defensoris, quum in alio culpa sit, in ipso non sit, supplicio se affici non oportere.

Ipsius autem rei fit remotio, quum id, quod datur crimini, negat neque ad se, neque ad officium suum reus pertinuisse; nec, si quod in eo sit delictum, sibi attribui oportere. Id genus causæ est hujusmodi : « In eo fœdere, quod factum est quondam cum Samnitibus, quidam adolescens nobilis porcam sustinuit jussu imperatoris. Fœdere autem ab senatu improbato, et imperatore Samnitibus dedito, quidam in senatu eum quoque dicit, qui porcam tenuerit, dedi oportere. » Intentio est, « Dedi oportet. » Depulsio est, « Non oportet. » Quæstio est, « Oporteatne. » Ratio est, « Non enim meum fuit officium, nec mea potestas, quum et id ætatis, et privatus essem, et esset summa cum auctoritate et potestate imperator, qui videret, ut satis honestum fœdus feriretur. » Infirmatio est, « At enim, quoniam tu particeps factus es in turpissimo fœdere summæ religionis, dedi te convenit. » Judicatio est, « Quum is, qui potestatis nihil habuerit, jussu imperatoris in fœdere, et in tanta religione interfuerit, dedendus sit hostibus, necne. » Hoc genus causæ cum superiore hoc differt, quod in illo concedit se reus oportuisse facere id, quod fieri dicat accusator oportuisse, sed alicui rei, aut homini causam attribuit, quæ voluntati suæ fuerit

néanmoins les plus spécialement convenables : pour l'accusateur, l'indignation ; pour l'accusé, l'injustice qu'il y aurait à le punir pour la faute d'un autre, non pour la sienne.

L'accusé rejette l'imputation du fait lui-même, quand il soutient que l'action pour laquelle on le met en jugement, ne dépendait ni de sa personne ni de ses attributions ; et que, si elle offre quelque chose de criminel, ce n'est point à lui d'en répondre. Voici un exemple de ce genre de cause : « Lors du traité conclu autrefois avec les Samnites, un jeune homme, de famille patricienne, tint la victime par ordre du général. Le sénat refusa de ratifier ce traité ; le général fut livré aux ennemis ; un sénateur même dit qu'il fallait aussi livrer celui qui avait tenu la victime. » « Il faut le livrer, » dit l'accusation. La défense répond : « Il ne le faut pas. » La question est : « Le faut-il ? » La raison : « Mon âge et ma position toute privée m'ôtaient toute puissance et toute responsabilité, et c'était au général, revêtu de la puissance et de l'autorité suprême, à apprécier le mérite du traité. » La réfutation : « Pour avoir pris part aux cérémonies les plus saintes dans la conclusion d'un traité infâme, vous devez être livré. » Le point à juger : « L'homme qui, sans caractère public, et par l'ordre du général, est intervenu dans le traité et dans les cérémonies les plus saintes, doit-il ou ne doit-il pas être livré aux ennemis ? » Ce qui distingue cette cause de la précédente, c'est que, dans cette dernière, l'accusé convient qu'il aurait dû faire ce que l'accusateur lui reproche de n'avoir pas fait, mais en rejetant la faute sur une personne ou sur une chose qui a fait obstacle à sa volonté, et sans recourir aux moyens que fournit l'aveu ; car ces moyens ont bien plus

impedimento, sine concessionis partibus; nam earum major quædam vis est; quod paullo post intelligetur : in hoc autem non accusare alterum, nec culpam in alium transferre debet, sed demonstrare, eam rem nihil ad se, neque ad potestatem, neque ad officium suum pertinuisse aut pertinere. Atque in hoc genere hoc accidit novi, quod accusator quoque sæpe ex remotione criminationem conficit : ut, « si quis eum accuset, qui, quum prætor esset, in expeditionem ad arma populum vocarit, quum consules adessent. » Nam ut in superiore exemplo reus ab suo officio et a sua potestate factum demovebat; sic in hoc ab ejus officio ac potestate, qui accusatur, ipse accusator factum removendo, hac ipsa ratione confirmat accusationem. In hac ab utroque ex omnibus honestatis et utilitatis partibus, exemplis, signis, ratiocinando, quid cujusque officii, juris, potestatis sit, quæri oportebit, et fueritne ei, quo de agitur, id juris, officii, potestatis attributum, necne. Locos autem communes ex ipsa re, si quid indignationis ac conquestionis habebit, sumi oportebit.

XXXI. Concessio est, per quam non factum ipsum probatur ab reo; sed, ut ignoscatur, id petitur. Cujus partes sunt duæ, purgatio et deprecatio. Purgatio est, per quam ejus, qui accusatur, non factum ipsum, sed voluntas defenditur. Ea habet partes tres, imprudentiam, casum, necessitudinem.

de force, comme je le ferai comprendre tout-à-l'heure. Dans celle-ci, au contraire, il ne doit accuser personne, ni rejeter la faute sur un autre; mais seulement démontrer qu'il n'était pas, qu'il ne peut être responsable d'un fait complètement en dehors de son pouvoir et de ses attributions. Un incident particulier à ce genre de cause, c'est que souvent l'accusateur fait servir le recours même à l'appui de son accusation, comme « si l'on faisait le procès à un citoyen qui aurait, pendant sa préture, appelé le peuple aux armes pour quelque expédition, malgré la présence des consuls. » Car, dans l'exemple précédent, l'accusé disait, pour se défendre, que le fait n'était ni dans sa puissance ni dans ses attributions; dans celui-ci, au contraire, c'est l'accusateur qui met le fait en dehors de la puissance et du devoir de celui qu'il accuse, et tourne ce moyen même au profit de l'accusation. Chacune des parties, dans cette cause, doit, par tous les lieux communs de l'honneur et de l'intérêt, par des exemples, par des indices, par des analogies, déterminer les devoirs, les droits, la puissance respective de ceux dont il s'agit, et voir si chacun s'est tenu dans les bornes de son droit, de son devoir, de sa puissance. Quant aux lieux communs, il faut les tirer du sujet même, s'il comporte l'indignation et la plainte.

XXXI. L'aveu consiste à ne point se justifier sur le fait même dont on est accusé, mais à en demander le pardon. Il a deux parties : la justification et la déprécation. La première sert à l'accusé à se justifier, non du fait, mais de l'intention. Cette première partie comprend trois moyens : l'ignorance, le hasard, la nécessité.

Imprudentia est, quum scisse aliquid is, qui arguitur, negatur : « Ut apud quosdam lex erat, ne quis Dianæ vitulum immolaret. Nautæ quidam, quum adversa tempestate in alto jactarentur, voverunt, si eo portu, quem conspiciebant, potiti essent, ei deo, qui ibi esset, se vitulum immolaturos. Casu erat in eo portu fanum Dianæ ejus, cui vitulum immolari non licebat. Imprudentes legis, quum exissent, vitulum immolaverunt. Accusantur. » Intentio est, « Vitulum immolastis ei deo, cui non licebat. » Depulsio est in concessione posita. Ratio est, « Nescivi non licere. » Infirmatio est, « Tamen, quoniam fecisti quod non licebat, ex lege supplicio dignus es. » Judicatio est, « Quum id fecerit, quod non oportuerit, et id non oportere nescierit, sitne supplicio dignus. »

Casus autem inferetur in concessionem, quum demonstrabitur aliqua fortunæ vis voluntati obstitisse, ut in hac : « Quum Lacedæmoniis lex esset, ut, hostias nisi ad sacrificium quoddam redemtor præbuisset, capitale esset, hostias is, qui redemerat, quum sacrificii dies instaret, in urbem ex agro cœpit agere. Tum subito magnis commotis tempestatibus fluvius Eurotas is, qui propter Lacedæmonem fluit, ita magnus et vehemens factus est, ut eo traduci victimæ nullo modo possent. Redemtor, suæ voluntatis ostendendæ causa, hostias constituit omnes in litore, ut, qui trans flumen

L'excuse, pour cause d'ignorance, a lieu quand l'accusé prétend qu'il n'avait pas connaissance d'une chose. Par exemple : « Chez un certain peuple, la loi défendait de sacrifier des veaux à Diane. Des matelots, battus par une tempête au milieu des mers, firent vœu, s'ils avaient le bonheur de toucher le port qu'ils voyaient devant eux, d'immoler un veau en l'honneur de la divinité qu'on adorait dans ce lieu. Le hasard voulut que dans ce port se trouvât le temple de la Diane à laquelle il n'était pas permis de sacrifier des veaux. Ils ignoraient cette loi, et, débarqués, immolèrent un veau. » On les mit en jugement. L'accusation dit : « Vous avez immolé un veau contre la loi qui vous le défendait. » La réponse est dans l'aveu du fait. La raison : « Je ne savais pas que cela était défendu. » La réfutation : « Vous n'en êtes pas moins digne de mort, pour avoir fait ce que la loi défendait. » Le point à juger : « Pour avoir agi malgré la défense, ne la connaissant pas, l'accusé a-t-il mérité la mort ? »

L'accusé invoque le hasard dans l'aveu, quand il prouve qu'un accident plus fort a empêché l'effet de sa volonté. Par exemple : « Il y avait à Lacédémone une loi qui condamnait à mort celui qui, chargé de fournir les victimes pour certain sacrifice, manquait à son devoir. Le jour de ce sacrifice approchant, l'homme qui avait pris sur lui ce soin, dirigeait vers la ville les victimes qu'il avait achetées dans la campagne. Tout à coup, enflé par d'affreux orages, l'Eurotas, fleuve qui coule près de Lacédémone, devint si large et si rapide, qu'il fut impossible de faire passer les victimes. L'acheteur, pour témoigner de sa bonne volonté, range les victimes sur le rivage, de manière à ce que, de l'autre bord, on pût

essent, videre possent. Quum omnes studio ejus subitam fluminis magnitudinem scirent fuisse impedimento, tamen quidam capitis arcessierunt. » Intentio est, « Hostiæ, quas debuisti ad sacrificium, præsto non fuerunt. » Depulsio est, concessio. Ratio, « Flumen enim subito accrevit, et ea re traduci non potuerunt. » Infirmatio est, « Tamen, quoniam, quod lex jubet, factum non est, supplicio dignus es. » Judicatio est, « Quum in ea re redemtor contra legem fecerit, qua in re studio ejus subita fluminis obstiterit magnitudo, supplicione dignus sit. »

XXXII. Necessitudo autem infertur, quum vi quadam reus id, quod fecerit, fecisse defenditur, hoc modo : « Lex est apud Rhodios, ut, si qua rostrata in portu navis deprehensa sit, publicetur. Quum magna in alto tempestas esset; vis ventorum, invitis nautis, Rhodiorum in portum navim coegit. Quæstor navim populi vocat. Navis dominus negat publicari oportere. » Intentio est, « Rostrata navis in portu deprehensa est. » Depulsio est, concessio. Ratio, « Vi et necessario sumus in portum coacti. » Infirmatio est, « Navim ex lege tamen populi esse oportet. » Judicatio est, « Quum rostratam navim in portu deprehensam lex publicarit, quumque hæc navis, invitis nautis, vi tempestatis in portum conjecta sit; oporteatne eam publicari. »

Horum trium generum idcirco unum in locum con-

les voir. Tout le monde savait que la crue subite du fleuve avait seule arrêté son zèle ; quelques citoyens pourtant lui intentent une accusation capitale. » L'accusation dit : « Les victimes que vous deviez fournir pour le sacrifice ont manqué. » La réponse est dans l'aveu. La raison : « Le fleuve s'est enflé tout à coup, et je n'ai pu les faire passer. » La réfutation : « N'importe, vous n'avez pas fait ce qu'ordonnait la loi ; vous avez mérité la mort. » Le point à juger : « Le fournisseur, qui a manqué à la loi parce que la crue subite du fleuve a arrêté l'effet de sa bonne volonté, doit-il être puni de mort ? »

XXXII. On invoque la nécessité, quand on soutient que l'action commise est le résultat d'une force majeure. Exemple : « Il y a chez les Rhodiens une loi qui ordonne que tout vaisseau éperonné, trouvé dans leur port, sera vendu au profit du trésor public. Une grande tempête s'élève sur les mers, et la violence des vents pousse un vaisseau dans le port de Rhodes, contre la volonté des matelots. Le trésorier de la ville veut le faire vendre au profit du peuple. Le propriétaire du vaisseau dit qu'il ne le faut pas. » L'accusation dit : « On a surpris dans le port un vaisseau éperonné. » La réponse est dans l'aveu. La raison : « C'est la nécessité qui nous a jetés dans le port malgré nous. » La réfutation : « N'importe, la loi veut qu'il soit vendu au profit du trésor public. » Le point à juger : « Lorsque la loi ordonne que tout vaisseau éperonné, saisi dans le port, soit vendu au profit du trésor public ; celui-ci, jeté par la tempête, et contre le gré de son équipage, dans notre port, doit-il être ainsi vendu ? »

J'ai réuni les exemples de ces trois genres, parce que

tulimus exempla, quod similis in ea præceptio argumentorum traditur. Nam in his omnibus primum, si quid res ipsa dabit facultatis, conjecturam induci ab accusatore oportebit, ut id, quod voluntate factum negabitur, consulto factum, suspicione aliqua demonstretur: deinde inducere definitionem necessitudinis, aut casus, aut imprudentiæ, et exempla ad eam definitionem adjungere, in quibus imprudentia fuisse videatur, aut casus, aut necessitudo, et ab his id, quod reus inferat, separare [id est, ostendere dissimile], quod levius, facilius, non ignorabile, non fortuitum, non necessarium fuerit; postea demonstrare, potuisse vitari; et hac ratione provideri potuisse, si hoc, aut illud fecisset; aut ne sic fecisset, præcaveri; et definitionibus ostendere, non hanc imprudentiam, aut casum, aut necessitudinem, sed inertiam, negligentiam, fatuitatem nominari oportere.

Ac si qua necessitudo turpitudinem videbitur habere, oportebit per locorum communium implicationem redarguentem demonstrare, quidvis perpeti, mori denique satius fuisse, quam ejusmodi necessitudini obtemperare. Atque tum ex his locis, de quibus in negotiali parte dictum est, juris et æquitatis naturam oportebit quærere, et, quasi in absoluta juridiciali, per se hoc ipsum ab rebus omnibus separatim considerare. Atque hoc in loco, si facultas erit, exemplis uti oportebit, qui-

la méthode des argumens est la même pour tous. Car, dans chacun d'eux, si le sujet le comporte, l'accusateur doit chercher à établir des conjectures propres à faire soupçonner que l'accusé n'a pas fait sans dessein ce qu'il prétend avoir fait contre sa volonté; pour définir la nécessité, le hasard, l'ignorance, joindre à sa définition des exemples de l'ignorance, du hasard ou de la nécessité, et bien distinguer ces cas de celui de l'accusé, c'est-à-dire, en montrer la différence, en soutenant que le sien était moins embarrassant, moins difficile, que l'ignorance, le hasard, la nécessité n'étaient pour rien dans son affaire; puis prouver qu'il pouvait éviter ce malheur, le prévenir en faisant telle ou telle chose, ou se tirer de peine en s'y prenant autrement; et montrer, par les définitions, qu'il ne s'agit point en cela d'ignorance, de hasard ou de nécessité, mais de paresse, d'inattention et de sottise.

Si la nécessité sur laquelle on se rejette porte en elle quelque chose de honteux, il faut retourner l'excuse contre celui qui l'invoque, et démontrer, par un enchaînement de lieux communs, qu'il devait tout souffrir, et la mort même, plutôt que de se soumettre à une pareille nécessité. Alors, au moyen des lieux dont j'ai parlé dans la question négociale, on s'attache à déterminer la nature du droit et de l'équité; puis, comme dans la question juridiciaire absolue, on considère le fait en lui-même, abstraction faite de tout ce qui s'y rapporte. C'est ici qu'on doit, s'il est possible, citer l'exemple de

bus in simili excusatione non sit ignotum; et contentione, magis illis ignoscendum fuisse; et ex deliberationis partibus, turpe aut inutile esse concedi eam rem, quæ ab adversario commissa sit; permagnum esse, et magno futurum detrimento, si ea res ab iis, qui potestatem habent vindicandi, neglecta sit.

XXXIII. Defensor autem conversis omnibus his partibus poterit uti. Maxime autem in voluntate defendenda commorabitur, et in ea re adaugenda, quæ voluntati fuerit impedimento; et se plus, quam fecerit, facere non potuisse; et in omnibus rebus voluntatem spectari oportere, et se convinci non posse, quod non absit a culpa; et ex suo nomine communem hominum infirmitatem posse damnari. Deinde nihil indignius esse, quam eum, qui culpa careat, supplicio non carere. Loci autem communes accusatoris, unus in confessione, et alter, quanta potestas peccandi relinquatur, si semel institutum sit, ut non de facto, sed de facti causa quæratur; defensoris, conquestio calamitatis ejus, quæ non culpa, sed vi majore quadam acciderit, et de fortunæ potestate, et hominum infirmitate, et uti suum animum, non eventum considerent: in quibus omnibus conquestionem suarum ærumnarum, et crudelitatis adversariorum indignationem inesse oportebit.

Ac neminem mirari conveniet, si aut in his, aut in aliis exemplis scripti quoque controversiam adjunctam

causes dans lesquelles une semblable excuse n'a point été admise; prouver, par la comparaison, que le fait était plus excusable; montrer, par les moyens du genre délibératif, qu'il serait honteux ou funeste d'excuser la faute de l'accusé; qu'en pareil cas, l'indulgence de ceux qui ont puissance de punir serait un fait grave, et qui entraînerait les plus fâcheux résultats.

XXXIII. L'accusé pourra se servir de tous ces moyens en les retournant; mais il s'attachera surtout à prouver sa bonne volonté, et appuiera sur les obstacles qui en ont empêché l'effet; il dira qu'il ne lui a pas été possible de mieux faire; qu'en toute chose il faut considérer l'intention; qu'on ne peut le convaincre d'aucune faute proprement dite; que si l'on peut condamner quelque chose en lui, c'est seulement la faiblesse qui est le partage de la nature humaine; et enfin, que c'est le comble de l'injustice de ne pas exempter du châtiment celui qui est exempt de faute. L'accusation tirera ses lieux communs, le premier de l'aveu, le second de la licence qu'on laisse au crime en établissant une fois ce principe de juger, non le fait, mais l'intention. L'accusé se plaindra du malheur où le jette, non sa propre faute, mais une puissance plus forte que l'homme, de l'ascendant du hasard et de la faiblesse humaine; il dira que ce n'est pas l'évènement qu'il faut considérer, mais son intention, mêlant dans tous ces développemens la plainte sur sa propre infortune, et l'indignation contre la cruauté de ses adversaires.

Il ne faudrait point s'étonner de voir la discussion portant sur le texte de la loi, se joindre à cette cause ou à

videbit. Quo de genere post erit nobis separatim dicendum, propterea quod quædam genera causarum, simpliciter, et ex sua vi considerantur; quædam autem sibi aliud quoque aliquod controversiæ genus assumunt. Quare, omnibus cognitis, non erit difficile in unamquamque causam transferre, quod ex eo quoque genere conveniet : ut in his exemplis concessionis inest omnibus scripti controversia ea, quæ ex scripto et sententia nominatur; sed quia de concessione loquebamur, in eam præcepta dedimus. Alio autem loco de scripto et sententia dicemus. Nunc in alteram concessionis partem considerationem intendemus.

XXXIV. Deprecatio est, in qua non defensio facti, sed ignoscendi postulatio continetur. Hoc genus vix in judicio probari potest, ideo quod, concesso peccato, difficile est ab eo, qui peccatorum vindex esse debet, ut ignoscat, impetrare. Quare parte ejus generis, quum causam non in eo constitueris, uti licebit. Ut si pro aliquo claro, aut forti viro, cujus in rempublicam multa sint beneficia, dixeris; possis, quum videaris non uti deprecatione, uti tamen, ad hunc modum : « Quod si, judices, hic pro suis beneficiis, pro suo studio, quod in vos habuit semper, tali suo tempore, multorum suorum recte factorum causa, uni delicto ut ignosceretis, postularet, tam dignum vestra mansuetudine, quam virtute hujus esset, judices, a vobis hanc rem, hoc

d'autres semblables. Je traiterai plus bas ce genre de question, et séparément, parce que, s'il est des causes qu'il faut considérer en elles-mêmes et dans leur propre essence, il en est d'autres aussi qui renferment en elles d'autres genres de questions. C'est pourquoi il ne sera pas difficile, quand on les connaîtra toutes, d'appliquer à chacune d'elles les moyens propres à chacun de ces genres qui s'y rapportent. Ainsi, dans tous ces exemples de l'aveu, se trouve comprise la discussion sur le texte de la loi, qui s'appelle question de lettre et de sens. Mais, comme j'avais à traiter de l'aveu, je me suis borné à en exposer les règles. Je parlerai ailleurs de la lettre et du sens. Maintenant passons à l'autre partie de l'aveu.

XXXIV. La déprécation a lieu quand l'accusé ne cherche point à justifier le fait, mais demande qu'on lui pardonne. Je suis peu d'avis d'employer ce moyen dans les jugemens, parce qu'il est difficile, quand on s'est avoué coupable, d'obtenir son pardon de celui dont le devoir est de punir les crimes. C'est pourquoi l'on ne doit jamais s'en servir qu'accessoirement. Par exemple, en défendant la cause d'un homme illustre et courageux, qui a rendu à l'état de nombreux services, sans paraître employer la déprécation, vous y avez recours néanmoins, et vous dites : « Si, pour prix de ses services, magistrats ; si, pour prix de son dévoûment perpétuel à vos intérêts, mon client vous priait, dans la position où il se trouve, d'excuser une seule faute en faveur de tant de belles actions, il serait digne de votre clémence, autant que de sa vertu, d'accorder une telle grâce à la prière d'un tel accusé. » On peut ensuite rehausser l'éclat de ses services,

postulante, impetrari. » Deinde augere beneficia licebit, et judices per locum communem ad ignoscendi voluntatem deducere.

Quare hoc genus, quanquam in judiciis non versatur, nisi quadam ex parte : tamen quia et pars ipsa inducenda nonnunquam est, et in senatu, aut in consilio saepe omni in genere tractanda, in id quoque praecepta ponemus. « Nam in senatu, et in consilio de Syphace diu deliberatum est; et de Q. Numitorio Pullo apud L. Opimium et ejus consilium diu dictum est. Et magis in hoc quidem ignoscendi, quam cognoscendi postulatio valuit. Nam semper animo bono se in populum romanum fuisse non tam facile probabat, quum conjecturali constitutione uteretur, quam ut, propter posterius beneficium, sibi ignosceretur, quum deprecationis partes adjungeret. »

XXXV. Oportebit igitur eum, qui, sibi ut ignoscatur, postulabit, commemorare, si qua sua poterit beneficia, et si poterit, ostendere, ea majora esse, quam haec, quae deliquerit, ut plus ab eo boni quam mali profectum esse videatur; deinde majorum suorum beneficia, si qua exstabunt, proferre; deinde ostendere, non odio, neque crudelitate fecisse, quod fecerit, sed aut stultitia, aut impulsu alicujus, aut aliqua honesta aut probabili causa; postea polliceri, et confirmare, se et hoc peccato doctum, et beneficio eorum, qui sibi ignoverint, confirmatum,

et, par des lieux communs, tourner l'esprit des juges à l'indulgence.

Ce moyen, sans doute, ne peut être employé devant les tribunaux qu'accessoirement; néanmoins à ce titre même, et parce que, dans le sénat ou dans les assemblées, il faut l'employer souvent comme principal, je dois aussi en exposer les règles. «En effet, dans la longue délibération qui eut lieu devant le sénat et devant l'assemblée du peuple sur le sort de Syphax; dans le jugement non moins long de Q. Numitorius Pullus devant L. Opimius et son conseil, ce fut moins la défense qui sauva l'accusé, que son appel à la clémence des juges. Car il n'était pas aussi aisé pour lui de prouver, par la question de fait, qu'il avait toujours été favorable aux intérêts du peuple romain, que d'obtenir sa grâce en considération de ses derniers services, par le moyen accessoire de la déprécation.»

XXXV. Il faut donc que l'accusé, qui demande qu'on lui pardonne, rappelle, s'il y a lieu, d'anciens services, et, dans ce cas, montre qu'ils sont plus grands que la faute qu'il a commise, de manière à prouver qu'il a fait plus de bien que de mal. Il doit ensuite rapporter, s'il est possible, les services rendus par ses aïeux; puis faire voir que ce n'est point la haine ou la cruauté qui l'a conduit à faire ce qu'il a fait, mais l'ignorance ou une influence étrangère, ou quelque motif honnête, ou du moins peu répréhensible; puis promettre et assurer, qu'instruit par cette faute, et affermi dans le bien par la clémence de ses juges, il ne retombera plus dans le

omni tempore a tali ratione abfuturum; deinde spem ostendere, aliquo se in loco, magno iis, qui sibi concesserint, usui futurum; postea, si facultas erit, se, aut consanguineum, aut jam a majoribus inprimis amicum esse demonstrabit; et amplitudinem suæ voluntatis, et nobilitatem generis eorum, qui se salvum velint, et dignitatem ostendere; et cetera ea, quæ personis ad honestatem et amplitudinem sunt attributa, cum conquestione, sine arrogantia, in se esse demonstrabit, ut honore potius aliquo, quam ullo supplicio dignus esse videatur; deinde ceteros proferre, quibus majora delicta concessa sint. Ac multum proficiet, si se misericordem in potestate, et propensum ad ignoscendum fuisse ostendet. Atque ipsum illud peccatum erit extenuandum, ut quam minimum fuisse videatur; et aut turpe, aut inutile demonstrandum, tali de homine supplicium sumere. Deinde locis communibus misericordiam captare oportebit ex iis præceptis, quæ in primo libro sunt exposita.

XXXVI. Adversarius autem malefacta augebit; nihil imprudenter, sed omnia ex crudelitate et malitia facta dicet; ipsum immisericordem, superbum fuisse, et, si poterit, ostendet, semper inimicum fuisse, et amicum fieri nullo modo posse. Si beneficia proferet : aut aliqua de causa facta, non propter benivolentiam demonstrabit; aut postea odium esse acre susceptum, aut illa om-

même cas; puis donner à espérer que, dans certaines circonstances, il rendra d'importans services à ceux qui lui auront pardonné; puis, s'il y a lieu, rappeler à ses juges qu'il leur est uni par les liens du sang, ou par une étroite amitié qui remonte jusqu'à ses ancêtres; relever l'éclat de son zèle, la naissance et la haute position de ceux qui s'intéressent à son salut, et tous les autres avantages qui constituent l'honneur et la dignité des personnes. Qu'il emploie la plainte, et prouve sans orgueil qu'il est digne plutôt d'être récompensé que d'être puni; qu'il cite l'exemple de personnes à qui des fautes plus graves ont été pardonnées. S'il peut établir que lui-même s'est montré miséricordieux dans sa puissance, et prompt à pardonner, ce sera pour lui un excellent moyen de succès. Il doit aussi atténuer sa faute, et la rendre aussi légère que possible; puis faire voir que la condamnation d'un homme tel que lui serait aussi honteuse que funeste. Enfin il emploiera, pour exciter la compassion des juges, tous les lieux communs que j'ai indiqués dans mon premier livre.

XXXVI. L'adversaire, de son côté, exagèrera la faute; dira que ce n'est pas l'ignorance, mais la cruauté, la méchanceté, qui l'ont fait commettre; il signalera l'accusé comme un homme superbe et sans pitié; s'il se peut même, comme ayant toujours été plein de haine, et incapable de revenir jamais à de meilleurs sentimens. Si l'accusé rappelle des services rendus, il dira qu'ils avaient toute autre cause que sa bienveillance, ou qu'une

nia maleficiis esse deleta ; aut leviora beneficia, quam maleficia; aut, quum beneficiis honos habitus sit, pro maleficio pœnam sumi oportere. Deinde turpe esse, aut inutile, ignosci. Deinde, de quo ut potestas esset, sæpe optarint, in eum potestate non uti, summam esse stultitiam; et cogitare oportere, quem animum in eum, vel quale odium habuerint. Locus autem communis erit, indignatio maleficii, et alter, eorum misereri oportere, qui propter fortunam, non propter malitiam in miseriis sint.

Quoniam igitur in generali constitutione tamdiu propter ejus partium multitudinem commoramur, ne forte varietate et dissimilitudine rerum diductus alicujus animus in quemdam errorem deferatur : quid etiam nobis ex eo genere restet, et quare restet, admonendum videtur. Juridicialem causam esse dicebamus, in qua æqui et iniqui natura, præmii aut pœnæ ratio quæreretur. Eas causas, in quibus de æquo et iniquo quæritur, exposuimus. Restat nunc, ut de præmio et de pœna explicemus.

XXXVII. Sunt enim multæ causæ, quæ ex præmii alicujus petitione constant. Nam et apud judices de præmio sæpe accusatorum quæritur, et a senatu, aut a consilio aliquod præmium sæpe petitur. Ac neminem conveniet arbitrari, nos, quum aliquod exemplum ponamus, quod in senatu agatur, ab judiciali genere exem-

haine violente les a suivis, ou que des torts subséquens les ont tous effacés, ou que ses services n'étaient pas comparables à ses torts, ou que les premiers, ayant reçu leur récompense, les seconds aussi doivent recevoir leur châtiment; qu'il serait honteux ou préjudiciable de lui pardonner; que ce serait aux juges une inconséquence, après avoir long-temps souhaité de voir tomber cet homme en leur pouvoir, de ne pas user de ce même pouvoir contre lui; qu'ils se rappellent au moins leurs sentimens et leur haine à son égard. Les lieux communs de l'accusateur seront l'indignation que doit inspirer le crime, et la pitié qu'il faut réserver pour ceux que le hasard, non leur propre faute, a jetés dans le malheur.

Forcé de m'arrêter aussi long-temps sur la question de genre, à cause du grand nombre de ses parties, et craignant que la dissemblance et la variété des objets n'induisent quelques personnes en erreur, je crois devoir prévenir ici de ce qui me reste encore à dire sur ce genre de question, et pourquoi ce reste. La question juridiciaire, ai-je dit, comprend les débats sur le droit ou le tort, sur la récompense ou la peine. J'ai traité des causes qui portent sur l'examen du droit ou du tort; il me reste à parler sur la récompense et la peine.

XXXVII. Il est beaucoup de causes qui ont pour objet la demande d'une récompense; car souvent les juges ont à s'occuper de la récompense due aux accusateurs, et souvent aussi des demandes de récompenses sont portées devant le sénat ou devant l'assemblée du peuple. Et il ne faut pas croire qu'en citant des exemples d'affaires plaidées devant le sénat, je m'écarte du genre ju-

plorum recedere. Quidquid enim de homine probando, aut improbando dicitur, quum ad eam dictionem sententiarum quoque ratio accommodetur, id non, etsi per sententiæ dictionem agitur, deliberativum est; sed quia de homine statuitur, judiciale est habendum. Omnino autem qui diligenter omnium causarum vim et naturam cognoverit, tum genere, tum etiam forma eas intelliget dissidere; ceteris autem partibus aptas inter se omnes, et aliam in aliam implicatam videbit. Nunc de præmiis consideremus. « L. Licinius Crassus consul quosdam in Citeriore Gallia, nullo illustri, neque certo duce, neque eo nomine, neque numero præditos, ut digni essent, qui hostes populi romani dicerentur; quod tamen excursionibus et latrociniis infestam provinciam redderent, consectatus est, et confecit; Romam redit; triumphum ab senatu postulat. » Hic, ut et in deprecatione, nihil ad nos attinet, rationibus et infirmationibus rationum supponendis, ad judicationem pervenire : propterea quod, nisi alia quoque incidet constitutio, aut pars constitutionis, simplex erit judicatio, et in quæstione ipsa continebitur. In deprecatione, hujusmodi : « Oporteatne pœna affici. » In hac, hujusmodi : « Oporteatne præmium dari. » Nunc ad præmii quæstionem appositos locos exponemus.

XXXVIII. Ratio igitur præmii quatuor est in partes distributa : in beneficia, in hominem, in præmii genus,

diciaire. Car ce qu'on dit pour l'éloge ou le blâme, devant servir à motiver les opinions des juges, bien que, présenté sous la forme d'avis, n'appartient pas au genre délibératif, mais bien au judiciaire, parce qu'il s'agit de porter un jugement sur la conduite d'une personne. L'examen approfondi de la nature et du caractère de toutes les causes, montre qu'assurément elles diffèrent entre elles, soit dans le genre, soit dans la forme; mais que, dans tout le reste, elles se lient toutes les unes aux autres, et se tiennent par beaucoup de points de rapport. Occupons-nous maintenant des récompenses : « L. Licinius Crassus, consul, poursuivit et extermina, dans la Gaule Citérieure, quelques brigands qui, conduits par des chefs inconnus et sans gloire, ne méritaient sans doute, ni par leur nombre ni par leur nom, d'être considérés comme des ennemis du peuple romain, mais désolaient la province par leurs incursions et leurs ravages. En revenant à Rome, il demande au sénat les honneurs du triomphe. » Ici, comme dans la déprécation, il ne s'agit point d'établir le point à juger par une suite de raisons et de réfutations, attendu que s'il ne se présente aucune autre question incidente, le point à juger sera simple et renfermé dans la demande même. On dirait dans la déprécation : « Faut-il punir? » Ici l'on dira : « Faut-il récompenser? » Maintenant je vais exposer les lieux propres à la question de récompense.

XXXVIII. La question de récompense renferme quatre parties : les services, l'homme, le genre de récom-

in facultates. Beneficia, ex sua vi, ex tempore, ex animo ejus, qui fecit, ex casu considerantur. Ex sua vi quærentur hoc modo : magna, an parva ; facilia, an difficilia ; singularia sint, an vulgaria ; vera, an falsa quadam ex ratione honestentur : ex tempore autem, si tum, quum indigeremus; quum ceteri non possent, aut nollent opitulari; si tum, quum spes deseruisset : ex animo, si non sui commodi causa, sed eo consilio fecit omnia, ut hoc conficere posset : ex casu, si non fortuna, sed industria factum videbitur, aut si industriæ fortuna obstitisse.

In homine autem, quibus rationibus vixerit, quid sumtus in eam rem aut laboris insumserit; ecquid aliquando tale fecerit; num alieni laboris, aut deorum bonitatis præmium sibi postulet; num aliquando ipse talem ob causam præmio aliquem affici negarit oportere; aut num jam satis pro eo, quod fecerit, honos habitus sit; aut num necesse fuerit ei facere id, quod fecerit; aut num hujusmodi sit factum, ut, nisi fecisset, supplicio dignus esset, non, quia fecerit, præmio; aut num ante tempus præmium petat, et spem incertam certo venditet pretio ; aut num, quo supplicium aliquod vitet, eo præmium postulet, uti de se præjudicium factum esse videatur.

XXXIX. In præmii autem genere, quid, et quantum, et quamobrem postuletur, et quo, et quanto quæ-

pense, la richesse. Dans les services, il faut considérer leur nature, les circonstances, l'intention de celui qui les a rendus et le hasard. Pour la nature des services, on examine s'ils sont grands ou petits, difficiles ou aisés, rares ou communs, réels, ou s'ils ne reposent que sur une fausse idée. Pour les circonstances, il faut distinguer s'ils ont été rendus au moment même où l'on en avait besoin; quand d'autres ne pouvaient en rendre de pareils ou ne le voulaient pas; quand on avait perdu tout espoir. Pour l'intention, s'ils n'ont point eu pour but l'intérêt personnel, mais simplement le résultat qu'ils ont amené. Pour le hasard, si ce n'est point un coup de la fortune, mais le fruit de la volonté, ou si la fortune même n'a pas été contraire à la volonté.

Pour l'homme, il faut examiner sa conduite; la dépense de temps et d'argent que l'action lui a coûtée; ce qu'il a déjà fait de semblable; s'il ne cherche point à se faire récompenser du mérite d'un autre ou de la bonté des dieux; si lui-même n'a pas été d'avis de refuser une demande fondée sur des motifs semblables; s'il n'a pas déjà été assez payé de ses services; s'il n'y avait pas pour lui nécessité de faire ce qu'il a fait, ou si l'action n'est pas telle qu'il pouvait mériter d'être puni en ne la faisant pas, mais non d'être récompensé pour l'avoir faite; s'il ne se hâte pas trop de solliciter une récompense, ne pouvant encore payer que d'espérances incertaines le prix positif qu'il réclame; si enfin cette demande de récompense n'est pas un moyen de se dérober au châtiment par une décision qui préjugerait sa conduite.

XXXIX. Pour le genre de récompense, on considère la nature, la grandeur, le motif de celle qu'il réclame,

que res præmio digna sit, considerabitur; deinde, apud majores quibus hominibus, et quibus de causis talis honos sit habitus, quæretur; deinde, ne is honos nimium pervagetur. Atque hic ejus, qui contra aliquem præmium postulantem dicet, locus erit communis; præmia virtutis et officii sancta et casta esse oportere, neque ea aut cum improbis communicari, aut in mediocribus hominibus pervulgari : et alter, minus homines virtutis cupidos fore, virtutis præmio pervulgato; quæ enim rara et ardua sunt, ea ex præmio pulchra et jucunda hominibus videri : et tertius, si exsistant, qui apud majores nostros ob egregiam virtutem tali honore dignati sunt, nonne de sua gloria, quum pari præmio tales homines affici videant, delibari putent? et eorum enumeratio, et cum eis, quos contra dicat, comparatio. Ejus autem, qui præmium petet, facti sui amplificatio, et eorum, qui præmio affecti sunt, cum suis factis contentio. Deinde ceteros a virtutis studio repulsum iri, si ipse præmio non sit affectus.

Facultates autem considerantur, quum aliquod pecuniarum præmium postulatur : in quo utrum copiane sit agri, vectigalium, pecuniæ, an penuria, consideratur. Loci communes, Facultates augere, non minuere oportere, et Impudentem esse, qui pro beneficio non gratiam, verum mercedem postulet. Contra autem de pecunia ratiocinari, sordidum esse, quum de gratia refe-

et le prix qu'il faut assigner à toutes les actions. On cherchera, dans les temps anciens, à quels hommes et pour quels motifs on accordait de pareilles récompenses ; puis on dira qu'il ne faut pas les prodiguer. L'orateur qui s'opposera à la demande aura pour lieux communs cette pensée, qu'il faut que les récompenses du mérite et de la vertu demeurent saintes et pures; qu'on ne doit point les prostituer au vice, ni les prodiguer à la médiocrité ; puis cette autre, qu'on attiédit l'amour de la vertu en vulgarisant les récompenses, qui seules peuvent inspirer le goût et l'enthousiasme des choses rares et difficiles ; et cette autre encore, si les hommes qui, chez nos aïeux, ont dû cette distinction à leur mérite supérieur étaient ici vivans, ne trouveraient-ils pas que c'est flétrir leur gloire, que d'accorder la même récompense à de pareils hommes ? Il citera les noms de ces grands personnages, et les mettra en parallèle avec les adversaires. De son côté, celui qui sollicite la récompense doit rehausser le mérite de son action, et la comparer avec celles qu'on a récompensées ; puis il dira que ce serait décourager la vertu même que de lui refuser le prix qu'il a mérité.

On considère la richesse, quand c'est une récompense pécuniaire qui est demandée. On examine alors si l'état est riche ou pauvre en terres, en revenus, en argent comptant. Voici les lieux communs : Il faut augmenter les ressources de l'état plutôt que de les diminuer ; et il y a de l'impudeur à demander pour des services, non de la reconnaissance, mais de l'argent. L'adversaire répondra que ces considérations d'argent sont misérables

renda deliberetur; et se non pretium pro facto, sed honorem [ita ut factitatum sit] pro beneficio postulare. Ac de constitutionibus quidem satis dictum est : nunc de iis controversiis, quæ in scripto versantur dicendum videtur.

XL. In scripto versatur controversia, quum ex scriptionis ratione aliquid dubii nascitur. Id fit ex ambiguo, ex scripto et sententia, ex contrariis legibus, ex ratiocinatione, ex definitione. Ex ambiguo autem nascitur controversia, quum, quid senserit scriptor, obscurum est, quod scriptum duas pluresve res significat, ad hunc modum : « Paterfamilias, quum filium heredem faceret, vasorum argenteorum centum pondo uxori suæ sic legavit : HERES MEUS UXORI MEÆ VASORUM ARGENTEORUM PONDO CENTUM, QUÆ VOLET, DATO. Post mortem ejus, vasa magnifica et pretiose cælata petit a filio mater. Ille se, quæ ipse vellet, debere dicit. » Primum, si fieri poterit, demonstrandum est, non esse ambigue scriptum; propterea quod omnes in consuetudine sermonis sic uti solent eo verbo uno pluribusve in eam sententiam, in quam is, qui dicet, accipiendum esse demonstrabit. Deinde ex superiore et ex inferiore scriptura docendum, id, quod quæratur, fieri perspicuum. Quare si ipsa separatim ex se verba considerentur omnia, aut pleraque, ambigua visum iri. Quæ autem ex omni considerata scriptura perspicua fiant, hæc ambigua non oportere exi-

quand il s'agit de reconnaissance ; qu'il ne demande point sa récompense comme un mercenaire, mais le prix honorable de ses services. J'ai assez parlé des états de cause; passons maintenant aux discussions portant sur un écrit.

XL. Il y a discussion sur un écrit quand la rédaction présente un sens douteux. Cela tient à l'ambiguité des termes, à la lettre et à l'esprit, à des lois contraires, à l'analogie, à la définition. La discussion porte sur l'ambiguité des termes quand la pensée de l'écrivain est rendue obscure par le vice de la rédaction, qui offre deux ou plusieurs sens : « Un père de famille, instituant son fils héritier, lègue à sa femme cent livres de vaisselle d'argent, par cette phrase : *Que mon héritier donne à ma femme cent livres de vaisselle d'argent, à son choix.* Le testateur mort, la mère demande à son fils les pièces les plus magnifiques et les mieux ciselées. Celui-ci répond qu'il doit lui donner celles qu'il voudra. » D'abord, s'il est possible, on démontre qu'il n'y a point là d'équivoque, puisque ce mot ou ces mots sont employés tous les jours, en conversation, pour exprimer la même idée qu'on soutient que le testateur a voulu exprimer dans cette pièce; puis on montre que le sens des mots en question est rendu très-clair par ce qui précède et par ce qui suit. Si on considérait tous les termes séparément, tous ou presque tous seraient équivoques; mais ceux qui, pris dans le corps de la rédaction, présentent un sens clair, on ne doit point les regarder comme équivoques. Il faut ensuite prouver l'intention du rédacteur par ses autres écrits, par ses actions, par ses paroles,

stimari. Deinde, qua in sententia scriptor fuerit, ex ceteris ejus scriptis, factis, dictis, animo, atque vita ejus sumi oportebit, et eam ipsam scripturam, in qua inerit illud ambiguum, de quo quæritur, totam omnibus ex partibus pertentare, si quid, aut ad id appositum sit, quod nos interpretemur, aut ei, quod adversarius intelligat, adversetur. Nam facile, quid verisimile sit eum voluisse, qui scripsit, ex omni scriptura, et ex persona scriptoris, atque iis rebus, quæ personis attributæ sunt, considerabitur. Deinde erit demonstrandum, si quid ex ipsa re dabitur facultatis, id, quod adversarius intelligat, multo minus commode fieri posse, quam id, quod nos accipimus, quod illius rei neque administratio, neque exitus ullus, exstet; nos quod dicamus, facile et commode transigi posse. Ut in hac lege (nihil enim prohibet fictam exempli loco ponere, quo facilius res intelligatur) : MERETRIX CORONAM AUREAM NE HABETO. SI HABUERIT, PUBLICA ESTO; contra eum, qui meretricem publicari dicat ex lege oportere, posset dici, « Neque administrationem esse ullam publicæ meretricis, neque exitum legis in meretrice publicanda. At in auro publicando et administrationem et exitum facilem esse, et incommodi nihil inesse. »

XLI. Ac diligenter illud quoque attendere oportebit, num, illo probato, quod adversarius intelligat, utilior res, aut honestior, aut magis necessaria, a scriptore

par son esprit, par sa conduite, et examiner avec soin toutes les parties de l'écrit dans lequel on trouve de l'ambiguité, pour y chercher des inductions favorables au sens qu'on lui donne, ou contraires à l'interprétation des adversaires. Car il est facile de découvrir, dans l'ensemble de l'écrit, dans le caractère du rédacteur et dans l'examen de tout ce qui tient aux personnes, l'intention probable de celui qui a fait l'écrit. Montrez ensuite, si le sujet vous le permet, que le sens adopté par l'adversaire est bien moins raisonnable que le vôtre; que ce qu'il exprime est absolument impraticable et sans exécution possible; tandis que votre sens n'offre rien que de simple et de facile à exécuter. Par exemple, supposons, et rien n'empêche une pareille supposition, qui sert à rendre la démonstration plus facile, supposons une loi ainsi conçue : « Une courtisane ne doit point avoir de couronne d'or; si elle en a une, qu'on la vende au profit du trésor public. » A celui qui soutiendrait que c'est la courtisane qu'il faut vendre, on pourrait bien répondre : Il n'y a rien à faire d'une courtisane publique, et ce ne serait point exécuter la loi que de vendre cette femme au profit du trésor; mais vendre sa couronne d'or est chose profitable, facile et sans nul inconvénient.

XLI. Il faut aussi bien considérer si, en adoptant le sens que donne l'adversaire, le rédacteur ne se trouverait pas avoir laissé de côté des considérations plus utiles, plus

neglecta videatur. Id fiet, si id, quod nos demonstrabimus, honestum, aut utile, aut necessarium demonstrabimus; et, si id, quod ab adversariis dicetur, minime ejusmodi dicemus esse. Deinde si in lege erit ex ambiguo controversia, dare operam oportebit, ut de eo, quod adversarius intelligat, alia in lege cautum esse doceatur. Permultum autem proficiet illud demonstrare, quemadmodum scripsisset, si id, quod adversarius accipiat, fieri, aut intelligi voluisset : ut in hac causa, in qua de vasis argenteis quæritur, possit mulier dicere, « Nihil attinuisse adscribi, QUÆ VOLET, si heredis voluntati permitteret. Eo enim non adscripto, nihil inesse dubitationis, quin heres, quæ ipse vellet, daret. Amentiam igitur fuisse, quum heredi vellet cavere, id adscribere, quo non adscripto, nihilominus heredi caveretur. » Quare hoc genere magnopere talibus in causis uti oportebit : Si hoc modo scripsisset, isto verbo usus non esset; non isto loco verbum istud collocasset. Nam ex his sententia scriptoris maxime perspicitur. Deinde quo tempore scriptum sit, quærendum est, ut, quid eum voluisse in ejusmodi tempore verisimile sit, intelligatur. Post ex deliberationis partibus, quid utilius, et quid honestius, et illi ad scribendum, et his ad comprobandum sit, demonstrandum ; et ex his, si quid amplificationis dabitur, communibus utrosque locis uti oportebit.

XLII. Ex scripto et sententia controversia consistit,

honnêtes, plus nécessaires. Pour cela nous prouverons que notre sens n'exprime rien qui ne soit utile, honnête et nécessaire, tandis que le sens opposé n'offre rien de pareil. Ensuite, si c'est sur un texte de loi que porte l'équivoque, il faut faire en sorte de prouver que la disposition que l'adversaire y prétend voir exprimée, se trouve comprise dans une autre loi; ce sera beaucoup dans ce cas de montrer quels termes le législateur eût employés, s'il eût voulu exprimer le commandement ou la pensée que suppose l'adversaire. Ainsi dans cette cause, où il est question de vaisselle d'argent, la mère pourra dire : « Il n'était pas besoin de mettre *à son choix*, s'il eût voulu laisser la chose à la disposition de l'héritier. Ces termes omis, il n'y a point de doute que l'héritier serait libre de donner la vaisselle qu'il voudrait. Il y aurait donc eu folie de sa part d'exprimer en faveur de l'héritier un avantage qui lui était acquis de même sans être exprimé. » Tel est donc le raisonnement à employer dans les causes de ce genre : Si l'on avait voulu exprimer cette idée, on ne se serait pas servi de ce mot, ou on ne l'aurait pas mis à cette place. Car ces détails servent beaucoup à faire connaître la pensée de l'auteur. Ensuite il faut examiner à quelle époque la pièce a été écrite, afin de savoir quelles devaient être alors les intentions de la personne ; puis on démontre, par les moyens que fournit le genre délibératif, ce que l'honneur et l'intérêt conseillaient au testateur d'écrire, et aux autres de comprendre ; et s'il y a lieu à l'amplification, les deux parties emploieront les lieux communs à ce genre.

XLII. Il y a discussion sur l'esprit et la lettre, quand

quum alter verbis ipsis, quæ scripta sunt, utitur; alter ad id, quod scriptorem sensisse dicet, omnem adjungit dictionem. Scriptoris autem sententia ab eo, qui sententia se defendet, tum semper ad idem spectare, et idem velle demonstrabitur; tum aut ex facto, aut ex eventu aliquo ad tempus id, quod instituit, accommodabitur. Semper ad idem spectare, hoc modo : « Paterfamilias, quum liberorum nihil haberet, uxorem autem haberet, in testamento ita scripsit : SI MIHI FILIUS GENITUS UNUS, PLURESVE, IS MIHI HERES ESTO. Deinde quæ assolent. Postea, SI FILIUS ANTE MORITUR, QUAM IN TUTELAM SUAM VENERIT, TU MIHI, dicebat, SECUNDUS HERES ESTO. Filius non est natus. Ambigunt agnati cum eo, qui est heres, si filius ante, quam in suam tutelam veniat, mortuus sit. » In hoc genere non potest hoc dici, ad tempus, aut ad eventum aliquem sententiam scriptoris oportere accommodari, propterea quod ea sola demonstratur, quo fretus ille, qui contra scriptum dicit, suam esse hereditatem defendit.

Alterum autem genus est eorum, qui sententiam inducunt, in quo non simplex voluntas scriptoris ostenditur, quæ in omne tempus, et in omne factum idem valeat; sed ex quodam facto, aut eventu ad tempus interpretanda dicitur. Ea partibus juridicialis assumtivæ maxime sustinetur. Nam tum inducitur comparatio, ut « In eum, qui, quum lex aperiri portas noctu vetaret;

l'une des parties s'attache à la lettre même d'un écrit, tandis que l'autre veut en ramener tous les termes à l'intention qu'il suppose à l'auteur. Celui qui se fonde sur l'intention de la personne, doit démontrer qu'elle n'a jamais eu qu'un seul but, qu'une seule pensée; ou prouver, soit par le fait même, soit par quelque circonstance, qu'elle n'a pu en avoir une autre à l'époque dont il s'agit. Il prouvera que la volonté n'a jamais varié, comme dans cet exemple : « Un père de famille, sans enfans, quoique marié, fit un testament ainsi conçu : *Si j'ai un ou plusieurs fils, ils seront mes héritiers.* Suivent les formules d'usage. Puis il ajoutait : *Si mon fils meurt avant sa majorité, vous serez mon second héritier.* Il n'eut point de fils. Les agnats plaident contre l'héritier substitué pour le cas où le fils mourrait avant sa majorité. » Dans cette espèce, on ne peut pas dire que la volonté du testateur doit se rapporter à une certaine époque ou à quelque circonstance particulière, puisque, au contraire, elle est une et permanente, et que c'est ainsi seulement qu'elle fonde le droit de celui qui, malgré la lettre, prétend que l'hérédité lui appartient.

Il faut s'y prendre différemment pour soutenir l'intention, quand on ne représente pas la volonté du testateur comme ayant toujours été la même dans toutes les circonstances et dans tous les temps; mais que l'on soutient au contraire qu'il faut l'expliquer par le fait, ou quelque circonstance accidentelle. Les moyens à employer dans ce cas se tirent surtout de la question judiciaire accessoire. Car tantôt on emploie l'alternative ; par exemple, dans la cause de « celui qui, malgré la loi

aperuit quodam in bello, et auxilia quædam in oppidum recepit, ne ab hostibus opprimerentur, si foris essent, quod prope muros hostes castra haberent : » tum relatio criminis, ut « In eo milite, qui, quum communis lex omnium hominem occidere vetaret, tribunum militum suum, qui vim sibi afferre conaretur, occidit : » tum remotio criminis, ut « In eo, qui, quum lex, quibus diebus in legationem proficisceretur, præstituerat, quia sumtum quæstor non dedit, profectus non est : » tum concessio per purgationem, et per imprudentiam, ut « In vituli immolatione : » et per vim, ut « In navi rostrata : » et per casum, ut « In Eurotæ fluminis magnitudine. » Quare aut ita sententia inducetur, ut unum quiddam voluisse scriptor demonstretur, aut sic, ut in ejusmodi re et tempore hoc voluisse doceatur.

XLIII. Ergo is, qui scriptum defendit, his locis plerumque omnibus, majore autem parte semper poterit uti : Primum scriptoris collaudatione, et loco communi, nihil eos, qui judicent, nisi id, quod scriptum sit, spectare oportere; et hoc eo magis, si legitimum scriptum proferetur, id est, aut lex ipsa, aut ex lege aliquid. Posteà, quod vehementissimum est, facti, aut intentionis adversariorum cum ipso scripto contentione, quid scriptum sit, quid factum, quid juratus judex : quem locum multis modis variare oportebit, tum ipsum secum admirantem, quidnam contra dici possit; tum ad

qui défendait d'ouvrir les portes d'une ville pendant la nuit, les a ouvertes pour y faire entrer des auxiliaires qui, demeurés dehors, eussent été écrasés par l'ennemi campé sous les murs; » tantôt la récrimination, comme dans l'affaire « du soldat qui, contre la loi générale qui défend l'homicide, a tué son tribun pour se soustraire à une violence infâme; » tantôt le recours, comme dans la défense de « celui qui, devant partir en ambassade au jour fixé par la loi, ne partit pas, parce que le trésorier ne lui avait pas remis l'argent nécessaire; » tantôt l'aveu avec justification fondée sur l'ignorance, comme « dans le sacrifice des veaux, » ou sur la force majeure, comme « dans la saisie du vaisseau éperonné, » ou sur le hasard, comme « dans la crue de l'Eurotas. » Ainsi, quand on défend l'esprit contre la lettre, il faut montrer que l'intention de l'auteur a toujours été une et invariable, ou qu'elle a été déterminée par le temps et les circonstances.

XLIII. Voici les lieux qui tous, ou du moins la plupart, pourront être employés par celui qui défend la lettre : il commencera par l'éloge de l'auteur, et par un lieu commun sur l'obligation imposée aux juges de ne s'attacher qu'à ce qui est écrit, surtout s'il est question d'un texte authentique, d'une loi, par exemple, ou d'un fragment de loi. Il doit ensuite, et c'est là pour lui le point principal, comparer le fait ou la prétention des adversaires avec l'écrit, et montrer ce qu'est cet écrit, ce qu'est le fait, en rappelant aux juges leur serment. C'est un lieu commun qu'il faut traiter avec une grande variété de formes : il se demandera donc à lui-même, avec surprise, ce qu'on peut répondre à son raisonnement;

judicis officium revertentem, et ab eo quærentem, quid præterea audire, aut exspectare debeat; tum ipsum adversarium, quasi intentantis loco, producendo, hoc est, interrogando, utrum scriptum neget esse eo modo, an ab se contra factum esse, aut contra contendi neget; utrum negare ausus sit, se dicere desiturum; si neutrum neget, et contra tamen dicat, nihil esse, quo hominem impudentiorem quisquam se visurum arbitretur. In hoc ita commorari conveniet, quasi nihil præterea dicendum sit, et quasi contra dici nihil possit, sæpe id, quod scriptum est, recitando; sæpe cum scripto factum adversarii confligendo; atque interdum acriter ad judicem ipsum revertendo. Quo in loco judici demonstrandum est, quid juratus sit, quid sequi debeat; duabus de causis judicem dubitare oportere, si aut scriptum sit obscure, aut neget aliquid adversarius. Quum et scriptum aperte sit, et adversarius omnia confiteatur, tum judicem legi parere, non interpretari legem oportere.

XLIV. Hoc loco confirmato, tum diluere ea, quæ contra dici poterant, oportebit. Contra autem dicetur, si aut prorsus aliud sensisse scriptor, et scripsisse aliud demonstrabitur: ut in illa de testamento, quam posuimus, controversia; aut causa assumtiva inferetur, quamobrem scripto non potuerit, aut non oportuerit obtemperari. Si aliud sensisse scriptor, aliud scripsisse

puis, revenant aux obligations des juges, il leur demandera quel éclaircissement nouveau, quelle plus grande lumière ils attendent encore; puis, prenant en quelque sorte le rôle d'accusateur, il interpellera directement l'adversaire lui-même, et le pressera de déclarer, s'il nie que l'écrit soit tel, ou qu'il en ait enfreint ou attaqué les dispositions. Niez l'un ou l'autre, dira-t-il, et je me tais. Si, sans nier aucune de ces deux propositions, l'adversaire persiste dans sa demande, dites alors qu'il est impossible de voir jamais une plus grande impudence. Là dessus il faut vous arrêter, comme si vous n'aviez plus rien à dire après, comme s'il n'y avait plus d'objection à vous faire, en lisant plusieurs fois l'écrit à haute voix, en le comparant à plusieurs reprises avec le fait de l'adversaire, et en vous adressant plusieurs fois au juge lui-même, pour lui rappeler le serment qu'il a fait, le devoir qui lui est imposé. Deux choses, direz-vous, pourraient le mettre dans l'incertitude, l'obscurité du texte, ou les dénégations de l'adversaire. Mais le texte est parfaitement intelligible, et l'adversaire ne nie rien. Le juge donc doit obéir à la loi, non l'interpréter.

XLIV. Ce point une fois traité, il faut détruire les objections qu'on a pu faire. Elles consistent à dire que le rédacteur avait une autre intention que celle qu'il a exprimée, comme dans l'affaire du testament cité plus haut; ou à démontrer, par une question accessoire, pourquoi l'on ne pouvait pas, ou l'on ne devait pas s'en tenir à la lettre. Si l'on a prétendu que le rédacteur avait une autre intention que celle qu'il a exprimée, celui qui dé-

dicetur, is, qui scripto utetur, hoc dicet, non oportere de ejus voluntate nos argumentari, qui, ne id facere possemus, indicium nobis reliquerit suæ voluntatis; multa incommoda consequi, si instituatur, ut a scripto recedatur. Nam et eos, qui aliquid scribant, non existimaturos, id, quod scripserint, ratum futurum; et eos, qui judicent, certum, quod sequantur, nihil habituros, si semel a scripto recedere consueverint. Quod si voluntas scriptoris conservanda sit, se, non adversarios, a voluntate ejus stare. Nam multo propius accedere ad scriptoris voluntatem eum, qui ex ipsius eam litteris interpretetur, quam illum, qui sententiam scriptoris non ex ipsius scripto spectet, quod illæ suæ voluntatis quasi imaginem reliquerit, sed domesticis suspicionibus perscrutetur.

Sin causam afferet is, qui a sententia stabit, primum erit contra dicendum : quam absurdum, non negare contra legem fecisse, sed quare fecerit, causam aliquam invenire; deinde conversa omnia esse : ante solitos esse accusatores judicibus persuadere, affinem esse alicujus culpæ eum, qui accusaretur; causam proferre, quæ eum ad peccandum impulisset; nunc ipsum reum causam afferre, quare deliquerit. Deinde hanc inducere partitionem, cujus in singulas partes multæ convenient argumentationes : primum nulla in lege ullam causam contra scriptum accipi convenire; deinde si in ceteris

fend la lettre dira qu'il ne nous convient pas de raisonner sur la volonté d'un homme qui, précisément pour nous en empêcher, a pris la peine d'écrire lui-même ses intentions; que le principe de s'écarter du sens littéral, une fois admis, entraînerait mille inconvéniens. Ceux qui écriront leurs volontés croiront que le témoignage n'en sera pas respecté, et les juges n'auront plus de règles sûres, dès qu'ils auront pris l'habitude de s'écarter de la lettre. On parle de suivre les intentions de l'auteur; c'est l'adversaire qui s'en éloigne, et c'est vous qui vous y conformez; car on s'en approche beaucoup plus en cherchant sa volonté dans ses expressions, qu'en ne la cherchant pas dans cet écrit qu'il nous a laissé comme une image de ses intentions, et en y substituant ses conjectures particulières.

Si celui qui s'attache à l'esprit donne quelque raison, il faut d'abord la réfuter en disant qu'il est absurde de convenir qu'on a violé la loi, et de chercher les raisons pour justifier cette conduite. Dites ensuite que tout est bouleversé; que c'étaient autrefois les accusateurs qui prouvaient aux juges la culpabilité de celui qu'ils poursuivaient, et faisaient connaître le motif qui l'avait porté à mal faire; tandis que maintenant c'est l'accusé lui-même qui prouve ses propres fautes; ensuite établissez cette division, dont chaque partie vous fournira de nombreux argumens : d'abord, il n'est jamais permis d'alléguer des raisons contraires au texte d'une loi; ensuite, quand toutes les autres lois en admettraient, celle dont

legibus conveniat, hanc esse hujusmodi legem, ut in ea non oporteat; postremo si in hac quoque lege oporteat, hanc quidem causam accipi minime oportere.

XLV. Prima pars his fere locis confirmabitur : scriptori neque ingenium, neque operam, neque ullam facultatem defuisse, quo minus posset aperte perscribere id, quod cogitaret; non fuisse ei grave, nec difficile, eam causam excipere, quam adversarii proferant, si quidquam excipiendum putasset; consuesse eos, qui leges scribant, exceptionibus uti. Deinde oportet recitare leges cum exceptionibus scriptas, et maxime videre, si qua in ea ipsa lege, qua de agitur, sit exceptio aliquo in capite, aut apud eumdem legis scriptorem, quo magis eum probetur fuisse excepturum, si quid excipiendum putaret; et ostendere, causam accipere, nihil aliud esse, nisi legem tollere; ideo quod, quum semel causa consideretur, nihil attineat eam ex lege considerare, quippe quæ in lege scripta non sit. Quod si sit institutum; omnibus causam dari et potestatem peccandi, quum intellexerint, vos ex ingenio ejus, qui contra legem fecerit, non ex lege, in quam jurati sitis, rem judicare; deinde et ipsis judicibus judicandi, et ceteris civibus vivendi rationes perturbatum iri, si semel a legibus recessum sit : nam et judices neque, quid sequantur, habituros, si ab eo, quod scriptum sit, recedant; neque, quo pacto aliis improbare possint, quod contra legem

il s'agit n'est pas de nature à en admettre; et enfin, quand cette loi même en admettrait, la raison que l'on oppose est la dernière qu'on doit accueillir.

XLV. Voici les principaux lieux qui servent à traiter la première partie : l'auteur a eu l'intelligence, le temps et tous les moyens nécessaires pour exprimer clairement sa pensée. S'il avait cru devoir écrire l'exception que soutient l'adversaire, il le pouvait sans peine et sans difficulté; c'est l'usage des législateurs de poser des exceptions. Il faut citer ensuite les lois qu'elles renferment; puis examiner surtout si la loi dont il s'agit en admet dans quelqu'une de ses dispositions, ou s'il s'en rencontre dans d'autres écrits du même législateur, ce qui prouverait avec plus d'évidence encore qu'il n'aurait pas manqué d'exprimer en cet endroit celles qu'il aurait jugées nécessaires; puis montrer qu'admettre l'exception, c'est anéantir la loi, puisque l'exception admise ne se rapporte point à une loi dans laquelle elle n'est pas écrite. Ce précédent établi, tous en prendraient l'occasion et les moyens de mal faire, voyant que, dans le jugement des délits, c'est le caprice de celui qui a violé la loi que vous prenez pour règle, non la loi même que vous avez juré d'observer; ensuite vous dites que, s'écarter de la loi, c'est troubler toutes les notions qui doivent diriger la conduite des juges et la vie des citoyens. Car les juges n'auront plus de principes certains, s'ils s'éloignent de la lettre, ni aucune raison de condamner les autres, puisqu'ils auront eux-mêmes enfreint la loi; et les citoyens ne connaîtront plus leurs devoirs, si chacun, dans toute sa conduite, prend pour règle, non plus les lois générales de l'état, mais les conseils de sa

judicarint; et ceteros cives, quid agant, ignoraturos, si ex suo quisque consilio, et ex ea ratione, quæ in mentem, aut in libidinem venerit, non ex communi præscripto civitatis unamquamque rem administrarit. Postea quærere a judicibus ipsis, quare in alienis detineantur negotiis; cur reipublicæ munere impediantur, quum sæpius suis rebus et commodis servire possint; cur in certa verba jurent; cur certo tempore conveniant, certo discedant; nihil quisquam afferat causæ, quo minus frequenter operam reipublicæ det, nisi quæ causa in lege excepta sit; an se legibus obstrictos in tantis molestiis esse æquum censeant, adversarios nostros leges negligere concedant. Deinde item quærere ab judicibus, si ejus rei causam, propter quam se reus contra legem fecisse dicat, exceptionem ipse in lege adscribat, passurine sint; postea hoc, quod faciat, indignius et impudentius esse, quam si adscribat; age porro, quid? si ipsi velint judices adscribere, passurusne sit populus? atque hoc esse indignius, quam rem verbo et litteris mutare non possint, eam re ipsa, et judicio maxime, commutare; deinde indignum esse de lege aliquid derogari, aut legem abrogari, aut aliqua ex parte commutari, quum populo cognoscendi, et probandi, aut improbandi potestas nulla fiat; hoc ipsis judicibus invidiosissimum futurum; non hunc locum esse, neque hoc tempus legum corrigendarum; apud populum hoc, et

propre sagesse, les inspirations du caprice et d'une volonté particulière. Puis on demande aux juges pourquoi ils s'occupent des affaires des autres, pourquoi ils s'embarrassent d'emplois publics, au lieu de donner tous leurs soins à leurs intérêts et à leurs propres affaires ; pourquoi ils prononcent une formule de serment ; pourquoi nul d'entre eux n'allègue jamais, pour s'exempter quelquefois du service public, d'autres raisons que celles qui sont comprises comme exception dans la loi : leur semblerait-il juste, quand la loi leur impose à eux-mêmes tant de fâcheux devoirs, de permettre aux adversaires de se mettre au dessus de la loi? Il faut encore leur demander si, dans le cas où le coupable voudrait ajouter à la loi l'exception au moyen de laquelle il prétend justifier sa conduite contraire à la loi, ils y consentiraient ; puis ajouter, qu'il y a plus d'impudeur et d'infamie à faire ce qu'il fait, qu'à ajouter l'exception ; et en supposant même qu'ils y consentent, le peuple romain le souffrirait-il? et ne serait-ce pas plus mal à eux, quand ils ne peuvent changer la loi par des mots et par des lettres, de la changer par le fait même, et surtout par un jugement? C'est un crime de déroger en quelque chose à la loi, de l'abroger, d'en altérer quelques dispositions, sans que le peuple puisse délibérer sur cette mesure, l'approuver ou la rejeter. Un pareil fait livrerait les juges eux-mêmes à la haine publique. Ce n'est pas le lieu, ce n'est pas le moment de modifier les lois; c'est au peuple qu'il faut en référer ; c'est le peuple qui doit en décider ; s'ils osent le faire eux-mêmes, dites que vous voulez connaître celui qui se chargera de la proposition, et ses partisans; que vous voyez d'ici les accusations prochaines, et que vous voulez les leur épargner; si cette

per populum agi convenire; quod si nunc id agant, velle se scire, qui lator sit, qui sint accepturi; se actiones videre et dissuadere velle; quod si hæc quum summe inutilia, tum multo turpissima sint, legem, cujuscemodi sit, in præsentia conservari ab judicibus, post, si displiceat, a populo corrigi convenire. Deinde, si scriptum non exstaret, magnopere quæreremus; neque isti, ne si extra periculum quidem esset, crederemus. Nunc quum scriptum sit, amentiam esse, ejus, qui peccarit, potius, quam legis ipsius verba cognoscere. His et hujusmodi rationibus ostenditur, causam extra scriptum accipi non oportere.

XLVI. Secunda pars est, in qua est ostendendum, si in ceteris legibus oporteat, in hac non oportere. Hoc demonstrabitur, si lex aut ad res maximas, utilissimas, honestissimas, religiosissimas videbitur pertinere; aut inutile, aut turpe, aut nefas esse tali in re non diligentissime legi obtemperare; aut ita lex diligenter perscripta demonstrabitur, ita cautum unaquaque de re, ita, quod oportuerit, exceptum, ut minime conveniat quidquam in tam diligenti scriptura præteritum arbitrari.

Tertius locus est ei, qui pro scripto dicet, maxime necessarius, per quem ostendat oportet, si conveniat causam contra scriptum accipi, eam tamen minime oportere, quæ ab adversariis afferatur. Qui locus idcirco

action de leur part serait encore plus honteuse que funeste, leur devoir comme juges est d'obéir provisoirement à la loi quelle qu'elle puisse être; s'ils la trouvent mauvaise sous quelque rapport, c'est au peuple qu'il appartient de la modifier. Puis vous dites encore que si le texte de la loi n'existait pas, il faudrait le chercher avec le plus grand soin, et ne point s'en rapporter à l'adversaire, quand même il ne serait pas accusé. Mais puisque nous avons ce texte, il y aurait folie à écouter les paroles d'un coupable, plutôt que les paroles mêmes de la loi. C'est par ces raisons, et par d'autres semblables, qu'on prouve qu'il ne faut rien admettre de contraire à la lettre de la loi.

XLVI. La seconde partie est celle où vous devez montrer que, quand même toutes les autres lois admettraient des exceptions, celle dont il s'agit n'en admettrait pas : pour cela il faut prouver qu'elle se rapporte aux choses les plus importantes, les plus utiles, les plus honorables, les plus saintes; que ce serait une honte, un sacrilège, en pareille affaire, de ne point s'en tenir scrupuleusement à ses dispositions; ou l'on dira que la rédaction a été faite avec tant de soin, qu'on a si bien prévu tous les cas, si bien marqué toutes les exceptions, qu'il n'est pas permis de supposer des omissions dans une loi rédigée avec tant d'exactitude.

Le troisième lieu, et le plus important pour celui qui défend la lettre, consiste à dire que, dans le cas même où l'on pourrait admettre des raisons contraires au texte de la loi, ce ne serait pas au moins celle que propose l'adversaire. Je dis que c'est un point capital, parce que

est huic necessarius, quod semper is, qui contra scriptum dicit, æquitatis aliquid afferat oportet: Nam summa impudentia sit, eum, qui contra quam quod scriptum sit, aliquid probare velit, non æquitatis præsidio id facere conari. Si quid igitur ex hac ipsa quippiam accusator deroget, omnibus partibus justius et probabilius accusare videtur. Nam superior oratio hoc omnis faciebat, uti judices, etiamsi nollent, necesse esset; hæc autem, etiamsi necesse non esset, ut vellent contra judicare. Id autem fiet, si, quibus ex locis culpa demonstrabitur non esse in eo, qui comparatione, aut remotione, aut relatione criminis, aut concessionis partibus se defendit (de quibus ante, ut potuimus, diligenter perscripsimus), de his locis, quæ res postulabit, ad causam adversariorum improbandam transferemus; aut causæ et rationes afferentur, quare, et quo consilio ita sit in lege, aut in testamento scriptum, ut sententia quoque, et voluntate scriptoris, non ipsa solum scripturæ causa confirmatum esse videatur; aut aliis quoque constitutionibus factum coarguetur.

XLVII. Contra scriptum autem qui dicet, primum eum inducet locum, per quem æquitas causæ demonstretur; aut ostendet, quo animo, quo consilio, qua de causa fecerit; et, quamcumque causam assumet, assumtionis partibus se defendet, de quibus ante dictum est. Atque hoc in loco quum diutius commoratus, sui

celui qui plaide contre la lettre doit faire valoir des considérations de justice : car ce serait à lui le comble de l'impudeur que de vouloir attaquer ainsi le texte formel de la loi, autrement qu'avec des armes fournies par l'équité. Si donc l'accusateur peut affaiblir sur ce point la défense, il donne par là même un air de justice, et plus de force à tout l'ensemble de son accusation. Car ce qu'il avait dit précédemment ne tendait qu'à forcer les juges de condamner l'accusé, quand même ils ne l'auraient pas voulu; mais cette partie de son discours doit les porter à le vouloir, quand même ils n'y seraient pas forcés. Il faut pour cela puiser aux mêmes lieux que l'accusé a fait servir à sa justification, l'alternative, le recours, la récrimination ou l'aveu dont j'ai traité plus haut avec tout le soin possible, et en tirer tous les moyens que la cause peut fournir pour ruiner le système des adversaires; ou alléguer les raisons et les motifs qui expliquent comment et pourquoi de semblables dispositions se rencontrent dans le testament ou dans la loi, de manière à prouver qu'elles ne se fondent pas seulement sur l'autorité de la lettre, mais encore sur la pensée même et la volonté du rédacteur; ou employer encore, pour établir la criminalité, d'autres états de question.

XLVII. Celui qui plaide contre la lettre, commencera par établir l'équité de sa cause; il montrera quels ont été ses intentions, son esprit, ses motifs; et, quelques raisons qu'il fasse valoir, il suivra dans sa défense les règles que j'ai exposées plus haut pour la question accessoire. Après s'être long-temps arrêté sur ce point, et avoir démontré avec développement les motifs de son action et

facti rationem et æquitatem causæ exornaverit, tum ex his locis fere contra adversarios dicet oportere causas accipi. Demonstrabit, nullam esse legem, quæ aliquam rem inutilem, aut iniquam fieri velit; omnia supplicia, quæ a legibus proficiscantur, culpæ ac malitiæ vindicandæ causa constituta esse; scriptorem ipsum, si exsistat, factum hoc probaturum; et idem ipsum, si ei talis res accidisset, facturum fuisse; et ea re legis scriptorem certo ex ordine judices, certa ætate præditos constituisse, ut essent, non qui scriptum suum recitarent, quod quivis puer facere posset, sed qui cogitationem assequi possent, et voluntatem interpretari; deinde illum scriptorem, si scripta sua stultis hominibus et barbaris judicibus committeret, omnia summa diligentia perscripturum fuisse; nunc vero, quod intelligeret, quales viri judicaturi essent, idcirco eum, quæ perspicua videret esse, non adscripsisse: neque enim vos scripti sui recitatores, sed voluntatis interpretes fore putavit. Postea quærere ab adversariis, Quid si hoc fecissem? quid si hoc accidisset? eorum aliquid, in quibus aut causa sit honestissima, aut necessitudo certissima; tumne accusaretis? Atqui hoc lex nusquam excepit. Non ergo omnia scriptis, sed quædam, quæ perspicua sint, tacitis exceptionibus caveri. Deinde nullam rem neque legibus, neque scriptura ulla, denique ne in sermone quidem quotidiano atque imperiis domesticis recte posse admi-

la justice de sa cause, il emploiera, pour prouver contre les adversaires qu'il faut admettre des exceptions, les lieux suivans : il dira d'abord qu'aucune loi n'ordonne rien de funeste ou d'injuste; que toutes les peines prononcées par les lois ont pour but de châtier le crime et la perversité; que le législateur lui-même, s'il était présent, approuverait l'action dont il s'agit, et ne se serait pas conduit autrement dans des circonstances pareilles; qu'il a pris les juges dans une certaine classe de citoyens et déterminé leur âge, pour qu'ils fussent capables, non de répéter ses paroles, comme pourrait le faire le premier enfant venu, mais de comprendre ses intentions et d'expliquer sa volonté; s'il eût dû confier l'expression de sa pensée à des hommes ignorans, à des juges barbares, il eût mis le soin le plus minutieux à prévoir tous les cas; mais sachant à quels hommes seraient remis les offices de juges, il n'a pas cru devoir écrire ce qui lui semblait trop clair, il a pensé que vous seriez, non les échos de ses paroles, mais les interprètes de ses volontés. Puis on demande aux adversaires : Si j'avais fait telle chose; si tel évènement avait eu lieu (ayant soin d'ailleurs de ne spécifier que des actions d'une moralité parfaite ou d'une absolue nécessité); m'accuseriez-vous? La loi cependant n'a point distingué ces cas d'exception; tous ne sont donc pas écrits; mais il en est que leur évidence exprime pour ainsi dire tacitement. Enfin, dans les lois, dans les contrats écrits, même dans le langage habituel, et dans les prescriptions domestiques, il serait impossible de rien mener à bien, si chacun voulait s'attacher à la lettre, au lieu de comprendre l'intention de celui qui a parlé.

nistrari, si unusquisque velit verba spectare, et non ad voluntatem ejus, qui verba habuerit, accedere.

XLVIII. Deinde ex utilitatis et honestatis partibus ostendere, quam inutile, aut quam turpe sit id, quod adversarii dicant fieri oportuisse, aut oportere; et id, quod nos fecerimus, aut postulemus, quam utile, aut quam honestum sit. Deinde leges nobis caras esse non propter litteras, quæ tenues et obscuræ notæ sint voluntatis, sed propter earum rerum, quibus de scriptum est, utilitatem, et eorum, qui scripserint, sapientiam et diligentiam. Postea, quid sit lex, describere, ut ea videatur in sententiis, non in verbis consistere; et judex is videatur legi obtemperare, qui sententiam ejus, non qui scripturam sequatur. Deinde, quam indignum sit, eodem affici supplicio eum, qui propter aliquod scelus et audaciam contra legem fecerit, et eum, qui honesta, aut necessaria de causa, non ab sententia, sed ab litteris legis recesserit: atque his, et hujusmodi rationibus, et accipi causam, et in hac lege accipi, et eam causam, quam ipse afferat, oportere accipi demonstrabit.

Et quemadmodum ei dicebamus, qui a scripto diceret, hoc fore utilissimum, si quid de æquitate ea, quæ cum adversario staret, derogasset: sic huic, qui contra scriptum dicet, plurimum proderit, ex ipsa scriptura aliquid ad suam causam convertere, aut ambigue aliquid scriptum ostendere; deinde ex illo ambiguo eam

XLVIII. Il faut ensuite montrer, par les lieux communs de l'honnêteté et de l'utilité, combien honteuse et combien funeste serait la conduite que l'on aurait dû ou que l'on devrait tenir suivant les adversaires, et combien utile et honorable est au contraire ce que l'on a fait, ou ce que l'on demande. Nous devons dire aussi que nous aimons les lois, non pour les lettres qui les expriment, faibles et obscurs témoignages de la volonté, mais pour l'importance des intérêts qu'elles doivent régler, pour la sagesse et la profonde intelligence de ceux qui les ont faites; puis définir la loi de manière à montrer qu'elle est toute dans la pensée, non dans les mots; et que le juge qui obéit véritablement aux lois, est celui qui s'attache plus à leur esprit qu'à leurs termes; ensuite montrer quelle indignité ce serait d'infliger la même peine à l'homme violent et pervers qui a enfreint la loi, et au citoyen que des motifs honorables ou nécessaires ont porté à s'écarter, non de l'esprit, mais de la lettre de la loi : c'est par ces raisons et autres semblables qu'il faut établir la nécessité d'admettre en général des exceptions, d'en admettre dans la loi dont il s'agit, et d'admettre enfin celle pour laquelle on plaide.

Et comme j'ai dit qu'il était fort important, pour celui qui défend la lettre, de retirer à l'adversaire l'apparence de justice qu'il pourrait avoir de son côté, il ne sera pas moins avantageux à celui qui parle contre la lettre, de ramener le texte même à l'intérêt de sa cause, ou de montrer qu'il renferme aussi quelque ambiguité; puis, parmi les sens qu'il présente, de soutenir celui

partem, quæ sibi prosit, defendere, aut verbi definitionem inducere, et illius verbi vim, quo urgeri videatur, ad suæ causæ commodum traducere, aut ex scripto non scriptum aliquod inducere per ratiocinationem, de qua post dicemus. Quacumque autem in re, quamvis leviter probabili, scripto ipso se defenderit, etiam quum æquitate causa abundabit, necessario multum proficiet, ideo quod, si id, quo nititur adversariorum causa, subduxerit, omnem illam ejus vim et acrimoniam lenierit ac diluerit. Loci autem communes ceteri ex assumtionis partibus in utramque partem convenient. Præterea ejus, qui a scripto dicet : leges ex se, non ex ejus, qui contra commiserit, utilitate spectari oportere, et legibus antiquius haberi nihil oportere. Contra scriptum : leges in consilio scriptoris, et utilitate communi, non in verbis consistere; quam indignum sit, æquitatem litteris urgeri, quæ voluntate ejus, qui scripserit, defendatur.

XLIX. Ex contrariis autem legibus controversia nascitur, quum inter se duæ videntur leges, aut plures discrepare, hoc modo : Lex est, QUI TYRANNUM OCCIDERIT, OLYMPIONICARUM PRÆMIUM CAPITO, ET QUAM VOLET SIBI REM A MAGISTRATU DEPOSCITO, ET MAGISTRATUS EI CONCEDITO. Et altera lex, TYRANNO OCCISO, QUINQUE EJUS PROXIMOS COGNATIONE MAGISTRATUS NECATO. «Alexandrum, qui apud Pheræos in Thessalia tyrannidem occuparat, uxor sua, cui Thebe nomen

qui lui est favorable, ou, par une définition, tourner au profit de sa cause le terme qui semblait le plus directement la condamner; ou tirer du texte ce qu'il ne dit pas, au moyen de l'induction dont je parlerai plus bas. Quelque faible que soit le moyen de défense tiré de la lettre même, il ne peut manquer de servir beaucoup, même dans la cause la plus juste, par la raison qu'en ruinant ainsi la base de l'accusation, il affaiblit ses moyens, et lui retire les armes les plus dangereuses. Tous les autres lieux communs que fournit la question accessoire pourront être également employés par les deux parties. De plus, celui qui défend la lettre dira qu'il ne faut pas interpréter la loi selon l'intérêt de celui qui l'a violée, et que la loi passe avant toute autre considération; et l'adversaire, de son côté, soutiendra que c'est l'intention du législateur, et l'utilité commune, qui constituent la loi, non la lettre, et que c'est une indignité de soumettre aux mots la justice dont le maintien faisait l'unique sollicitude du législateur.

XLIX. Il y a discussion sur des lois contradictoires, quand deux ou plusieurs lois semblent s'exclure mutuellement. Par exemple, une loi dit : *Le meurtrier d'un tyran recevra la même récompense que les vainqueurs d'Olympie, et ce qu'il voudra demander lui sera accordé par les magistrats.* Une autre loi porte : *Le tyran tué, les magistrats feront mettre à mort ses cinq plus proches parens.* «Alexandre, tyran de Phères en Thessalie, a été tué, pendant la nuit, par Thébé, son épouse, qui reposait à ses côtés. Cette femme demande, pour sa récompense, le fils qu'elle a eu du tyran. Quelques ci-

fuit, noctu, quum simul cubaret, occidit. Hæc filium suum, quem ex tyranno habebat, sibi in præmii loco deposcit. Sunt, qui ex lege puerum occidi dicant oportere. Res in judicio est. » In hoc genere utramque in partem iidem loci, atque eadem præcepta convenient, ideo quod uterque suam legem confirmare, contrariam infirmare debebit. Primum igitur leges oportet ostendere, considerando, utra lex ad majores, hoc est, ad utiliores, ad honestiores ac magis necessarias res pertineat: ex quo conficitur, ut, si leges duæ, aut si plures, aut quotquot erunt, conservari non possint, quia discrepent inter se; ea maxime conservanda putetur, quæ ad maximas res pertinere videatur. Deinde utra lex posterius lata sit : nam postrema quæque gravissima est. Deinde utra lex jubeat aliquid, utra permittat : nam id, quod imperatur, necessarium; illud, quod permittitur, voluntarium est. Deinde in utra lege, si non obtemperatum sit, pœna afficiatur, aut in utra major pœna statuatur : nam maxime conservanda est ea, quæ diligentissime sancta est. Deinde utra lex jubeat, utra vetet : nam sæpe ea, quæ vetat, quasi exceptione quadam corrigere videtur illam, quæ jubet. Deinde utra lex de genere omni; utra de parte quadam; utra communiter in plures; utra in aliquam certam rem scripta videatur : nam quæ in partem aliquam, et quæ in certam quamdam rem scripta est, promtius ad causam acce-

toyens disent que cet enfant doit être mis à mort suivant la loi; on plaide sur cette difficulté. » Ici les mêmes lieux communs, les mêmes préceptes conviennent aux deux parties, puisque chacune d'elles doit soutenir la loi qui lui est favorable, attaquer celle qui lui est contraire. Il faut d'abord comparer ces lois, voir celle qui se rapporte aux objets les plus importans, c'est-à-dire, les plus utiles, les plus honnêtes, les plus nécessaires, par où l'on arrive à démontrer que de deux ou de plusieurs lois qu'on ne peut conserver toutes, parce qu'elles se contredisent, la meilleure à garder est celle qui règle les plus grands intérêts. On examine ensuite laquelle est la plus récente; car les dernières sont les plus respectables; puis, on distingue la loi qui ordonne et la loi qui permet : le commandement implique nécessité, la permission volonté. On considère encore quelle est celle qui porte des peines contre la désobéissance, ou quelle est celle qui porte les peines les plus sévères : car il importe surtout de maintenir celle qui est revêtue d'une sanction plus forte. Puis on distingue la loi qui ordonne et la loi qui défend; car souvent cette dernière n'est que le correctif de celle qui ordonne; la loi générale et la loi particulière; celle qui s'applique à plusieurs cas, celle qui régit un objet déterminé : car la loi particulière, et qui s'applique à un objet spécial, touche de plus près à la cause, et sert davantage dans les jugemens. On examine encore si la loi veut être obéie sur-le-champ, ou si elle accorde des délais et certains tempéramens : car l'obéissance doit être plus prompte quand la loi n'admet pas de retard. Tâchez aussi que votre loi se soutienne par ses expressions mêmes, et que celle de l'adversaire soit équivoque, et forcée de s'appuyer sur l'analogie ou sur la définition :

dere videtur, et ad judicium magis pertinere. Deinde, ex lege utrum statim fieri necesse sit; utrum habeat aliquam moram et sustentationem : nam id, quod statim faciendum sit, perfici prius oportet. Deinde operam dare, ut sua lex ipso scripto videatur niti; contraria autem aut per ambiguum, aut per ratiocinationem, aut per definitionem induci : quo sanctius et firmius id videatur esse, quod apertius scriptum sit. Deinde suæ legis ad scriptum ipsam sententiam quoque adjungere, contrariam legem item ad aliam sententiam traducere, ut, si fieri poterit, ne discrepare quidem videantur inter se : postremo facere, si causa dabit facultatem, ut nostra ratione utraque lex conservari videatur; adversariorum ratione, altera sit necessario negligenda. Locos autem communes, et quos ipsa causa det, videre oportebit, et ex utilitatis et honestatis amplissimis partibus sumere, demonstrantem per amplificationem, ad utram potius legem accedere oporteat.

L. Ex ratiocinatione nascitur controversia, quum ex eo, quod uspiam est, ad id, quod nusquam scriptum est, pervenitur, hoc pacto : Lex est : Si FURIOSUS ESCIT, AGNATORUM GENTILIUMQUE IN EO PECUNIAQUE EJUS POTESTAS ESTO. Et lex : PATERFAMILIAS UTI SUPER FAMILIA PECUNIAQUE SUA LEGASSIT, ITA JUS ESTO. Et lex : Si PATERFAMILIAS INTESTATO MORITUR, FAMILIA PECUNIAQUE EJUS AGNATORUM GENTILIUMQUE ESTO. «Qui-

la loi qui présente un sens clair a toujours plus de force et d'autorité. Donnez aussi le sens de votre loi à côté de son texte, et donnez de la loi contraire une autre explication, de manière à montrer, s'il est possible, que toutes les deux se ressemblent; et enfin prouver, si la cause le permet, qu'en adoptant votre sens, on peut conserver les deux lois, tandis qu'avec celui de l'adversaire, il faut nécessairement que l'une des deux soit écartée. Quant aux lieux communs, il faudra voir ceux que peut fournir la cause, et, par de riches développemens tirés de l'honnêteté et de l'utilité, montrer à laquelle des deux lois il convient de donner la préférence.

L. On a une question d'analogie quand, de ce qui est écrit quelque part, on cherche à déduire ce qui n'est point écrit; par exemple, une loi dit : *La personne et les biens du furieux seront administrés par les parens des deux lignes paternelle et maternelle.* Une autre loi porte : *Le père de famille a le droit de disposer de ses biens.* Une troisième enfin dit : *Si le père de famille meurt intestat, ses biens appartiendront à ses parens des deux lignes paternelle et maternelle.* « Un homme est condamné comme parricide : n'ayant pu parvenir à s'échapper, on

dam judicatus est parentem occidisse. Ei statim, quod effugiendi potestas non fuit, ligneæ soleæ in pedes inductæ sunt; os autem obvolutum est folliculo et præligatum; deinde est in carcerem deductus, ut ibi esset tantisper, dum culeus, in quem conjectus in profluentem deferretur, compararetur. Interea quidam ejus familiares in carcerem tabulas afferunt, et testes adducunt; heredes, quos ipse jubet, scribunt; tabulæ obsignantur. De illo post supplicium sumitur. Inter eos, qui heredes in tabulis scripti sunt, et inter agnatos, de hereditate controversia est. ». Hic certa lex, quæ testamenti faciendi iis, qui in eo loco sint, adimat potestatem, nulla profertur. Ex ceteris legibus, et quæ hunc ipsum supplicio hujusmodi afficiunt, et quæ ad testamenti faciendi potestatem pertinent, per ratiocinationem veniendum est ad ejusmodi rationem, ut quæratur, habueritne testamenti faciendi potestatem.

Locos autem communes hoc in genere argumentandi, hos, et hujusmodi quosdam esse arbitramur : primum, ejus scripti, quod proferas, laudationem et confirmationem; deinde ejus rei, qua de quæratur, cum eo, de quo constat, collationem ejusmodi, ut id, de quo quæritur, rei, de qua constet, simile esse videatur; postea admirationem [per contentionem], qui fieri possit, ut, qui hoc æquum esse concedat, illud neget, quod aut æquius, aut eodem sit in genere; deinde idcirco hac de re nihil

charge ses pieds d'entraves, on lui couvre le visage d'un sac de cuir lié autour de sa tête, et on le conduit en prison pour y demeurer le temps d'attendre que le sac, où l'on doit l'enfermer pour le livrer aux flots du Tibre, soit préparé. Pendant ce temps, quelques-uns de ses amis apportent des tablettes dans la prison, amènent des témoins, écrivent les noms des héritiers qu'il institue, et le testament est signé. Plus tard, le condamné est conduit au supplice. Les héritiers institués par le testament, et les agnats se disputent son hérédité. » Il est impossible ici de citer aucune loi spéciale qui interdise le droit de tester en pareil cas. C'est donc dans les autres lois, dans celles qui ont amené la condamnation du parricide, dans celles qui règlent le droit de tester en général, qu'il faut trouver par analogie la réponse à cette question : Avait-il ou n'avait-il pas le droit de faire un testament?

Voici à peu près les lieux communs qui conviennent à ce genre de cause : d'abord, il faut faire l'éloge du texte sur lequel on le fonde, et prouver sa validité; ensuite comparer le point douteux que présente la cause avec un autre point reconnu constant, de manière à présenter l'un et l'autre comme semblables; puis s'étonner, en faisant le parallèle, qu'on puisse admettre le dernier comme juste, et non pas aussi le premier qui l'est plus encore, ou pour le moins autant; puis on dira que si le législateur n'a point statué sur ce premier cas, c'est qu'il a pensé que ce qu'il avait écrit sur le second ne laissait

esse scriptum, quod, quum de illa esset scriptum, de hac re is, qui scribebat, neminem dubitaturum arbitratus sit; postea multis in legibus multa esse præterita, quæ idcirco præterita nemo arbitretur, quod ex ceteris, de quibus scriptum sit, intelligi possint : deinde æquitas rei demonstranda est, ut in juridiciali absoluta.

Contra autem qui dicet, similitudinem infirmare debebit : quod faciet, si demonstrabit, illud, quod conferatur, ab eo, cui conferatur, diversum esse genere, natura, vi, magnitudine, tempore, loco, persona, opinione; si, quo in numero illud, quod per similitudinem affertur, et quo in loco illud, cujus causa affertur, haberi conveniat, ostendetur; deinde, quid res cum re differat, demonstrabitur, ut non idem videatur de utraque existimari oportere. Ac, si ipse quoque poterit ratiocinationibus uti, iisdem ratiocinationibus, quibus ante dictum est, utetur : si non poterit, negabit oportere quidquam, nisi quod scriptum sit, considerare; periclitari omnia jura, si similitudines accipiantur; nihil esse pæne, quod non alteri simile esse videatur; multis dissimilibus rebus, in unamquamque rem tamen singulas esse leges; omnia posse inter se vel similia vel dissimilia demonstrari. Loci communes a ratiocinatione, oportere conjectura ex eo, quod scriptum sit, ad id, quod non scriptum sit, pervenire; et neminem posse

aucun doute sur l'autre; que toutes les lois sont pleines de ces sortes d'omissions, qui n'en sont cependant pour personne, parce qu'on peut, au moyen de ce qui est écrit, suppléer à ce qui ne l'est pas. Ensuite, il faut démontrer la justice de la cause, comme dans la question judiciaire absolue.

L'adversaire doit chercher à réfuter la comparaison; pour cela il démontrera que les deux termes n'ont entre eux aucun rapport de genre, de nature, d'importance, de grandeur, de temps, de lieu, de personne ou d'opinion ; il remettra chacun d'eux à sa véritable place, marquera les différences de manière à faire voir qu'on ne doit point attacher à tous les deux la même idée. Si lui-même peut employer l'analogie, il suivra les règles que j'ai exposées plus haut; s'il ne le peut pas, il soutiendra qu'il ne faut tenir compte que de ce qui est écrit; que ces rapprochemens admis compromettraient l'existence de toutes les lois; qu'il n'y a presque rien au monde qui ne ressemble à quelque chose; qu'au milieu de tant d'objets différens, il y a néanmoins des lois spéciales pour chacun d'eux; qu'il est facile de montrer partout des rapports et des différences. Les lieux communs qui servent à soutenir l'analogie, consistent à dire qu'il faut, au moyen des conjectures, arriver de ce qui est écrit à ce qui ne l'est pas; qu'il est impossible au rédacteur de prévoir d'avance tous les cas; que la rédaction la plus parfaite est celle qui fait comprendre une chose par une autre. Celui qui plaide contre l'analogie répondra que cette manie de conjectures est une véritable di-

omnes res per scripturam amplecti, sed eum commodissime scribere, qui curet, ut quædam ex quibusdam intelligantur : contra ratiocinationem, hujuscemodi, conjecturam divinationem esse, et stulti scriptoris esse, non posse omnibus de rebus cavere, quibus velit.

LI. Definitio est, quum in scripto verbum aliquod est positum, cujus de vi quæritur, hoc modo : Lex; QUI IN ADVERSA TEMPESTATE NAVIM RELIQUERINT, OMNIA AMITTUNTO; EORUM NAVIS ET ONERA SUNTO, QUI IN NAVI REMANSERINT. « Duo quidam, quum jam in alto navigarent, et quum eorum alterius navis, alterius onus esset, naufragum quemdam natantem, et manus ad se tendentem animadverterunt; misericordia commoti, navim ad eum applicaverunt; hominem ad se sustulerunt. Postea aliquanto, ipsos quoque tempestas vehementius jactare cœpit, usque adeo, ut dominus navis, quum idem gubernator esset, in scapham confugeret, et inde funiculo, qui a puppi religatus scapham annexam trahebat, navim, quoad posset, moderaretur; ille autem, cujus merces erant, in gladium ibidem incumberet. Hic ille naufragus ad gubernaculum accessit, et navi, quoad potuit, est opitulatus. Sedatis autem fluctibus, et tempestate jam commutata, navis in portum pervehitur. Ille autem, qui in gladium incubuerat, leviter saucius, facile est ex vulnere recreatus. Navim cum onere horum trium suam quisque esse

vination, et qu'il n'appartient qu'à un rédacteur peu intelligent de ne savoir pas exprimer tous les cas qu'il veut prévoir.

LI. La définition a lieu lorsque, dans un texte, se rencontre quelque expression dont il s'agit de déterminer la valeur ; par exemple : *La loi porte que ceux qui, dans une tempête, abandonnent un vaisseau, perdent tous leurs droits sur le chargement, et que le vaisseau, ainsi que sa cargaison, appartiennent à ceux qui ne l'ont point quitté.* « Deux individus, propriétaires l'un d'un navire, l'autre de sa cargaison, aperçurent en pleine mer un naufragé qui cherchait à se sauver à la nage, et leur tendait les bras : touchés de compassion, ils dirigèrent leur bâtiment de son côté, et le prirent à bord. Bientôt après la tempête vint à battre leur navire avec tant de force, que le propriétaire, qui était en même temps pilote, se jeta dans un esquif, d'où il cherchait, autant que possible, à régler les mouvemens du vaisseau au moyen du câble qui tenait la barque attachée à la poupe. Le propriétaire des marchandises se perça de son épée sur le vaisseau même. Le naufragé, qu'ils avaient recueilli, se met alors au gouvernail, et fait tous ses efforts pour sauver le bâtiment. Les flots venant à s'apaiser et le temps à changer, le navire entre dans le port. Celui qui s'était frappé de son épée, légèrement blessé, guérit facilement. Chacun des trois soutient que le navire et tout le chargement lui appartiennent. » Dans cette cause, toutes les parties invoquent le texte de la loi,

dicit. » Hic omnes scripto ad causam accedunt, et ex nominis vi nascitur controversia. Nam et relinquere navem, et remanere in navi, denique navis ipsa quid sit, definitionibus quæritur. Iisdem autem ex locis omnibus, quibus definitiva constitutio, tractabitur.

Nunc, expositis iis argumentationibus, quæ in judiciale causarum genus accommodantur, deinceps in deliberativum genus et demonstrativum argumentandi locos et præcepta dabimus, non quo non in aliqua constitutione omnis semper causa versetur; sed quia proprii tamen harum causarum quidam loci sunt, non a constitutione separati, sed ad fines horum generum accommodati.

Nam placet, in judiciali genere finem esse æquitatem, hoc est, partem quamdam honestatis. In deliberativo autem Aristoteli placet utilitatem, nobis et honestatem, et utilitatem. In demonstrativo, honestatem. Quare in hoc quoque genere causæ quædam argumentationes communiter ac similiter tractabuntur; quædam separatius ad finem, quo referri omnem orationem oportet, adjungentur. Atque uniuscujusque constitutionis exemplum supponere non gravaremur, nisi illud videremus, quemadmodum res obscuræ dicendo fierent apertiores, sic res apertas, obscuriores fieri oratione. Nunc ad deliberationis præcepta pergamus.

LII. Rerum expetendarum tria genera sunt; par au-

et la difficulté porte sur le sens des mots; car il s'agit de déterminer, par des définitions, ce qu'on doit entendre par abandonner le navire, demeurer sur le navire, et enfin ce que c'est que le navire lui-même. Les lieux communs à employer ici sont les mêmes que dans la question de définition.

Maintenant que j'ai exposé la théorie des argumens propres au genre judiciaire, je vais tracer les règles et la méthode qui conviennent aux genres délibératif et démonstratif; non que, dans ces deux genres, toute cause ne renferme toujours quelque état de question, mais parce que chacun offre de certains lieux qui, sans être précisément étrangers à l'état de question, se rapportent néanmoins plus particulièrement au but de ces genres.

On s'accorde à dire que la fin du genre judiciaire, c'est l'équité, c'est-à-dire, une partie de l'honnêteté. Au genre délibératif, Aristote assigne pour but l'utilité, à laquelle je crois qu'il faut ajouter aussi l'honnêteté; au démonstratif, l'honnêteté. Dans ce dernier genre de cause, il en est qu'il faut traiter selon les règles générales et communes de l'argumentation; mais il en est aussi pour lesquelles je dois tracer des règles plus particulièrement appropriées au but de tout le discours; et je n'aurais pas de peine à donner des exemples de chaque état de question, si je ne savais que les explications qui rendent claires les choses obscures, ne servent qu'à embrouiller celles qui sont naturellement claires. Occupons-nous d'abord des règles du genre délibératif.

LII. Les choses que l'honneur doit rechercher se di-

tem numerus vitandarum ex contraria parte. Nam est quiddam, quod sua vi nos allicit ad sese, non emolumento captans aliquo, sed trahens sua dignitate : quod genus virtus, scientia, veritas est. Aliud autem non propter suam vim et naturam, sed propter fructum, atque utilitatem, petendum : quod genus pecunia est. Est porro quiddam ex horum partibus junctum, quod et sua vi, et dignitate nos illectos ducit, et præ se quamdam gerit utilitatem, quo magis expetatur, ut amicitia, bona existimatio. Atque ex his horum contraria facile, tacentibus nobis, intelligentur. Sed ut expeditius ratio tradatur, ea, quæ posuimus, brevi nominabuntur. Nam in primo genere quæ sunt, honesta appellabuntur. Quæ autem in secundo, utilia. Hæc autem tertia, quia partem honestatis continent, et quia major est vis honestatis, juncta esse omnino ex duplici genere intelligentur; sed in meliorem partem vocabuli conferantur, et honesta nominentur. Ex his illud conficitur, ut appetendarum rerum partes sint, honestas et utilitas; vitandarum, turpitudo et inutilitas. His igitur duabus rebus duæ res grandes sunt attributæ, necessitudo et affectio : quarum altera ex vi, altera ex re et personis consideratur. De utraque post apertius perscribemus. Nunc honestatis rationes primum explicemus.

LIII. Quod aut totum, aut aliqua ex parte propter

visent en trois genres, et aussi celles qu'il doit au contraire éviter; car il en est qui nous attirent par elles-mêmes et sans aucune considération d'intérêt, nous attachent par la seule puissance de leur beauté, comme la vertu, la science, la vérité. Il en est d'autres qu'il faut mieux rechercher pour elles-mêmes et pour leur propre mérite, que pour le profit et l'avantage qu'elles procurent : telles sont, par exemple, les richesses. Il en est d'autres enfin qui tiennent le milieu entre les deux premières, et nous captivent par elles-mêmes et par leur propre beauté, en même temps qu'elles offrent à nos désirs l'appât d'une utilité réelle qui nous les rend plus chères encore : l'amitié, par exemple, et la bonne réputation. Quant à leurs contraires, on les reconnaîtra facilement sans que je les nomme. Mais, pour rendre cette classification plus simple, je vais qualifier en peu de mots ces trois genres. Les choses comprises dans le premier sont appelées honnêtes; celles comprises dans le deuxième, utiles; le troisième renferme celles qui sont en partie honnêtes : mais comme le principe de l'honnêteté est supérieur, quoiqu'elles participent de deux genres, et pour leur donner le nom le plus noble, je les appellerai aussi honnêtes. Il faut conclure de là que les choses désirables ont pour principes l'honnêteté et l'utilité, comme la honte et le mal sont l'essence de celles qu'on doit fuir. A ces deux principes, il faut en ajouter deux autres non moins puissans, la nécessité et l'affection : dans l'une, on considère la force; dans l'autre, les choses et les personnes. J'en parlerai plus au long ci-après. Maintenant je vais commencer par dire ce qui constitue l'honnêteté.

LIII. Ce qui en tout ou en partie mérite d'être recher-

se petitur, honestum nominabimus. Quare quum ejus duæ partes sint, quarum altera simplex, altera juncta sit, simplicem prius consideremus. Est igitur in eo genere omnes res una vi atque uno nomine amplexa virtus. Nam virtus est animi habitus naturæ modo, rationi consentaneus. Quamobrem omnibus ejus partibus cognitis, tota vis erit simplicis honestatis considerata. Habet igitur partes quatuor : prudentiam, justitiam, fortitudinem, temperantiam. Prudentia est rerum bonarum, et malarum, neutrarumque scientia. Partes ejus, memoria, intelligentia, providentia. Memoria est, per quam animus repetit illa, quæ fuerunt. Intelligentia est, per quam ea perspicit, quæ sunt. Providentia est, per quam futurum aliquid videtur ante quam factum sit. Justitia est habitus animi, communi utilitate conservata, suam cuique tribuens dignitatem. Ejus initium est ab natura profectum; deinde quædam in consuetudinem ex utilitatis ratione venerunt; postea res et ab natura profectas, et ab consuetudine probatas, legum metus et religio sanxit.

Natura jus est, quod non opinio genuit, sed quædam innata vis inseruit, ut religionem, pietatem, gratiam, vindicationem, observantiam, veritatem. Religio est, quæ superioris cujusdam naturæ, quam divinam vocant, curam cærimoniamque affert : pietas, per quam sanguine conjunctis, patriæque benivolis officium et dili-

ché pour lui-même, s'appelle honnêteté. Comme elle comprend deux genres, l'un simple, l'autre composé, je m'occuperai d'abord du premier. En lui se trouve la vertu, dont le nom et l'essence résument tout ce qui se rattache à l'honnêteté. La vertu est une disposition naturelle de l'âme, et conforme à la raison. C'est pourquoi la connaissance de tous ses attributs donnera une complète idée de tout ce qui est compris dans l'honnêteté. Elle offre quatre parties : la prudence, la justice, la force, la tempérance. La prudence est la science de ce qui est bien ou mal ou indifférent : elle comprend la mémoire, l'intelligence, la prévoyance. La mémoire conserve le souvenir des choses passées ; l'intelligence sert à comprendre le présent ; la prévoyance à connaître d'avance les choses futures. La justice est une disposition de l'âme qui fait, qu'en maintenant l'intérêt général, on rend à chacun selon ses mérites. Elle a son commencement dans la nature ; puis l'utilité a introduit certaines coutumes, et plus tard, ces principes naturels, confirmés par l'usage, ont reçu la sanction des lois et de la religion.

Le droit naturel comprend ces notions que l'opinion n'a point mises en nous, mais qu'une secrète puissance a gravées dans nos cœurs, comme la religion, la piété, la reconnaissance, la vengeance, le respect, la vérité. La religion nous enseigne le culte et l'hommage que nous devons à cette nature supérieure, appelée divine. La piété comprend tous nos devoirs envers ceux qui nous

gens tribuitur cultus : gratia, in qua amicitiarum et officiorum alterius memoria, et remunerandi voluntas continetur : vindicatio, per quam vis et injuria, et omnino omne, quod obfuturum est, defendendo, aut ulciscendo propulsatur: observantia, per quam homines aliqua dignitate antecedentes cultu quodam et honore dignantur : veritas, per quam immutata ea, quæ sunt, aut ante fuerunt, aut futura sunt, dicuntur.

LIV. Consuetudine jus est, quod aut leviter a natura tractum aluit et majus fecit usus, ut religionem; aut si quid eorum, quæ ante diximus, ab natura profectum, majus factum propter consuetudinem videmus; aut quod in morem vetustas vulgi approbatione perduxit : quod genus, pactum, par, judicatum. Pactum est, quod inter aliquos convenit : par, quod in omnes æquabile est : judicatum, de quo alicujus, aut aliquorum jam sententiis constitutum est. Lege jus est, quod in eo scripto, quod populo expositum est, ut observet, continetur.

Fortitudo est considerata periculorum susceptio, et laborum perpessio. Ejus partes, magnificentia, fidentia, patientia, perseverantia. Magnificentia est rerum magnarum, et excelsarum cum animi ampla quadam et splendida propositione agitatio atque administratio : fidentia est, per quam magnis et honestis in rebus multum ipse animus in se fiduciæ certa cum spe collocavit : patientia est, honestatis aut utilitatis causa, rerum arduarum ac

sont unis par le sang et les bienfaiteurs de la patrie. La reconnaissance est le souvenir des bienfaits et des services qu'un autre nous a rendus, et le désir de nous acquitter envers lui. La vengeance est ce qui nous porte à punir ou à repousser l'injustice, la violence, et en général tout ce qui peut nous nuire. Le respect consiste dans l'honneur qu'il faut rendre aux hommes supérieurs en dignité. La vérité est l'exposé fidèle de ce qui est, de ce qui a été, de ce qui sera.

LIV. Le droit fondé sur la coutume consiste ou dans une étincelle de lumière naturelle nourrie et augmentée par l'usage, comme la religion; ou dans ces notions exprimées plus haut dont la nature a fourni le principe, et que l'usage a développées; ou dans ces coutumes, filles du temps et de l'assentiment général, comme un contrat, l'équité, la chose jugée. Le contrat est une convention particulière; l'équité exprime une justice égale pour tous; la chose jugée est une décision antérieure rendue par une ou plusieurs personnes. Le droit civil est expliqué par les lois écrites qu'on expose à la vue du peuple afin qu'il s'y conforme.

La force est ce courage raisonné qui brave les périls et soutient les travaux. Elle comprend la grandeur, la hardiesse, la patience, la persévérance. La grandeur consiste à former et à réaliser des choses grandes et hardies qu'on entreprend dans une haute et noble pensée. La hardiesse est cette ferme confiance, cette puissante certitude que l'âme trouve en elle-même pour exécuter des projets grands et honorables. La patience est une volontaire et longue résignation aux plus rudes, aux plus pé-

difficilium voluntaria ac diuturna perpessio : perseverantia est in ratione bene considerata stabilis et perpetua permansio.

Temperantia est rationis in libidinem, atque in alios non rectos impetus animi, firma et moderata dominatio. Ejus partes sunt, continentia, clementia, modestia. Continentia est, per quam cupiditas, consilii gubernatione regitur : clementia, per quam animi, temere in odium alicujus concitati, invectio comitate retinetur : modestia, per quam pudor honestus caram et stabilem comparat auctoritatem. Atque hæc omnia propter se solum, ut nihil adjungatur emolumenti, petenda sunt. Quod ut demonstretur, neque ad hoc nostrum institutum pertinet, et a brevitate præcipiendi remotum est.

Propter se autem vitanda sunt, non ea modo, quæ his contraria sunt, ut fortitudini ignavia, et justitiæ injustitia; verum etiam illa, quæ propinqua videntur et finitima esse, absunt autem longissime : quod genus, fidentiæ contrarium est diffidentia, et ea re vitium est; audacia non contrarium, sed appositum est, ac propinquum, et tamen vitium est. Sic unicuique virtuti finitimum vitium reperietur, aut certo jam nomine appellatum; ut audacia, quæ fidentiæ; pertinacia, quæ perseverantiæ finitima est; superstitio, quæ religioni propinqua est : aut sine ullo certo nomine. Quæ omnia item, uti contraria rerum bonarum, in rebus vitandis reponemus.

nibles travaux entrepris dans un but d'honnêteté ou d'utilité; la persévérance est une ferme et durable persistance dans un parti pris après de mûres délibérations.

La tempérance est un sage et ferme empire exercé sur les passions et tous les désirs déréglés de l'âme. Elle comprend la continence, la clémence, la modération. La continence est l'assujétissement des passions au joug de la raison. La clémence ramène par la douceur l'âme livrée à l'emportement d'une haine aveugle. La modération consiste dans une morale douce et pure, qui se fait aimer et ne se dément jamais. Toutes ces choses doivent être recherchées pour elles-mêmes, sans aucune considération d'intérêt. Le démontrer n'entre pas dans mon plan, et la brièveté qui convient aux préceptes s'y oppose.

Il faut éviter pour eux-mêmes, non-seulement les vices opposés à ces vertus, comme la lâcheté l'est au courage, l'injustice à l'équité, mais ceux encore qui, tout en paraissant leur ressembler et s'en rapprocher beaucoup, en diffèrent néanmoins essentiellement. Par exemple, la timidité est opposée à la hardiesse, et par là même un vice; l'audace ne lui est pas contraire, ou plutôt elle s'en rapproche et lui ressemble, et cependant c'est un vice. Ainsi, auprès de chaque vertu nous trouvons un vice désigné par un nom qui lui est propre, comme l'audace voisine de la hardiesse, l'opiniâtreté qui touche à la persévérance, la superstition qui ressemble à la religion, ou sans dénomination particulière. Je les classe parmi les choses à éviter, aussi bien que les vices qui sont l'opposé des

Ac de eo quidem genere honestatis, quod omni ex parte propter se petitur, satis dictum est.

LV. Nunc de eo, in quo utilitas quoque adjungitur, quod tamen honestum vocamus, dicendum videtur. Sunt igitur multa, quæ nos quum dignitate, tum fructu quoque suo ducunt : quo in genere est gloria, dignitas, amplitudo, amicitia. Gloria est frequens de aliquo fama cum laude : dignitas, alicujus honesta, et cultu, et honore, et verecundia digna auctoritas : amplitudo, potentiæ, aut majestatis, aut aliquarum copiarum magna abundantia : amicitia, voluntas erga aliquem rerum bonarum, illius ipsius causa, quem diligit, cum ejus pari voluntate. Hic, quia de civilibus causis loquimur, fructus ad amicitiam adjungimus, ut eorum quoque causa petenda videatur : ne forte, qui nos de omni amicitia dicere existiment, reprehendere incipiant. Quanquam sunt, qui propter utilitatem modo petendam putent amicitiam; sunt, qui propter se solum; sunt, qui propter se, et utilitatem. Quorum quid verissime constituatur, alius locus erit considerandi. Nunc hoc sic ad usum oratorium relinquatur, utramque propter rem amicitiam esse expetendam. Amicitiarum autem ratio, quoniam partim sunt religionibus junctæ, partim non sunt, et quia partim veteres sunt, partim novæ, partim ab illorum, partim ab nostro beneficio profectæ, partim utiliores, partim minus utiles, ex causarum dignitatibus,

vertus. C'est assez parler des choses honnêtes qu'il faut rechercher exclusivement pour elles-mêmes.

LV. Il faut nous occuper maintenant de celles qui sont en même temps utiles, et que nous sommes pourtant convenus d'appeler aussi honnêtes. Il est beaucoup de choses qui nous séduisent à la fois, et par leur propre excellence et par les avantages qu'elles procurent, comme la gloire, la dignité, la grandeur, l'amitié. La gloire est cette haute renommée qui s'attache aux actions louables. La dignité est une légitime considération entourée d'hommages, d'honneurs et de respects. La grandeur consiste dans un haut degré de puissance, de majesté, ou dans la plénitude de certains avantages. L'amitié est le vif intérêt qu'on porte à celui que l'on aime, avec retour de sa part de la même bienveillance. Comme je traite ici des causes civiles, je ne sépare point l'amitié des avantages qu'on en retire, et pour lesquels même nous devons la rechercher ; et l'on ne doit point m'en faire un reproche comme si je parlais de l'amitié d'une manière absolue. Les uns pensent que l'amitié n'est désirable que pour l'intérêt qu'on y trouve; d'autres, qu'il ne faut la rechercher que pour elle-même; d'autres enfin sont d'avis de la rechercher à la fois pour elle-même et pour le bien qu'elle procure. Quelle est de ces opinions la meilleure, c'est ce que j'examinerai dans un autre ouvrage. Admettons présentement, au point de vue de l'art oratoire, qu'il faut rechercher l'amitié pour ces deux motifs. Mais comme on distingue plusieurs espèces d'amitié, religieuse ou profane, ancienne ou nouvelle, fondée sur des services reçus ou sur des services rendus, utile ou peu avantageuse, il faut

ex temporum opportunitatibus, ex officiis, ex religionibus, ex vetustatibus habebitur.

LVI. Utilitas autem aut in corpore posita est, aut in extraneis rebus : quarum tamen rerum multo maxima pars ad corporis commodum revertitur, ut in republica quædam sunt, quæ, ut sic dicam, ad corpus pertinent civitatis, ut agri, portus, pecunia, classes, nautæ, milites, socii; quibus rebus incolumitatem ac libertatem retinent civitates : alia vero, quæ jam quiddam magis amplum, et minus necessarium conficiunt, ut urbis egregia exornatio atque amplitudo, ut quædam excellens pecuniæ magnitudo, amicitiarum ac societatum multitudo. Quibus rebus non illud solum conficitur, ut salvæ et incolumes, verum etiam, ut amplæ atque potentes sint civitates. Quare utilitatis duæ partes videntur esse, incolumitas et potentia. Incolumitas est salutis tuta atque integra conservatio. Potentia est ad sua conservanda, et alterius obtinenda, idonearum rerum facultas. Atque in iis omnibus, quæ ante dicta sunt, quid difficulter fieri, et quid facile fieri possit, oportet considerare. Facile fieri id dicimus, quod sine magno, aut sine ullo labore, sumtu, molestia, quam brevissimo tempore confici potest. Difficile autem fieri, quod quanquam laboris, sumtus, molestiæ, longinquitatis indiget, atque aut omnes, aut plurimas, aut maximas causas habet difficultatis, tamen, his susceptis difficultatibus, compleri atque ad exitum perduci potest.

les apprécier selon l'importance des causes, l'opportunité des temps, les services, la religion, l'ancienneté.

LVI. Quant à l'utilité, il faut la considérer en nous-mêmes ou dans les choses extérieures, qui la plupart, cependant, se rapportent au bien-être personnel, comme il est vrai de dire que, dans la république, le territoire, les ports, l'argent, les flottes, les matelots, les soldats, les alliés sont pour ainsi dire les membres du corps politique : ces choses servent à maintenir l'existence et la liberté des états ; il en est d'autres qui constituent des avantages plus brillans et moins nécessaires, comme la grandeur et la beauté d'une ville, des richesses immenses, des amis et des alliés nombreux. Ces sortes de biens ne servent pas seulement à maintenir la sûreté et l'indépendance des cités, mais encore à fonder leur grandeur et leur puissance. Ainsi donc l'utilité présente deux aspects, la sûreté et la puissance. La sûreté comprend tout ce qui tient à l'entière conservation de l'existence; la puissance unit les moyens de conquête aux moyens de conservation. Il faut encore, dans toutes ces choses dont j'ai parlé, tenir compte du plus ou du moins de facilité. On nomme facile tout ce qui ne demande que peu ou point d'efforts, de frais, de peine ou de temps; difficile, ce qui, exigeant beaucoup de travail, de frais, de peine, de temps, et offrant toutes ou presque toutes les causes de difficulté, peut néanmoins s'exécuter et s'accomplir après que tous ces obstacles ont été vaincus.

Quoniam ergo de honestate et de utilitate diximus, nunc restat ut de iis rebus, quas his attributas esse dicebamus, necessitudine et affectione, perscribamus.

LVII. Puto igitur esse hanc necessitudinem, cui nulla vi resisti potest; quæ neque mutari, neque leniri potest. Atque, ut apertius hoc sit, exemplis licet vim rei, qualis et quanta sit, cognoscamus. «Uri posse flamma ligneam materiam necesse est. Corpus mortale aliquo tempore interire necesse est;» atque ita necesse, ut vis postulat ea, quam modo describebamus, necessitudinis, cui nulla vi resisti potest, quæ neque mutari, neque leniri potest. Hujusmodi [necessitudines] quum in dicendi rationes incident, recte necessitudines appellabuntur: sin aliquæ res incident difficiles, in illa superiori, possitne fieri, quæstione considerabimus. Atque etiam hoc mihi videor videre, esse quasdam cum adjunctione necessitudines, quasdam simplices et absolutas. Nam aliter dicere solemus, «Necesse est Casilinenses se dedere Annibali;» aliter autem, «Necesse est Casilinum venire in Annibalis potestatem.» Illic, in superiore, adjunctio est hæc, nisi si malunt fame perire; si enim id malunt, non necesse : hoc inferius non item, propterea quod, sive velint Casilinenses se dedere, sive famem perpeti atque ita perire, necesse est Casilinum venire in Annibalis potestatem. Quid igitur perficere potest hæc necessitudinis distributio? Prope dicam,

Maintenant que j'ai parlé de l'honnêteté et de l'utilité, il me reste à dire quelque chose de la nécessité et de l'affection, que j'ai rattachées à ces deux premiers principes.

LVII. J'entends par nécessité une force irrésistible qu'on ne peut ni changer ni affaiblir; et pour me faire mieux comprendre, je vais, par des exemples, donner une idée de cette puissance. « Le bois est nécessairement consumé par le feu; l'homme mortel doit nécessairement périr un jour; » et aussi nécessairement que le veut cette puissance de la nécessité dont j'ai parlé tout-à-l'heure, à qui rien ne peut résister, que rien ne peut changer ni affaiblir. Si de pareilles nécessités se rencontrent dans leurs causes, il faudra leur conserver ce nom; pour les difficultés, on examinera, d'après la question précédente, s'il est possible de les surmonter. Il me semble aussi qu'il faut distinguer des nécessités relatives et des nécessités simples et absolues; car on ne dit pas dans le même sens : « Il est nécessaire que les habitans de Casilinum se rendent à Annibal; » et : « Il est nécessaire que Casilinum tombe en la puissance d'Annibal. » Dans le premier exemple, il faut ajouter cette exception : «A moins qu'ils n'aiment mieux mourir de faim; car s'ils préfèrent ce parti, la nécessité disparaît. Il n'en est pas de même dans le second exemple, par la raison que, soit que les habitans de Casilinum se rendent, soit qu'ils aiment mieux périr par la famine, il faut toujours nécessairement que leur ville tombe au pouvoir d'Annibal. Cette distinction des cas de nécessité peut-elle donc être utile? Sans doute, et très-utile même, quand ces sortes de cas se rencontrent. Car, s'il s'agit d'une nécessité absolue, il y a peu de choses à dire sur elle, puisqu'il est tout-à-fait impossible de l'affaiblir.

plurimum, quum is locus necessitudinis videbitur incurrere. Nam quum simplex erit necessitudo, nihil erit, quod multa dicamus, quum eam nulla ratione lenire possimus : quum autem ita necesse erit, ut aliquid effugere, aut adipisci velimus, tum adjunctio illa quid habeat utilitatis, aut quid honestatis, erit considerandum. Nam si velis attendere (ita tamen, ut id quæras, quod conveniat ad usum civitatis), reperias nullam esse rem, quam facere necesse sit, nisi propter aliquam causam, quam adjunctionem nominamus; pariter autem esse multas res necessitudinis, ad quas similis adjunctio non accedit. Quod genus, « Ut homines mortales intereant, necesse est, » sine adjunctione; « Ut cibo utantur, non necesse est, » nisi cum illa exceptione : Extra quam, si nolint fame perire. Ergo, ut dixi, illud, quod adjungitur, semper, cujusmodi sit, erit considerandum. Nam omni tempore id pertinebit, ut aut ad honestatem hoc modo exponenda necessitudo sit : « Necesse est, si honeste volumus vivere; » aut ad incolumitatem, hoc modo : « Necesse est, si incolumes volumus esse; » aut ad commoditatem, hoc modo : « Necesse est, si sine incommodo volumus vivere. »

LVIII. Ac summa quidem necessitudo videtur esse honestatis; huic proxima, incolumitatis; tertia ac levissima, commoditatis : quæ cum his nunquam poterit duabus contendere. Hasce autem inter se sæpe necesse

Mais s'il n'y a nécessité que pour éviter quelque malheur ou acquérir quelque avantage, il faut alors considérer ce qu'il y a d'honnête ou d'utile dans cette nécessité accessoire. Car, en y regardant bien, du moins dans tout ce qui tient à la vie civile, il n'y a rien à quoi nous soyons nécessairement obligés, autrement que par quelqu'une de ces causes dites accessoires; mais il est aussi beaucoup de nécessités dans lesquelles cet accessoire n'entre pour rien. Par exemple : « Il est nécessaire que l'homme né mortel meure. » Il n'y a point là de condition accessoire. « Il n'est pas nécessaire qu'il se nourrisse. » Non, pourvu qu'on n'ajoute pas : A moins qu'il veuille ne pas mourir de faim. Il faut donc toujours, comme je l'ai dit, considérer la nature des accessoires. Car, dans tous les cas possibles, il faut que la nécessité se fonde ou sur l'honnêteté; comme : « Il le faut, si nous voulons être honnêtes; » ou sur la conservation; par exemple : « Il le faut, si nous voulons subsister; » ou sur le bien-être, comme : « Il le faut, si nous ne voulons pas qu'il nous arrive aucun mal. ».

LVIII. La nécessité la plus forte, à mon sens, est celle que nous impose l'honnêteté; ensuite vient celle de la conservation; la troisième, et la plus faible, est celle du bien-être : il ne faudra jamais la mettre en parallèle avec les deux premières. Mais celles-ci doivent souvent être

est comparari, ut, quanquam præstet honestas incolumitati, tamen, utri potissimum consulendum sit, deliberetur. Cujus rei certum quoddam præscriptum videtur in perpetuum dari posse. Nam, qua in re fieri poterit, ut, quum incolumitati consuluerimus, quod sit in præsentia de honestate delibatum, virtute aliquando et industria recuperetur, incolumitatis ratio videbitur habenda; quum autem id non poterit, honestatis. Ita in ejusmodi quoque re, quum incolumitati videbimur consulere, vere poterimus dicere, nos honestatis rationem habere, quoniam sine incolumitate eam nullo tempore possumus adipisci. Qua in re vel concedere alteri, vel ad conditionem alterius descendere, vel in præsentia quiescere, atque aliud tempus exspectare oportebit. In commoditatis vero ratione, modo illud attendatur, dignane causa videatur ea, quæ ad utilitatem pertinebit, quare aut de magnificentia, aut de honestate quiddam derogetur. Atque in hoc loco mihi caput illud videtur esse, ut quæramus, quid sit illud, quod si adipisci, aut effugere velimus, aliqua res nobis sit necessaria, hoc est, quæ sit adjunctio, ut proinde, uti quæque res erit, laboremus, et gravissimam quamque causam vehementissime necessariam judicemus.

Affectio est quædam ex tempore, aut ex negotiorum eventu aut administratione, aut hominum studio, commutatio rerum, ut non tales, quales ante habitæ sint,

comparées l'une à l'autre, pour qu'on puisse déterminer, quoique l'honnêteté l'emporte sur la conservation, lequel de ces deux intérêts doit passer avant l'autre. Je crois pouvoir donner sur ce point une règle fixe et invariable. Quand il est possible, après avoir agi dans l'intérêt de la conservation, de réparer un jour, par des talens ou des vertus, la brèche qu'on a faite à l'honnêteté, il faut préférer la conservation; mais, hors de là, l'honnêteté doit passer la première. Ainsi, en pareil cas, même en paraissant n'écouter que l'intérêt de la conservation, nous pourrons dire, avec vérité, que c'est l'honneur même qui nous a guidés, puisque, pour y atteindre un jour, il fallait d'abord songer à nous conserver. Il faut montrer alors qu'on est subjugué par une force étrangère, forcé de se soumettre à la volonté d'un autre, de le condamner pour un moment à ne point agir, et d'attendre un autre temps. Quant au bien-être, il faut examiner seulement si la raison d'intérêt à laquelle nous cédons est assez importante pour nous faire déroger en quelque chose à la noblesse des sentimens et à l'honneur. Le point capital en ceci, est de considérer quel est le bien ou le mal que nous ne pouvons obtenir ou éviter sans nous soumettre à telle ou telle condition nécessaire, c'est-à-dire, quel est l'accessoire, pour nous déterminer en conséquence, et regarder l'intérêt le plus important comme le plus nécessaire.

On entend par affection, la manière dont le temps, l'issue ou la conduite des affaires, les passions des hommes, modifient les choses en leur donnant un aspect nouveau

aut plerumque haberi soleant, habendæ videantur esse : ut, « Ad hostes transire turpe videtur esse; at non illo animo, quo Ulysses transiit : et pecuniam in mare dejicere inutile; at non eo consilio, quo Aristippus dejecit. » Sunt igitur res quædam ex tempore, et ex consilio, non ex sua natura considerandæ : quibus in omnibus, quid tempora petant, aut quid personis dignum sit, considerandum est, et non quid, sed quo quidque animo, quicum, quo tempore, quamdiu fiat, attendendum est. His ex partibus, ad sententiam dicendam, locos sumi oportere arbitramur.

LIX. Laudes autem et vituperationes ex his locis sumentur, qui loci personis sunt attributi, de quibus ante dictum est. Sin distributius tractare quis volet, partiatur in animum, et corpus, et extrarias res licebit. Animi est virtus, cujus de partibus paullo ante dictum est; corporis, valitudo, dignitas, vires, velocitas; extrariæ, honos, pecunia, affinitas, genus, amici, patria, potentia, et cetera, quæ simili esse in genere intelligentur. Atque in his, id, quod in omnia valet, valere oportebit : contraria quoque, quæ et qualia sint, intelligentur.

Videre autem in laudando et vituperando oportebit, non tam quæ in corpore, aut in extraneis rebus habuerit is, de quo agetur, quam quo pacto his rebus usus sit. Nam fortunam quidem et laudare, stultitia, et vitu-

qu'elles n'avaient pas auparavant, ou qu'elles n'ont pas d'habitude. Par exemple : « C'est une honte de passer à l'ennemi, mais non pas d'y passer dans le même dessein que l'a fait Ulysse ; c'est s'appauvrir que de jeter son argent à la mer, mais non pas de l'y jeter avec la même pensée qu'Aristippe. » Il est donc des faits qu'il faut juger selon le temps et l'intention, et non pas selon leur propre nature : dans tous les cas de ce genre, on doit voir ce que le temps exige, et ce qui convient aux personnes ; ce n'est pas le fait en lui-même qu'il faut considérer, mais les motifs, les acteurs, le temps et la durée. Telles sont, à mon avis, les sources où l'on doit puiser des lieux communs, à l'appui d'une opinion.

LIX. Pour la louange et le blâme, il faut les tirer des lieux attribués aux personnes, et dont j'ai parlé plus haut. Si l'on veut une classification plus précise, on peut les diviser en lieux propres à l'âme, au corps et aux choses extérieures. A l'âme appartient la vertu, dont j'ai parlé tout-à-l'heure ; au corps appartiennent la santé, la beauté, la force, l'agilité ; aux choses extérieures, la considération, la richesse, la naissance, les amis, la patrie, la puissance, et tous les autres avantages du même genre. Pour appliquer ici la règle générale, on déterminera de même les contraires.

Mais dans le blâme ou dans l'éloge, il faudra moins s'attacher aux choses mêmes, corporelles ou extérieures, qu'à la manière dont la personne en a usé. Car louer un homme pour ce qu'il tient de la fortune, c'est une sottise ; l'en blâmer, c'est de l'orgueil. Mais il n'y a point

perare, superbia est; animi autem et laus honesta, et vituperatio vehemens est.

Nunc quoniam omne in causæ genus argumentandi ratio tradita est, de Inventione, prima ac maxima parte rhetoricæ, satis dictum videtur. Quare, quoniam et una pars ad exitum hunc ab superiore libro perducta est, et hic liber non parum continet litterarum, quæ restant, in reliquis dicemus.

de honte à louer les qualités de l'âme, ni d'injustice à blâmer ses défauts.

Maintenant que j'ai exposé la manière de trouver les argumens pour tous les genres de causes, je crois avoir assez parlé de l'Invention, la première et la plus importante des parties de la rhétorique. Comme elle remplit à elle seule le premier livre, et celui-ci, qui ne laisse pas d'être assez long, je renvoie aux suivans ce qui me reste à exposer.

NOTES

DU LIVRE PREMIER.

I. Page 5. *J'ai souvent et beaucoup réfléchi sur la question de savoir, etc.* Le début de ce livre est grave et élevé; il ne déparerait aucun des ouvrages que Cicéron composa plus tard, sur l'art oratoire, dans la maturité de l'âge et du talent. Du reste, ce qu'il dit ici des avantages et des inconvéniens de l'éloquence ne se rapporte qu'à cette définition générale : *L'éloquence est l'art de bien dire ou de persuader*, quelles que soient les idées qu'elle exprime. On a distingué depuis une vraie et une fausse éloquence, à tort, selon nous; car si l'éloquence n'est que l'art de bien dire ce qu'on veut exprimer, ce talent s'applique indistinctement à toutes sortes d'idées, bonnes ou mauvaises. Quand Horace dit : « Pour bien écrire, il faut bien penser » (*Art poét.*), il donne sans doute un sage conseil aux écrivains, mais non pas une définition juste du talent, qui est à la science ce que la forme est au fond, et doit en être distingué. D'ailleurs, qu'est-ce que bien penser, *sapere ?* Caïus Gracchus et Scipion Nasica ne pensaient pas de même, et tous deux étaient éloquens. Cicéron dit fort bien que l'éloquence est utile ou funeste, selon les doctrines qu'elle professe, comme une arme dont l'emploi fait le mérite ou l'inconvénient. Quant aux bienfaits qu'il lui attribue, les poètes en font honneur à la poésie : c'est une querelle qui ne sera jamais vidée. L'éloquence et la poésie se confondent dans les premiers âges. Ce qu'il y a de sûr, c'est que la sagesse a fondé les premières sociétés, et que, pour les fonder, elle a eu besoin de se faire comprendre. Elle a donc parlé, d'abord pour changer l'état primitif des hommes; puis, pour détruire et remplacer par d'autres les formes qu'elle-même avait introduites. Cicéron n'avait en vue que les troubles et les désastres causés par l'éloquence dans les

cités grecques et dans la république romaine; il ne comprenait pas que la parole ne fonde que pour détruire, et ne détruit que pour fonder encore, parce qu'elle n'est que l'expression plus ou moins perfectionnée de la pensée humaine, toujours changeante et toujours progressive. *Voyez*, sur la question traitée dans ces premiers chapitres, QUINTIL., *de l'Instit. orat.*, liv. II, chap. 20, intitulé : *Si la rhétorique est une vertu.*

II. Page 6. *Victu fero.* D'anciens manuscrits portent : *Victu ferino.* Nous avons cru devoir adopter la correction d'Ernesti, quoiqu'elle ne nous semble pas rigoureusement nécessaire pour le sens.

Quo tempore quidam, magnus videlicet vir ac sapiens. Nous avons adopté la correction des derniers éditeurs. Le texte ici a visiblement subi quelque altération. La phrase, telle qu'on la lit aujourd'hui, ne nous semble pas avoir été écrite par Cicéron; mais elle est plus harmonieuse et plus noble que celle des anciens manuscrits, qui portent : *Quo tempore quidem magnus videlicet vir ac sapiens.* Cette leçon est tronquée, et nous avons mieux aimé remplacer *quidem* par *quidam*, quoique la correction ne soit pas heureuse.

Page 7. *Et si je remonte à l'origine de ce qu'on nomme l'éloquence, soit que je la considère comme le résultat d'une étude, comme un effet de l'art, comme un produit de l'exercice, ou comme un don de la nature.* Assurément l'éloquence est tout cela, et le doute qu'exprime ici l'auteur a droit de nous étonner. Dans ses autres ouvrages oratoires, il cite des hommes naturellement bien organisés, mais à qui l'étude et le travail ont manqué pour en faire de grands orateurs; et d'autres, au contraire, qui, par l'exercice, ont développé les germes assez faibles que la nature avait mis en eux. Il faut rappeler ce que dit Horace, dans son *Art poétique*, sur la même question :

> Natura fieret laudabile carmen, an arte,
> Quæsitum est : ego nec studium sine divite vena,
> Nec rude quid possit video ingenium : alterius sic
> Altera poscit opem res, et conjurat amice.

Horace ne croyait donc pas, en ce qui concerne les poètes, à la maxime célèbre : *Fiunt oratores, nascuntur poetæ.*

Page 9. *Mais dès qu'un vil intérêt envahissant le domaine de la vertu.* Les commentateurs ne s'accordent pas sur le sens de ce passage. Le texte porte : *Commoditas quædam, prava virtutis imitatrix.* Jusqu'ici on a traduit *commoditas* par *facilité;* la dernière traduction dit : *Une facilité dangereuse cachée sous le masque du talent.* Nous avons cru devoir traduire autrement; nous avons pensé que *commoditas* étant opposé à *virtutis* ne pouvait vouloir dire *facilité*, qui n'est point le contraire de *vertu*. Cicéron dit que, dès que des hommes immoraux purent atteindre à l'éloquence, qui, jusqu'alors, avait été le partage des bons citoyens, les états furent troublés. Il ne s'agit donc pas de la facilité ou du talent que ces hommes pouvaient avoir, mais de l'égoïsme qui s'en faisait une arme contre l'intérêt général.

Un commentateur propose de remplacer *commoditas*, dont le sens ne lui paraît pas clair, par *calliditas*, sous prétexte que, dans le chapitre suivant, on trouve *homines non incallidos*. Le texte ne nous semble pas assez obscur, pour que nous pensions à admettre cette correction, qui n'est pas autrement justifiée.

III. Page 10. *Resistere audacibus.* Une seule édition porte *restare*, moins employé dans ce sens, mais dont on peut trouver quelques exemples.

Page 11. *La défaveur et la haine que ces maux attirèrent à l'éloquence.* Cicéron a exprimé et développé la même idée dans l'ouvrage intitulé *de l'Orateur*, liv. III, chap. 15. On peut faire la comparaison.

IV. Page 12. *Perverse abutuntur.* Quelques éditeurs ont retranché *perverse*, qui semble faire pléonasme avec *abutuntur*. Nous ne sommes pas de leur avis : cet adverbe donne ici plus de force à l'idée que l'auteur veut exprimer. Nous croyons que l'on peut dire en latin : *Perverse abuti*, comme on dirait en français : « Abuser indignement. » Nous avons traduit : *Le criminel abus, etc.*

Page 13. *Cette considération n'a point échappé à notre illustre Caton, ni à Lélius, ni à Scipion l'Africain.* Sur Caton (le Censeur, dont il s'agit ici), voyez : *ad Brutum*, 16; *de Oratore*, I, 37; I, 49; *de Claris oratoribus*, I, 48; III, 15 et 33; sur Lélius, *ad Brutum*, 21; *de Oratore*, I, 48, et II, 37. Le Scipion

dont notre auteur parle en cet endroit est le second Africain, le destructeur de Carthage et de Numance.

V. Page 15. *La science de l'homme d'état comprend un grand nombre de parties importantes.* Nous avons rendu *ratio civilis* par « la science de l'homme d'état, » c'est-à-dire la science politique; d'accord du reste, en cela, avec tous les commentateurs et traducteurs.

Ratio civilis correspond à ces deux mots grecs : πολιτικὸς λόγος. *Civilis* à *cive*, d'où vient *civitas*. Ainsi la vie civile, chez les Romains, était la vie politique.

Quant à ce que Cicéron dit, que la rhétorique fait partie, et une partie très-importante de la science du gouvernement, cela paraît bien par toute l'histoire de la république romaine. Chez nous-mêmes, depuis l'introduction des formes constitutionnelles, nous voyons qu'elle est, sinon indispensable, comme elle était à Rome, du moins nécessaire et fort utile.

Parler d'une manière propre à persuader. Cette définition du devoir de l'orateur est la même que celle donnée par Aristote.

Page 17. *Gorgias de Léontium, le premier peut-être qui ait écrit sur la rhétorique.* Gorgias, célèbre sophiste du cinquième siècle avant l'ère chrétienne, disciple d'Empédocle, est surnommé *Leontinus* du lieu de sa naissance, Léontium, ville de Sicile. Ayant été choisi par ses compatriotes pour aller à Athènes solliciter des secours contre les Syracusains, il déploya tant d'éloquence devant l'assemblée, qu'après lui avoir accordé tout ce qu'il demandait, les citoyens de cette ville voulurent qu'il restât parmi eux, pour leur enseigner son art. Il brilla long-temps aux jeux Olympiques et Pythiens, et mourut, dit-on, à cent sept ans. Malgré l'enflure de ses expressions, la recherche de ses images, et tous les défauts qu'on peut reprocher à l'espèce de déclamation qu'il avait introduite et que Quintilien appelle *extemporalis oratio*, Gorgias a le mérite d'avoir étendu les bornes de l'art oratoire. Il passe également pour un des fondateurs du scepticisme, système que devait nécessairement amener l'usage d'adopter et de défendre tour-à-tour les opinions les plus opposées, et qui s'excluent mutuellement. Reiske a inséré, dans le huitième volume

de ses *Oratores græci*, deux déclamations attribuées à Gorgias, l'*Éloge d'Hélène*, et l'*Apologie de Palamède*. (Dict. histor.)

Mais Aristote qui a répandu tant de lumière sur ces règles de l'art. La Rhétorique d'Aristote est un de ses plus beaux titres de gloire. Voir ce que Cicéron en dit au liv. II *de l'Invention*, ch. 2, sur ce qui fait la matière de cet ouvrage.

Le délibératif, consacré aux discussions politiques. Il eût fallu plusieurs mots pour rendre exactement *in disceptatione et consultatione civili* : *disceptatio* signifie discussion dans l'assemblée du peuple ; *consultatio*, délibération dans le sénat.

VI. Page 17. *Car il me semble qu'Hermagoras, etc.* Voir, sur le dissentiment de Cicéron et d'Hermagoras, le chap. 4 du liv. III *de l'Instit. orat.*, et sur ce qu'il faut penser du mérite d'Hermagoras, le chap. 11 du liv. III du même ouvrage, et autres endroits. Quintilien le regarde comme un esprit juste et fin, mais étroit et minutieux. Il était né à Temnos, en Éolie, et vint enseigner à Rome, au temps d'Auguste. Il composa six livres sur la rhétorique, et quelques traités. Ernesti pense qu'il ne faut pas le confondre avec le rhéteur du même nom dont Plutarque a parlé dans sa *Vie de Pompée*.

VIII. Page 23. *La question qui donne lieu à la cause s'appelle état de cause.* Il est assez difficile, en notre langue, de faire sentir la différence qui existe entre *quæstio* et *constitutio*. *Quæstio* exprime la question en général ; *constitutio*, la position, la situation, c'est-à-dire, l'état de cause, ou l'état de question, comme nous traduisons ici.

Les Frégellans sont-ils bien disposés pour le peuple romain ? Frégelles, ville du Latium, près du fleuve Liris, prise par les Samnites dans la guerre des Samnites, et reprise par les Romains l'an de Rome 342 ; révoltée l'an de Rome 628, elle fut prise et détruite par le préteur Opimius.

Page 24. *Quo in genere necesse est (ideo nominis) esse controversiam (non quod de re ipsâ non conveniat), non quod de facto non constet.* Le texte ici paraît altéré : nous avons conservé entre parenthèses les mots qui nous semblent inutiles et ne rien ajouter au sens.

Page 24. *Si quis sacrum ex privato surripuerit.* Sous-entendu *loco*, ou peut-être *homine*. Nous avons traduit par *chapelle particulière*, plutôt que par *lieu profane*, qui ne semble pas donner exactement le même sens.

XI. Page 31. *Dans ce que j'appelle état de question de genre, je trouve deux parties, la juridiciaire et la négociale.* Il nous est impossible de dire au juste le sens de *negotialem*, opposé à *juridicialem*: nous avons traduit ce mot par lui-même, en le francisant. Des commentateurs ont pensé, d'après Quintilien, que *juridicialis constitutio*, δικαιολογικὴ στάσις, se rapportait à un fait accompli, *de re præterita*, et *constitutio negotialis*, τὸ πραγματικόν, à un fait à venir, *de re facienda*. Nous ne pouvons adopter ce sentiment; Cicéron même donne une explication différente : La question négociale, dit-il en cet endroit, porte sur l'examen de ce que permettent le droit civil et l'équité : je la classe dans les attributions des jurisconsultes. Il paraît ainsi qu'elle appartient spécialement au droit civil; tandis que la question juridiciaire est plus générale. *Voir*, au reste, sur ce passage, QUINTIL., liv. III, chap. VI de *l'Instit. orat.*

L'aveu, le recours, la récrimination, la comparaison. Il nous a été impossible de rendre d'une manière plus précise les mots techniques qui se trouvent dans le texte. *Concessio*, l'aveu, n'a pas besoin d'explication. *Remotio criminis* n'est pas suffisamment rendu par *le recours*; mais il eût fallu employer une périphrase : c'est l'action de repousser la culpabilité, *crimen a se dimovere*, comme cela est expliqué plus bas. De même, pour le mot récrimination; *relatio criminis* veut dire proprement l'action de rejeter la faute sur un autre, *crimen ad alium referre*. *Comparatio* est rendu *verbum verbo* par comparaison; mais on a besoin de l'explication qu'en donne l'auteur pour le comprendre. Au reste, le mot latin n'est guère plus clair ici que le français. Voir *Rhétorique à Herennius*, liv. I, chap. 14, où *relatio criminis* est remplacé par *translatio criminis*.

L'une absolue. Ἀντίληψις ou ἀντιληπτικὴ στάσις. (QUINTIL., lib. III, cap. 6.)

L'autre accessoire. Ἀντίθεσις, ou ἀντίληψις στάσις. (*Id., ibid.*)

Page 33. *Dans le quatrième état de cause, que j'appelle état*

de récusation. — *Translativam* n'est point rendu par un terme correspondant de notre droit, et ne pouvait l'être. Cet état de cause paraît comprendre tout ce que nous entendons par question de compétence, fins de non-recevoir, exceptions, déclinatoires, et récusation. Notre auteur appelle ici *constitutio translativa* le même état de cause que Quintilien nomme *translatio*, *transumptiva* ou *transpositiva constitutio*; en grec μετάληψις.

XII. Page 35. *Une cause complexe à cause d'une comparaison renferme un parallèle.* Nous avons traduit *contentionem* par *parallèle* contre le sentiment d'un commentateur, qui prétend que ce mot doit être rendu par *discussion*. Il s'agit de déterminer entre deux choses quelle est la meilleure ; c'est donc un parallèle qu'il s'agit d'établir entre elles.

XIII. Page 35. *Il faut ensuite examiner si la discussion roule sur un raisonnement ou sur un texte.* Voyez QUINTIL., de *l'Instit. orat.*, liv. III, chap. 5; et CICÉRON lui-même, au chap. 12 du liv. II de *l'Invention*, et *Rhétorique à Herennius*, liv. I, chap. 2.

Page 37. *Il s'agit de trouver le point de discussion, le raisonnement, le point à juger, et les preuves confirmatives.* Voir les mêmes points traités par Quintilien (de *l'Instit. orat.*, liv. III, chap. 11).

Tout cela doit découler de l'état de la question, qui est, comme nous l'avons dit, le débat produit par la rencontre des deux causes. Cette définition de l'état de la question est suivie par Quintilien qui de plus fait observer que la rencontre des deux causes n'est pas l'état de question, comme l'avaient cru quelques auteurs; mais qu'elle le produit, de même que deux corps sonores en se touchant produisent le son qui est le résultat de leur rencontre.

XIV. Page 39. *Oreste avait-il le droit de tuer sa mère ?* L'exemple d'Oreste est célèbre dans toutes les écoles d'éloquence. Cicéron l'avait pris aux Grecs; Quintilien s'en sert après lui. Voyez *de l'Institution oratoire*, liv. II, chap. 11. C'est sans doute le jugement d'Oreste dans la pièce d'Eschyle, *les Euménides*, qui a fourni ce texte aux rhéteurs et aux maîtres de déclamation, en Grèce d'abord, et plus tard en Italie.

Page 39. *On appelle confirmation.* Voyez, sur le sens du mot *firmamentum* et ses synonymes, Quint., *de l'Inst. or.*, l. III, c. 11.

Page 41. *Ce qu'il faut dire d'abord n'est pas ce qui doit d'abord nous occuper.* Quintilien répète le même conseil. « Ce qu'il faut que l'orateur fasse, dit-il, c'est de bien aviser quel est le point dont il veut convaincre ses juges. Mais, quoique ce soit la première chose à laquelle il doit songer, il ne s'ensuit pas que ce soit toujours par elle qu'il doive entrer en matière. » (*Instit. orat.*, liv. III, chap. 6.)

XV. Page 41. *Le but de l'exorde est de disposer favorablement l'auditeur pour la suite du discours.* Voir, sur l'exorde, Quintil., de l'*Instit. orat.*, liv. IV, ch. 1; et Cicéron lui-même, *de Orat.*, liv. II, chap. 19.

Il y a cinq genres de causes. La même classification est admise par Quintilien dans les mêmes termes. Nous avons rendu *admirabile* par *hardies*, qui nous a paru conforme au sens. Le mot grec est παράδοξον. *Admirabile autem vocant, quod præter opinionem hominum est constitutum.* (Quintil., lib. IV, cap. 1.)

Page 43. *Il y a même deux sortes d'exorde.* L'exorde direct est proprement un début, *principium*; l'autre exorde est une insinuation. La différence est facile à saisir. *Voyez*, du reste, Quintilien, liv. IV, chap. 1.

XVII. Page 48. *Quum lenieris eum, qui audiet.* Ce membre de phrase nous semble intercalé, et nous partageons le sentiment des commentateurs qui parlent de le retrancher comme n'ajoutant rien au sens; mais comme cet ouvrage est évidemment de la première jeunesse de Cicéron, de pareilles taches ne doivent point nous étonner, et nous croyons qu'il ne faut pas chercher à faire de ce livre un ouvrage plus parfait que l'âge de l'auteur ne le comporte.

Page 49. *Si l'on croit que le discours de l'adversaire ait produit la conviction.* Voir *Rhétorique à Herennius*, liv. I, chap. 6, où la même phrase est répétée mot pour mot.

XIX. Page 55. *La narration est l'exposé des faits, ou vrais ou vraisemblables.* La narration est l'exposé d'une chose vraie ou

donnée pour telle, fait dans la vue de persuader; ou bien, suivant la définition d'Apollodore, c'est un discours qui instruit l'auditeur de l'objet sur lequel on conteste. (QUINTIL., *de l'Intitut. orat.*, liv. IV, chap. II.) *Voyez* la même définition donnée par Cicéron lui-même (*Rhétoriq. à Herenn.*, liv. I, chap. 3).

Page 55. *De grands serpens ailés soumis au même joug.* Un commentateur croit que ce vers est de la *Médée* d'Ennius, et que les serpens ailés (*alites* pour *alatos*) dont il s'agit ici, étaient attelés au char de cette magicienne.

Dès que mon fils fut sorti de l'enfance, mon cher Sosie. (TÉRENCE, *Andrienne*, acte 1, sc. 1, vers 24.)

Il vient sans cesse me crier. (TÉRENCE, *Adelphes*, acte 1, sc. 1, vers 35-39.) Le jeune homme dont il est question ici est le neveu de Mition, qui se parle à lui-même, et cherche à se justifier à ses propres yeux des reproches que son frère lui fait sans cesse sur la manière dont il l'élève.

XX. Page 57. *Elle doit réunir trois qualités: la brièveté, la clarté, la vraisemblance.* La plupart des écrivains, particulièrement ceux qui ont suivi les doctrines d'Isocrate, veulent que la narration soit claire, brève, vraisemblable : ce ne sont pas littéralement les mots dont ils se servent, mais c'en est le sens. (QUINTIL., *ibid.*) Cicéron (*Rhétor. à Herenn.*) a écrit : *Brevis, dilucida, verisimilis.* Nous avons ici *brevis, aperta, probabilis*; Quintilien porte : *Lucida, brevis, verisimilis.* Mais la définition est la même, quant au sens. Je goûte aussi cette division, ajoute Quintilien, quoique Aristote diffère d'Isocrate, en ce point, que la brièveté lui paraît un précepte ridicule, comme s'il fallait qu'une narration fût nécessairement longue ou courte, et qu'il ne fût pas permis de tenir un juste milieu. L'école de Théodore ne retient de ces trois qualités que la vraisemblance, se fondant sur ce qu'il n'est pas toujours utile d'être bref et clair, etc.

La brièveté consiste à prendre le récit au point juste. C'est le précepte d'Horace appliqué à l'éloquence : *Nec gemino bellum trojanum orditur ab ovo.*

XXII. Page 65. *Quant à cette partie de la division, qui renferme l'ordre et la distribution de la cause, elle doit être courte, complète et sommaire.* « Je ne vois rien qui éclaircisse une matière

comme une division bien juste. C'est un moyen que la nature nous suggère elle-même ; en sorte que rien n'aide tant la mémoire que de ne point quitter la route que l'on s'est proposé de tenir en parlant. C'est pourquoi je ne puis approuver ceux qui trouvent à redire que l'on partage un discours en plus de trois points. Il est vrai que, quand on les multiplie trop, ils échappent à la mémoire des juges, et troublent leur attention. Mais encore ne faut-il pas nous assujétir au nombre de trois, comme si c'était une règle inviolable, sans considérer que la cause en demande quelquefois davantage » (QUINTIL., *de l'Institut. orat.*, liv. IV, chap. 4). En cet endroit, nous avons rendu *paucitas* par *sommaire*, qui nous a paru l'équivalent. Le dernier traducteur a mis *exactitude* ; nous avons cru que ce mot ne rendait pas le texte d'une manière assez précise. L'auteur veut dire qu'il faut réduire la division à un petit nombre de points principaux ; le mot *sommaire* nous a paru plus convenable et rendant mieux son idée. Schütz a interprété *paucitas generum* ; c'est notre sens.

Elle est sommaire, si elle établit les genres sans y mêler confusément des espèces. Il faut que la division soit brève et ne s'embarrasse d'aucun mot superflu ; car il s'agit moins ici de ce que vous dites, que de ce que vous vous proposez de dire. Il faut enfin tâcher que rien n'y manque, et qu'il n'y ait rien de trop. Or, il y aura du trop, si l'on distingue en espèces ce qu'il suffit de distinguer en genres ; ou si, après avoir posé le genre, on y accole les espèces, par exemple : « Je vais parler de la vertu, de la justice et de la tempérance. » Voilà une mauvaise division, car la justice et la tempérance ne sont que des espèces de la vertu, qui est le genre. (QUINTIL., *de l'Instit. orat.*, liv. IV, chap. 5.)

XXIII. Page 69. *Ainsi tu sauras la conduite de mon fils.* Ces vers et ceux qui suivent sont tirés de *l'Andrienne* de Térence (acte I, sc. I, v. 22 et suiv.) : c'est Simon qui parle. Cicéron donne son discours comme le modèle d'une division parfaite.

XXVIII. Page 81. *Par les rapports du fait, on désigne ce qui est plus grand, moindre, etc.* Nous partageons le sentiment du commentateur de la *Biblioth. classique latine,* que le mot *adjunctum* ne doit pas être traduit par *circonstances,* comme l'a fait le dernier traducteur, qui, au reste, a très-bien vu le sens, et l'a

indiqué en note. « Par le mot *adjuncta*, dit-il, l'auteur entend proprement les choses qui ont de l'affinité avec l'action dont il s'agit. Nous avons cru que *rapports du fait* pouvait rendre ici le texte, et même assez fidèlement. » Sur cet endroit, *voir* les exemples tirés de Cicéron que donne Quintilien (*de l'Instit. orat.*, liv. v, chap. 10).

Page 81. *La quatrième des espèces assignées aux choses, ce sont les dépendances du fait.* Nous n'avons point cru devoir traduire *consecutio* par *conséquences*, ainsi que l'a fait le dernier traducteur. On peut voir, sur ce passage, Quintilien (*de l'Instit. orat.*, liv. v, chap. 10). « J'appelle *conséquent*, dit-il (*consequentia dico*, ἀκόλουθα), ce qui est inhérent à une chose, ce qui en est inséparable : ainsi la bonté est la compagne de la sagesse, et marche avec elle ; et j'appelle *résultat*, *suite* (*sequentia*, παρεπόμενα), ce qu'une chose a produit ou doit produire. » Il ne s'agit donc point ici de *conséquences*, de *résultats*, mais de *dépendances* ou d'*appartenances* d'un fait accompli. D'ailleurs la suite le prouve assez ; le nom qu'il faut lui donner, les instigateurs, les auteurs, ainsi que leurs approbateurs, et leurs partisans ; la loi, la coutume, l'action, les jugemens, etc., ne peuvent être considérés comme les conséquences d'un fait.

XXIX. Page 83. *Tout argument doit être ou probable ou nécessaire.* Il n'y avait pas moyen de rendre autrement, sans périphrase, les mots *probabilis* et *necessaria*, qui, du reste, sont assez expliqués par ce qui suit.

XXX. Page 87. *On cherche la similitude dans les contraires, dans les semblables.* Voyez Quintil., *de l'Institut. orat.*, liv. v, chap. 10. On argumente aussi des similitudes : Si la continence est une vertu, l'abstinence en est également une. — Si un tuteur doit caution, un gérant la doit aussi. Ces argumens sont du genre de celui que les Grecs appellent ἐπαγωγή, et Cicéron *induction*. On argumente des dissemblances : De ce que la gaîté est un bien, il ne s'ensuit pas que la volupté en soit un. — Ce qui est permis à l'égard d'une femme, ne l'est point à l'égard d'un pupille. On argumente des contraires : La frugalité est un bien, car le luxe est un mal. — Si la guerre entraîne des calamités, la paix en est le remède. — Si celui qui a nui par mégarde est digne de

pardon, celui qui a rendu service sans le vouloir ne mérite pas de récompense. On argumente des contradictoires : Quiconque est sage n'est pas fou. On argumente enfin des conséquens ou des adjoints (*ex consequentibus sive adjunctis*) : Si la justice est bonne en soi, il faut juger avec équité. — Si la perfidie est un mal, il ne faut pas tromper : et de même en renversant ces propositions.

XXXI. Page 91. *Dans toute espèce d'argumentation, il faut employer l'induction ou le syllogisme*. Les interprètes ne sont pas d'accord sur le sens précis du mot *ratiocinatio*, que nous avons rendu par syllogisme. Les uns soutiennent qu'il faut dire enthymème, d'autres épichérème, d'après Quintilien. Nous avons adopté le mot *syllogisme* comme le plus clair et le plus connu. Du reste, aucun de ces termes ne rend précisément l'expression latine qui nous semble moins le nom d'un raisonnement que d'une forme de raisonnement. Peut-être le mot *déduction*, mieux opposé à *induction*, eût-il aussi mieux rendu le sens véritable de *ratiocinatio*, qui exprime tout ce que les Grecs entendaient par : ἐνθυμήματα, ἐπιχειρήματα, ἀποδείξεις. *Voir* QUINTIL., *de l'Instit. orat.*, liv. V, chap. 10. « Quelques-uns, dit cet auteur, ont appelé l'épichérème une raison (*rationem*) : Cicéron le définit un raisonnement (*ratiocinationem*); ce qui est mieux, quoiqu'il semble avoir plus heureusement appliqué ce nom au syllogisme : car il appelle l'état syllogistique (*statum syllogisticum*) un état de raisonnement (*ratiocinativum*), et s'appuie, à cet égard, d'exemples pris dans les philosophes. Cependant, comme il y a quelque affinité entre le syllogisme et l'épichérème, il a pu, par extension, donner ce nom à l'épichérème. »

Socrate, dans un dialogue d'Eschine, son disciple. Il nous reste trois dialogues d'Eschine le Socratique, ou disciple de Socrate; Diogène Laërce lui en attribue sept, qu'on l'accuse de s'être appropriés, après les avoir reçus de Xantippe, veuve de son maître.

XXXIII. Page 97. *Je me servirai d'un exemple célèbre dans les écoles de la Grèce, le procès fait à Épaminondas*. Voir, plus bas le chap. XXXIX, où l'auteur se sert du même exemple; et la *Vie d'Épaminondas* dans Cornelius Nepos.

XXXIV. Page 99. *Les uns lui donnent cinq parties, les autres ne lui en assignent que trois.* A la fin du chap. 35, Cicéron convient lui-même que la difficulté qui s'est élevée entre les rhéteurs, sur le nombre de parties à donner au syllogisme, roule sur un fond très-mince; nous sommes parfaitement de son avis, et nous croyons reconnaître l'inexpérience d'un jeune homme dans cette digression trop longue, où d'ailleurs il montre beaucoup de finesse et de sagacité. *Voyez*, sur cet endroit, QUINT., *de l'Institut. orat.*, liv. v, chap. 10.

XXXV. Page 103. *Proposition,... assomption,... conclusion.* Ce sont les parties du syllogisme que nous appelons *majeure, mineure, conséquence*. Ces derniers termes appartiennent au langage de la scolastique. *Voir* dans QUINTIL., liv. v, chap. 14, les noms différens qu'il donne aux parties de l'épichérème et du syllogisme.

Page 105. *Pour moi, je trouve préférable cette division en cinq parties, généralement adoptée par tous les disciples d'Aristote et de Théophraste.* L'épichérème comporte, suivant quelques-uns, quatre, cinq, et jusqu'à six parties. Cicéron tient particulièrement pour cinq : la proposition ou majeure et sa raison, l'assomption ou mineure et la preuve, et enfin la complexion ou conclusion. Mais, comme quelquefois la majeure n'a pas besoin de sa raison, ou la mineure de sa preuve, et que souvent on se passe de la conclusion, il reconnaît que l'épichérème peut ne se composer que de quatre, de trois et même de deux parties. Pour moi, je pense, avec le plus grand nombre des auteurs, qu'il n'y a au plus que trois parties dans l'épichérème; en effet, l'ordre naturel veut qu'il y ait d'abord une première proposition énonçant ce dont il s'agit, puis une seconde servant de preuve à la première, à quoi on peut en ajouter une troisième résultant de l'accord des deux antécédentes. (QUINTIL., *de l'Instit. orat.*, liv. v, chap. 14.)

XXXVIII. Page 113. *Quel intérêt plus grand devait dominer dans l'esprit d'Épaminondas, général des Thébains, le désir de les rendre victorieux?* Épaminondas avait conduit dans le Péloponnèse une armée dont il partageait le commandement avec

deux collègues, l'un desquels était Pélopidas. Les fausses accusations de leurs ennemis ayant fait nommer d'autres chefs, Épaminondas refusa d'obéir au décret du peuple, persuada à ses collègues de faire comme lui, et acheva heureusement la guerre. La loi condamnait à mort tout citoyen qui aurait gardé la conduite de l'armée plus long-temps qu'elle ne le voulait : mais Épaminondas, voyant que toute l'armée allait périr, s'il en quittait le commandement, ne voulut pas tourner à la ruine de la république une loi faite pour la sauver. Mis en jugement, il n'opposa rien aux charges portées contre lui, et s'offrit pour mourir, à condition qu'on graverait sur sa tombe ces mots : « Les Thébains ont mis à mort Épaminondas, pour les avoir forcés, à Leuctres, de triompher des Lacédémoniens, devant lesquels, avant lui, jamais Béotien n'avait pu subsister en bataille rangée; pour avoir en un seul combat, non-seulement sauvé Thèbes de sa ruine, mais conquis la liberté de la Grèce entière, mis les Thébains en état d'assiéger Sparte, et les Lacédémoniens dans la nécessité de défendre leur propre ville. » Ces paroles éloquentes provoquèrent le rire de toute l'assemblée contre ses accusateurs, et il n'y eut point de jugement pour le condamner, ni pour l'absoudre; ce qui n'eût pas eu lieu, sans doute, s'il se fût défendu selon les règles savantes de l'école. (CORNELIUS NEPOS, *Épaminondas*, chap. 7 et 8.)

XL. Page 119. *Dans un raisonnement court, il faut exprimer seulement la conséquence; et dans ceux dont la conclusion est trop évidente, parler de l'induction qu'on en doit tirer.* En cet endroit, nous ne partageons point l'avis du commentateur de la *Biblioth. latine classique*; il prétend qu'il faut rendre *consecutio* par *conséquence*. Nous croyons qu'il se trompe; et la phrase elle-même semble assez l'indiquer : « Dans un raisonnement court, dit notre auteur, il faut exprimer seulement la conséquence ou la conclusion, et dans ceux dont la conséquence est trop évidente, la supprimer; » comme il le dit plus haut, *et consecutione uti*. Évidemment, il ne s'agit plus ici de la conséquence qui suit les prémisses. De quoi s'agit-il donc? le dernier traducteur nous a mis sur la voie. Il interprète *consecutio : id quod eam rem quæ conficitur sequatur necesse est.* Nous croyons que c'est la consé-

quence du raisonnement tout entier, c'est-à-dire du fait ou du principe qu'il sert à établir, et non celle des prémisses qu'il s'agit de tirer. Nous avons essayé de le faire comprendre dans notre traduction, mais cet éclaircissement était encore nécessaire.

XLII. Page 123. *La réfutation... tire ses moyens de la même source que la confirmation.* La réfutation peut s'entendre de deux manières : ou de l'action du défendeur qui consiste toute à réfuter, ou des objections qui se font et se détruisent de part et d'autre, et c'est à cette dernière qu'est assigné le quatrième rang dans les plaidoyers. Du reste, ce sont les mêmes conditions pour l'une comme pour l'autre, et les argumens pour la réfutation se tirent des mêmes sources que pour la preuve. Lieux communs, pensées, styles, figures, c'est la même chose. (QUINTIL., *de l'Instit. orat.*, liv. V, chap. 13.)

XLIII. Page 127. *Comme dans cette phrase du plaidoyer de Curion pour Fulvius.* La plupart des manuscrits portent Curius au lieu de Curion, faute corrigée par Ernesti, chapitre 32. *Voyez* BRUTUS; et *Rhétor. à Herenn.*, liv. II, chap. 20. Servius Fulvius Flaccus était accusé d'inceste.

Quant aux indices. On appelle *signe*, ou, suivant quelques-uns, *indice*, ou, suivant quelques autres, *vestiges*, ce qui sert à reconnaître une chose par le moyen d'une autre, comme le meurtre se préjuge par des traces de sang. *Voyez* QUINTIL., *de l'Instit. orat.*, liv. V, chap. 9.

XLV. Page 131. *S'il a de la pudeur, pourquoi accusez-vous un honnête homme?* Ce même passage est cité liv. II, chap. 26 de la *Rhétor. à Herenn.*, où Cicéron attribue ces vers à Ennius.

XLVIII. Page 141. *Quand tous vous recherchaient, assis sur le trône le plus florissant.* Ces vers sont tirés d'Ennius, tragédie de *Thyeste :* c'est Atrée qui parle à son frère.

XLIX. Page 141. *Plût aux cieux que jamais, sur le Pélion.* Vers tirés de la *Médée* d'Ennius. Voyez, *Rhétorique à Herennius*, une citation plus longue du même passage, et la critique dont l'auteur les accompagne.

Page 141. *Eh quoi! ne sais-tu pas que les dieux.* Ces vers sont aussi d'Ennius, qui les met dans la bouche de Cresphonte; mais nous ne savons de quelle pièce ils sont tirés.

Page 143. *La loi de Cépion sur les jugemens.* Quintus Servilius Cépion, consul l'an de Rome 647, fit rendre une loi qui partageait entre les chevaliers et les sénateurs le droit de juger, que la loi Sempronia (*de Sempronius Gracchus*) attribuait exclusivement aux chevaliers. La raison qui fait dire à notre auteur, que ce serait une maladresse de faire, devant les chevaliers, l'éloge d'une loi qui les avait ainsi dépossédés, est toute visible.

L. Page 145. *Il est cruel de reprendre un ami.* Voyez ces mêmes vers de Plaute, *in Trinummo*, cités et critiqués liv. ii, chap. 23 de la *Rhétorique à Herennius*.

LI. Page 147. *Avant la conclusion, qui est la dernière partie du discours, Hermagoras place la digression.* Quintilien distingue deux sortes de péroraison ou de conclusion : celle connue chez les Grecs qui ne permettaient pas à leurs orateurs de faire appel aux passions, ἀνακεφαλαίωσις, récapitulation, en latin *enumeratio*, et la péroraison passionnée, qui, chez les Romains, concourait avec la première, quand le genre de la cause le permettait. *Voyez* Quintil., *de l'Instit. orat.*, liv. vi, chap. 1. Quant à la prétention d'Hermagoras, contre laquelle notre auteur s'élève en cet endroit, nous la croyons mal fondée. La digression ne peut être comptée comme une des parties du discours, ni prendre place entre la réfutation et la péroraison, puisqu'elle s'offre à chaque instant sous la forme de lieu commun dans toute la suite de la plaidoirie. *Voyez*, sur les digressions, l'*Orateur*, liv. ii, et *sur les Orateurs illustres*, liv. iii, chap. 53.

LV. Page 163. *Ainsi que l'a dit le rhéteur Apollonius.* Apollonius, surnommé Molon, ou, selon Plutarque, fils de Molon, était d'Alabanda, ville de l'Asie-Mineure. Il enseigna d'abord la rhétorique à Rhodes, et vint à Rome, l'an 87 avant J.-C. : Cicéron et César furent ses disciples. *Voyez* Plutarq., *Vie de Cicéron;* et, *de Orat.*, liv. i, chap. 17, l'éloge qu'en a fait notre auteur.

LIVRE SECOND.

I. Page 169. *Les habitans de Crotone.* Cette ville, située dans la Grande-Grèce, en Italie, sur le golfe de Tarente, fut célèbre autrefois par la salubrité de son air et la force de ses habitans : c'était la patrie de l'athlète Milon. Le temple de Junon Lacinienne était à six milles de Crotone. (*Voyez* Tite-Live, liv. xxiv.) Pline raconte de la même manière que Cicéron, l'histoire du portrait d'Hélène ; mais il place la scène à Agrigente, en Sicile.

Zeuxis d'Héraclée. Il y a eu plusieurs villes du nom d'Héraclée ; on pense que celle où naquit Zeuxis était dans la Grande-Grèce. Jamais ce peintre ne choisit de sujets vulgaires ; il les voulait à la fois neufs et d'un caractère élevé. Nourri des nobles images d'Homère, épris du style grandiose de Phidias, il rechercha par dessus tout la grandeur du style, la noblesse et la grâce des formes, et il évita les crises violentes pour ne pas compromettre la dignité de ses héros. L'antiquité admira surtout son *Alcmène*, sa *Pénélope*, son *Athlète*, son *Hercule*, son *Amour couronné de roses*, son *Jupiter* et son *Hélène*. On dit que, pour peindre ce dernier tableau, il réunit cinq belles filles, et emprunta à chacune d'elles ce qu'elle avait de plus parfait. Dans ce cas, il dut faire preuve d'un talent bien rare, celui de fondre des parties étrangères l'une à l'autre dans un ensemble harmonieux. Zeuxis, devenu très-riche, dédaigna de vendre ses tableaux, dont il fit hommage à Archaüs, roi de Macédoine, à la ville d'Agrigente, etc. Ses ouvrages, vendus après lui à des prix exorbitans, ornèrent la ville de Rome, et furent ensuite pour la plupart transportés à Constantinople, où ils furent successivement détruits par les incendies qui ravagèrent cette capitale. On croit qu'il naquit l'an 478 avant J.-C., et mourut vers l'an 400.

Zeuxis d'abord leur demanda s'ils avaient parmi eux des vierges remarquables par leur beauté. Quoique nous ayons adopté ici *quasnam*, selon les nouvelles éditions, nous n'avons pas fait difficulté de traduire comme si le texte eût porté *ecquasnam*, sans être arrêtés par le scrupule d'un commentateur qui trouve cette question mal séante et peu civile dans la bouche de Zeuxis. Nous

avons eu pour cela deux raisons : la première, c'est que la politesse des anciens, moins méticuleuse que la nôtre, ne défendait pas absolument une question semblable ; la seconde, c'est que, polie ou non, Zeuxis l'a faite, au moins dans le récit de notre auteur. La manière dont les Crotoniates s'y prennent pour lui répondre le prouve assez. Ils le conduisent dans leur gymnase, lui font admirer la beauté de leurs jeunes hommes, et lui disent : Nous avons parmi nous leurs sœurs. Cette manière de répondre convient parfaitement à la question telle que nous l'avons traduite, mais non point à celle-ci, que le commentateur trouve plus polie : *Où sont,* ou *quelles sont les belles femmes que vous avez?*

II. Page 171. *Et moi aussi, dans le dessein que j'ai formé de tracer les règles de la rhétorique.* La réflexion qu'un traducteur fait sur ce passage est tellement juste, qu'on peut dire qu'il était inutile de l'exprimer, s'il a voulu dire seulement que jamais un traité de rhétorique, si parfait qu'on le suppose, n'aura le charme d'un portrait d'Hélène. Il y a chez nous un livre intitulé, je crois, *Instruction pour la cavalerie,* que les hommes de l'art considèrent comme un chef-d'œuvre, mais qu'aucun d'eux assurément ne voudra comparer à un tableau de Raphaël pour le genre de beauté. Cicéron ne l'a pas fait non plus. Le seul reproche qu'on puisse lui adresser, c'est que le début de ce second livre est trop poétique et trop fleuri. Le préambule du précédent est plus grave, plus simple, moins épisodique et beaucoup mieux en rapport avec le sujet.

Page 173. *Tisias, le père et l'inventeur de la rhétorique.* Après ceux dont les poètes nous ont transmis les noms, Empédocle passe pour avoir agité le premier quelques questions sur la rhétorique. Les plus anciens écrivains de l'art sont Corax et Tisias de Sicile, qui furent suivis de près par Gorgias de Léontium, leur compatriote. (*Voyez* QUINTILIEN, *de l'Institut. orat.,* liv. III, ch. 1, et les premiers chapitres de *Brutus.*)

Page 175. *Recueillis et rassemblés par Aristote.* Tous deux (Isocrate et Aristote) fixèrent l'art, dit Quintilien, mais particulièrement Aristote, qui en a embrassé le système entier dans plusieurs livres.

Cicéron (*de Orat.*, liv. ii, ch. 38): J'ai lu le livre où ce grand homme examine tous les préceptes donnés avant lui : j'ai lu également les ouvrages où il expose ses propres idées sur l'éloquence, et j'ai trouvé cette différence entre lui et les rhéteurs de profession : Aristote a porté dans l'art de la parole, dont il faisait peu de cas, ce génie pénétrant qui a découvert tous les secrets de la nature ; eux, au contraire, qui se sont bornés à cette seule étude, et qui s'y sont appesantis, n'ont pas montré la même sagacité : seulement on voit qu'ils en ont fait une étude plus longue et plus approfondie.

Page 175. *Ses disciples aussi, quoique, à l'exemple de leur maître, ils se soient principalement occupés des plus hautes questions de la philosophie.* Quintilien dit même que les philosophes se sont appliqués à la rhétorique avec plus de zèle encore que les rhéteurs, notamment les principaux d'entre les stoïciens et les péripatéticiens. Théophraste, dont il est parlé dans le premier livre de l'*Invention*, ch. 35, était disciple d'Aristote, et par conséquent péripatéticien, ainsi que Demetrius de Phalère. Parmi les stoïciens il faut citer Chrysippe, Cléanthe, Zénon, Diogène.

S'il est vrai que l'art y contribue en quelque chose. Cette réflexion doit sembler étrange sous la plume d'un orateur pour qui la nature avait fait beaucoup sans doute, mais qui devait aussi beaucoup à l'étude. Nous la retrouvons dans le *Brutus*, presque dans les mêmes termes que nous l'avons vu à la fin du ch. 1 du 1er livre de l'*Invention*, exprimée sous la forme du doute : à la considérer ou comme un art (l'éloquence), ou comme un fruit de l'exercice, ou comme un don de la nature, il n'est rien de plus difficile (*Brutus*, ch. 6). Dans le dialogue sur l'*Orateur* (liv. 1, ch. 23), il reconnaît, par la bouche de Crassus, que ce n'est là qu'une dispute de mots.

On demande qui de l'art ou de la nature contribue le plus à l'éloquence. Quoique cette question n'importe en rien à mon sujet, puisqu'il faut le concours de tous deux pour former un orateur parfait, cependant il ne sera pas indifférent de la traiter ici avec les distinctions qu'elle comporte. Si donc on envisage séparément l'art et la nature, nul doute que celle-ci ne puisse beaucoup sans la science, et que la science ne puisse rien toute

seule; que si l'une et l'autre concourent également, mais dans des proportions médiocres, le naturel aura encore le dessus, tandis que ceux en qui ce double avantage sera éminent, devront plus, je crois, à la science. Ainsi, les soins les plus intelligens échoueront sur un terrain frappé de stérilité, et une bonne terre produira quelque chose d'utile, même sans culture; mais un sol fertile, s'il est cultivé, rendra plus par cela même qu'à cause de sa bonté native. Si Praxitèle se fût avisé de sculpter une statue de la pierre la plus grossière, de celle, par exemple, dont on fait les meules de nos moulins, je lui préfèrerais sans doute un bloc de marbre de Paros; mais si ce même artiste avait travaillé ce bloc, l'ouvrage aurait à mes yeux plus de prix que le marbre même. La nature, c'est la matière; l'art, c'est la science : celle-ci crée, l'autre est créée. L'art n'est rien sans la matière; la matière même sans l'art est encore précieuse : mais l'art, quand il est parfait, est préférable à la plus riche matière. (*Instit. orat.*, liv. II, ch. 19.)

Page 175. *Isocrate, ce grand et célèbre orateur, vivait du temps d'Aristote.* Isocrate vivait sans doute du temps d'Aristote, mais il était vieux quand ce dernier commença à professer l'art oratoire. Quintilien nous apprend qu'il eut pour maître Gorgias, et que ce fut depuis lui que les traditions reçues des premiers maîtres, Corax, Tisias, Empédocle et Gorgias, se partagèrent. On dit qu'il mourut après la défaite de Chéronée, à l'âge de quatre-vingt-dix-huit ans accomplis. Aristote le remplaça pour ainsi dire de son vivant, et disait de lui, en parodiant un vers de Philoctète : « Qu'il était honteux de se taire et de laisser parler Isocrate; » plutôt sans doute pour inviter les jeunes rhéteurs à le remplacer dans ses leçons fatigantes pour son grand âge, que pour attaquer son mérite. Quintilien le cite comme le plus illustre des rhéteurs qui eussent enseigné jusqu'alors. Il nous reste d'Isocrate quelques discours qui peuvent donner une juste idée de ses qualités et de ses défauts. On lui attribue ce mot célèbre, qui justifie bien la haine que Socrate portait aux rhéteurs de son temps : « L'éloquence est l'art de faire que ce qui est bien paraisse mal, et que ce qui est mal paraisse bien. » (*Voyez*, au reste, le ch. 8 du *Voyage d'Anacharsis.*)

IV. Page 183. *De là naît la question, qui, dans le genre conjectural, n'est autre que le point à juger.* Quintilien trouve plus de subtilité que de raison dans les distinctions admises par notre auteur d'après Hermagoras. Pour moi, dit-il, je trouve plus fondée et plus claire l'opinion de ceux qui pértendent que l'état de la cause (*statum* ou *constitutionem*), le point fondamental (*continens* ou *firmamentum*) et le point à juger (*judicationem*) ne sont qu'une seule et même chose, et qui, par point fondamental, entendent ce qui constitue le procès même. (Liv. III, ch. 11.)

V. *Maintenant je vais indiquer les lieux qui conviennent en partie à toute question de conjecture.* Il ne faut pas entendre ici dans le sens ordinaire les lieux communs ou simplement les lieux dont parle Cicéron. Il ne s'agit point ici de généralités sans rapport avec le fond même de la cause, de déclamations étrangères et stériles; mais bien des sources mêmes où se puisent les moyens de l'argumentation, des lieux où il faut chercher les preuves qui, nécessairement, varient selon les genres de causes et la nature de l'affaire ou de l'espèce dont il s'agit. (*Voyez* QUINTILIEN, liv. V, ch. 8, *De la preuve artificielle.*)

Page 184. *In quibus animus ita videtur affectus fuisse, ut rem perspicere cum consilio et cura non potuerit; et id, quod fecit, impetu quodam animi potius, quam cogitatione fecerit.* Nous convenons avec tous les commentateurs que cette phrase est fort peu élégante par la répétition de *animi*; d'où il arrive que : *Animus facit animi impetu.* Il y avait un moyen tout simple d'effacer cette tache; c'était de supprimer *animi* à la fin de la phrase. Mais comme les derniers éditeurs n'avaient point pris ce parti avant nous, nous avons imité leur réserve en laissant subsister cette faute, qui a pu très-bien échapper à l'auteur dans un ouvrage de sa jeunesse.

Page 185. *Il doit développer...... la puissance et la fougue désordonnée de ces tempêtes de l'âme.* Ainsi, à propos d'une action qu'a fait commettre la colère, ou la crainte, ou l'avarice, l'orateur peut s'étendre sur les effets de chacune de ces passions; il le peut encore, soit qu'il loue, soit qu'il censure, soit qu'il exagère, soit qu'il atténue, etc. (*Institut. orat.*, liv. V, ch. 8.)

VII. Page 189. *Dans ce lieu, le premier point pour l'accusateur, c'est de prouver que nul autre que l'accusé n'avait intérêt à commettre le crime.* Le plaidoyer pour Milôn offre un modèle admirable de la manière de tirer des conjectures selon les règles tracées dans ce chapitre.

IX. Page 193 et 195. *Le nom même peut fournir parfois des inductions.* On met aussi en jeu le nom de la personne, dit Quintilien, et il faut convenir que qui que ce soit n'est à l'abri d'un pareil accident; aussi n'en tire-t-on d'argumens que lorsque ce nom a été donné pour certaines causes, comme celui de sage, de grand, de riche, etc., ou lorsqu'il a inspiré quelque pensée à celui qui le porte, comme à Lentulus, qui s'associa à des complots parce que les livres des sibylles et les réponses des aruspices promettaient successivement la domination à trois Cornelius, et, qu'après Sylla et Cinna, il se croyait le troisième, s'appelant lui-même Cornelius. On voit aussi, dans Euripide, que le frère de Polynice lui reproche son nom comme un argument contre son caractère; mais ce jeu de mots m'a toujours paru froid. Convenons pourtant que le nom donne souvent matière à des railleries très-piquantes : aussi Cicéron n'a-t-il pas dédaigné ce genre d'argument contre Verrès.

Les Grecs se sont joués de la sottise de ces hommes qui avaient nom Clodius, ou Cécilius, ou Mucius. Nous avons été forcés de faire un changement au texte adopté par les derniers éditeurs, et qui n'offrait pas un sens raisonnable. Nous avons substitué *Græcos*, que portent quelques éditions, à *Græcis*, qui se lit dans les deux dernières. Voici nos raisons :

L'auteur dit ici qu'on peut quelquefois tirer parti d'un nom, ou d'un surnom, lorsqu'ils ont été donnés, comme dit Quintilien, pour de certaines causes, pour être, par exemple, l'expression d'un vice ou d'une qualité, rappeler un évènement, accuser un trait de caractère.

Ainsi les noms de Mucius (*a muto*), de Cécilius (*a cæco*), de Clodius (*a claudo*), n'expriment ici, dans l'idée de Cicéron, que des défauts d'organisation qui rendent ceux qui les portent plus capables de se laisser tromper que de tromper eux-mêmes.

Ensuite les noms dont il s'agit ne sont pas grecs, mais romains.

En troisième lieu, s'il y avait parmi les Grecs d'alors des gens faciles à tromper, ce n'était pas le plus grand nombre; et Cicéron lui-même a toujours regardé les hommes de cette nation comme plus propres à être fripons que dupes, et nous savons qu'ils jouaient à Rome, à cette époque, le même rôle que leurs descendans jouent aujourd'hui parmi les Turcs, plus graves, plus simples, moins fripons et moins rusés.

A ces raisons logiques, qui nous portent à croire qu'il s'agit de Romains trompés par des Grecs, s'en joint une autre purement grammaticale, mais non pas moins forte.

En laissant *hominibus græcis imperitis verba dedisse*, la phrase n'est point latine; il faudrait nécessairement ajouter *eos*, ou quelque autre mot semblable, pour qu'elle fût complète, et dire : *Ea re eos*, ou *illos, hominibus græcis imperitis verba dedisse*. Ce serait le moyen d'avoir une phrase latine, mais les observations que nous avons faites plus haut n'en subsisteraient pas moins.

Les commentateurs ont fait beaucoup d'efforts inutiles pour expliquer ce passage avec *græcis*. Schütz a cru qu'il s'agissait de Grecs qui, abusés par les noms d'Appius Claudius Cécus, ou de Mucius Scévola, regardaient comme d'habiles jurisconsultes tous ceux qui portaient ces mêmes noms; ce qui est faire bon marché de l'esprit des Grecs et de leur finesse tant vantée. Le dernier traducteur n'a point adopté cette grossière explication : il ne s'agit point de jurisconsultes, comme on l'a cru, dit-il, mais d'une misérable allusion à l'étymologie de ces noms propres. Nous convenons avec lui que ce genre d'allusions est misérable; mais il nous fallait traduire, et justifier le sens que nous avions adopté.

Page 195. *La nature aussi peut fournir des conjectures*, etc. — *Voyez*, sur tout ce chapitre, QUINTIL., *de l'Inst. or.*, c. 10. Cet auteur ajoute à ces lieux, qui peuvent fournir des conjectures, la manie de l'affectation; c'est-à-dire, la prétention qu'aurait un homme de paraître éloquent, par exemple, ou vertueux, ou puissant.

XII. Page 205. *Le lieu, le temps, l'occasion, la possibilité*. — *Voyez* QUINTILIEN, à l'endroit indiqué par la note précédente;

et, pour l'application des règles tracées ici par l'auteur, son *Plaidoyer pour Milon*.

XIV. Page 211. *De la question, des témoignages, des bruits publics.* La renommée et la rumeur publique sont, suivant le nom qu'on a intérêt à leur donner, tantôt le consentement unanime de toute une cité, une espèce de témoignage universel; tantôt un vain bruit sans fondement certain, auquel la malignité seule a donné naissance, que la crédulité a grossi, et qui peut atteindre l'homme le plus innocent, victime de la fraude et de la calomnie des méchans.

Il en est de même des tortures; c'est un lieu commun des plus controversés. (Quintilien, liv. v, ch. 3 et 4.)

XV. Page 215. *Les lieux communs répandent la lumière et la variété dans le discours, surtout si on ne les prodigue pas.* — *Voyez* dans Quintilien, liv. v, ch. 10, *in fine*, ce qu'il pense des lieux communs, de l'emploi réglé qu'il en faut faire, et de l'utilité des règles en général.

XVII. Page 217. *C. Flaminius.* La loi Agraire, chez les Romains, ne répond point à l'idée que nous avons d'une loi de ce genre. C'était une loi *de agro dividendo*, sur des terres conquises à distribuer au peuple ou aux soldats. Le Flaminius dont il s'agit est le vaincu de Thrasymène, dans la seconde guerre punique, l'an de Rome 535. Tribun dix ans auparavant, il avait partagé au peuple, contre l'autorité du sénat, des parties de territoire dans le Picenum et dans la Gaule.

Page 217 et 219. *Son père vint l'arracher de la tribune.* Le texte porte : *de templo deduxit*. La tribune aux harangues était un lieu consacré, *locus inauguratus*. — *Voyez* la *troisième Verrine*, 96, et *contre Vatinius*, 10.

On appelle crime de lèse-majesté. Telle est en effet la définition exacte de ce crime, aussi vague, aussi générale qu'elle doit être pour expliquer la puissance terrible que la loi de majesté mit plus tard aux mains des empereurs, et l'effrayant abus qu'ils en firent. *Voyez* Tacite.

XIX. Page 225. *Aussi tout se passe devant le préteur.* Cicéron

distingue ici *le droit civil et les jugemens.* — *Voyez* le passage correspondant, *Rhétorique à Herennius*, liv. 1, ch. 12, où l'auteur explique d'une manière plus intelligible la différence qui existait à Rome entre les jugemens publics et les jugemens privés : *Judicia sunt causarum publicarum ; jus autem civile dicitur de causis privatis, et judiciis causarum privatarum, quale judicium est furti, quod distinguitur a peculatu, quod est furtum publicum.* (Ernest.)

XX. Page 227. *C'est qu'il ne faut point, à propos de dommages-intérêts.* Mot à mot, *dans un jugement récupératoire ;* ce qui eût été moins intelligible. Les récupérateurs à Rome étaient des commissaires nommés par le préteur pour statuer sur les indemnités et les restitutions dues aux particuliers. Ils prononçaient également sur ce que nous appelons les dommages-intérêts résultant d'un crime ou d'un délit, qui, chez nous, se poursuivent par voie d'action civile devant les tribunaux de répression, ou par action principale devant les tribunaux civils.

Page 229. *Le lieu commun à développer contre celui qui demande l'exception.* La loi romaine appelait les exceptions le refuge des mauvais citoyens, *exceptiones improborum perfugium.* Il en est à peu près de même dans notre droit.

XXI. Page 233. *Pour le cas où il viendrait à mourir.* Le texte porte *si quid accidisset.* Telle était, chez les Romains, la manière d'exprimer le cas de mort possible. Le dernier traducteur a pensé à tort qu'il s'agissait d'une nouvelle succession qui pouvait échoir au mineur. Nous croyons qu'il s'est aussi trompé en traduisant *adventitia pecunia* par *biens venus accidentellement au mineur.* Il s'agit des biens maternels, qu'on nomme aussi *adventices.* Voir au surplus les lois romaines.

XXII. *Ce qui constitue le droit.* Voyez *Rhétorique à Herennius*, liv. II, ch. 13, le passage correspondant à celui-ci.

XXIII. Page 237. *La question juridiciaire.* Voyez *Rhétorique à Herennius*, liv. 1, ch. 2.

L'une absolue. Voyez *Rhétorique à Herennius*, liv. II, ch. 13.

XXIV. Page 241. *Un général enveloppé par les ennemis.* Voyez *Rhétorique à Herennius*, liv. i, ch. 15, où l'auteur, se servant du même exemple, nomme le général et les ennemis avec lesquels il signe la capitulation. Il ne s'agit point de Posthumius et des Samnites, comme l'ont écrit quelques commentateurs; mais de C. Popilius Lénas, et des Gaulois. (*Voyez* César, *de Bell. Gall.*, lib. i, cap. 12, et Tite-Live, *Epit.* 65.) Cicéron lui-même nous apprend (*De legibus*, lib. iii) que ce général fut accusé du crime de lèse-majesté par Célius, tribun du peuple.

XXVI. Page 247. *La récrimination a lieu.* L'auteur de la *Rhétorique à Herennius*, liv. ii, ch. 15, appelle *translatio criminis* ce que Cicéron nomme en cet endroit *relatio criminis.* Lorsque, par la récrimination, l'accusé rejette sa faute sur un autre, l'accusateur examinera d'abord si ce moyen peut être justement admis; si le délit que le prévenu rejette sur un autre est aussi grave que celui dont lui-même a fait l'aveu; si l'exemple d'autrui a pu le rendre coupable; s'il ne devait pas attendre qu'on eût prononcé auparavant sur une telle action; si, aucune sentence n'ayant été portée sur le délit qu'il impute à un autre, il avait le droit de juger ainsi de son autorité privée une action qui n'avait pas encore été portée devant les tribunaux.

Page 249. *Elle pleurait la mort de mon ennemi, non celle de ses frères. Voyez* P. Corneille, *les Horaces*, acte iv, sc. 6.

« On ose soutenir, dit Cicéron, dans la *Milonienne*, que quiconque s'avoue coupable d'un meurtre est indigne de voir le jour. Et dans quels lieux les plus ignorans des hommes avancent-ils une pareille doctrine? aux lieux mêmes qui ont été jadis témoins du jugement rendu en faveur d'Horace, qui, bien qu'il eût tué sa sœur de sa propre main, fut absous par les comices du peuple, dans un temps où Rome n'était pas libre encore. »

XXVIII. Page 253. *Il doit appuyer la récrimination, d'abord en exagérant le crime et la scélératesse de celui qu'il accuse.* — *Voyez* le *Plaidoyer pour Milon*, chap. 9. Clodius avait formé le projet de tourmenter la république, pendant sa préture, par tous les crimes possibles. — Bien différent des autres, la gloire d'être nommé flattait peu son désir; ce qu'il voulait, c'était d'évi-

ter d'avoir pour collègue le vertueux L. Paullus, et de pouvoir déchirer la patrie pendant toute une année. Comment prouver que Clodius a été l'agresseur? Lorsqu'il s'agit d'un scélérat, d'un monstre de cette espèce, il suffit de montrer qu'il avait un grand intérêt à faire périr Milon, etc.

Page 255. *Qu'il n'est point nécessaire, ni utile d'attendre que les juges aient prononcé.* — *Voyez* comme Cicéron applique la règle qu'il donne ici. Si Milon, tenant son épée encore fumante, s'écriait, « Approchez, Romains, écoutez-moi! J'ai tué Clodius : ses fureurs, que les lois et les tribunaux ne pouvaient plus réprimer, ce fer et ce bras les ont écartées de vos têtes; par moi, par moi seul, la justice, les lois, la liberté, l'innocence et les mœurs seront encore respectées dans nos murs, » serait-il à craindre qu'il n'obtînt pas l'assentiment de tous les citoyens? (*Pro Milone*, cap. 28.)

XXIX. Page 257. *Le recours a lieu.* Voyez *Rhétor. à Herenn.*, liv. I, ch. 15. Si l'on ne peut se défendre par soi-même, ni se justifier par des motifs, on a encore le remède, si cela se peut, d'en attribuer la cause à autrui : aussi la translation a-t-elle paru devoir être comptée parmi les autres états de causes. Tantôt donc on rejette la faute sur un homme; comme si T. Gracchus, accusé par le traité de Numance, ce qui fut cause, dit-on, qu'il se montra si favorable au peuple pendant son tribunat, eût dit qu'il n'avait fait qu'obéir à son général; tantôt on s'en prend même à une chose, comme si un héritier ou légataire à qui le testateur aurait prescrit telle obligation, s'en dispensait en disant que les lois s'y opposent : c'est ce que les Grecs appellent μετάστασις. (QUINTILIEN, liv. VII, ch. 4.)

Les exemples que Cicéron donne ici, et ceux qui se trouvent dans la *Rhétorique à Herennius*, ne doivent laisser aucun doute sur la différence qu'il faut saisir entre la récrimination et le recours. Dans la récrimination, l'accusé se rend véritablement accusateur de celui sur qui il rejette son crime, comme on le voit dans la cause d'Oreste et dans celle du soldat Marius. Dans le recours, au contraire, il met simplement sur le compte d'un autre le fait qu'on lui reproche; il le repousse comme n'étant pas le sien

et ne pouvant lui être imputé. Quintilien nous semble avoir négligé cette distinction.

XXX. Page 259. *Tirer de l'aveu, dont je traiterai plus bas.—* Voyez la note ci-dessous, ch. 31.

Page 261. *Lors du traité conclu autrefois avec les Samnites.* L'an de Rome 433, sous le consulat de Titus Veturius et de Spurius Posthumius. *Voyez* dans Florus, liv. 1, ch. 16, et Tite-Live, liv. ix, la délibération dans le sénat sur le traité des Fourches-Caudines, le discours de Posthumius, qui veut être livré aux Samnites, et la réponse d'un des chefs ennemis, qui accuse la mauvaise foi des Romains.

Tint la victime par ordre du général. Cette victime était un porc suivant quelques auteurs, une truie selon d'autres. Sur cet usage d'immoler un porc dans les traités, *voyez* Virgile; *Énéide,* liv. viii, vers 639 :

> . . . . . . .Inter se posito certamine reges,
> Armati Jovis ante aram, paterasque tenentes.
> Stabant, et cæsa jungebant fœdera porca.

Et, pour une parfaite intelligence de cette expression, *tenir la victime,* voyez Spanhemius, *Dissert.* 10 (*de Usu et præstantia numism.*), à propos d'une pièce de monnaie frappée, à ce qu'on croit, lors de la guerre des Marses, portant l'inscription italia, et l'image d'un homme qui tient un porc ou une truie dans la cérémonie religieuse d'un traité.

XXXI. Page 263. *L'aveu consiste à ne point se justifier sur le fait même dont on est accusé, mais à en demander le pardon.* Voyez *de Invent.*, lib. ii, c. 2, et *Rhétorique à Herennius,* liv. 1, ch. 14, et liv. ii, ch. 16. On a encore la ressource de l'excuse; on invoque l'ignorance ou la nécessité. L'ignorance: vous avez fait marquer au front un fugitif qui, dans la suite, est reconnu pour un homme de condition libre, vous soutenez que vous ignoriez qu'il en fût ainsi. La nécessité: un soldat qui ne s'est pas trouvé au jour marqué pour le départ, dit qu'il en a été empêché par la difficulté des chemins, ou par une maladie. Souvent aussi on rejette la faute sur le hasard : nous avons mal fait, disons-nous, nous le sentons, mais notre intention n'en était pas moins

bonne. Il y a tant d'exemples de ces sortes d'excuses, qu'il est inutile d'en citer. (*Voyez* Quintilien, liv. vii, ch. 4.)

XXXIV. Page 273. *La justification et la déprécation.* — *Voyez* liv. i, ch. ii, et *Rhétorique à Herennius*, liv. ii, ch. 16.

Quant à la voie de supplication, ou déprécation, qui n'admet aucune espèce de défense, elle est extrêmement rare, et seulement bonne auprès des juges qui ne sont astreints à aucune règle dans le prononcé de leurs jugemens; encore dans les causes de ce genre, qui furent plaidées devant César et les triumvirs, en faveur de citoyens qui avaient appartenu à différens partis, quoique on recourût spécialement à la prière, on ne laissait pas que d'employer une certaine défense, à moins qu'on n'en méconnaisse le caractère très-prononcé dans ce que dit Cicéron pour Ligarius : « Et nous, Tubéron, quel fut notre mobile à tous, sinon de pouvoir ce que peut aujourd'hui César ? Que si nous avons à parler devant un prince ou tel autre personnage, qui n'a de guide que sa volonté, nous recommanderons le coupable à sa clémence, tout en convenant qu'il a mérité la mort; et comme ici nous n'avons pas affaire à un adversaire, mais à un juge, et que c'est le cas d'user des formes délibératives plutôt que des formes judiciaires, nous persuaderons à ce prince qu'il est plus digne de lui de rechercher la gloire d'un pardon que le plaisir de la vengeance; mais auprès des magistrats, organes impassibles de la loi, avouer tout, c'est le perdre, et j'aurais honte de donner des préceptes pour un pareil cas. (Quintilien, *Institut. orat.*, liv. v, ch. 13.)

Cicéron dit lui-même plus bas, chap. 34, que la déprécation ne s'emploie jamais devant les tribunaux, sinon comme accessoire. *Voyez* la défense de Ligarius, comme modèle de déprécation toute puissante, parce que ce n'était point à un juge de prononcer, mais à un homme que la victoire avait mis au dessus des lois. L'auteur, quel qu'il soit, de la *Rhétorique à Herennius*, dit en propres termes que la déprécation n'est point un moyen judiciaire.

Page 275. *Sur le sort de Syphax.* — *Voyez* dans Tite-Live, ch. 13, le discours que Syphax, amené prisonnier au camp de Scipion, adresse à ce général, l'an de Rome 551. Plus tard, une

délibération fut ouverte dans le sénat sur son sort, et il fut envoyé prisonnier dans la ville d'Albe.

Page 275. *Q. Numitorius Pullus.* Habitant de Frégelles, qui, après s'être montré contraire au peuple romain, avait fini par livrer sa ville en trahison au préteur L. Opimius. Il paraît qu'il obtint sa grâce, puisque, plus tard, sa fille épousa Antonius Creticus, le père de M. Antoine, le triumvir. (Schutz et Wetz.) Dans ces deux causes, la déprécation était employée comme moyen principal, et ce n'était pas des juges ordinaires qui devaient en connaître.

XXXVII. Page 279. *Il est beaucoup de causes qui ont pour objet la demande d'une récompense.* Les causes de ce genre sont inconnues parmi nous ; la forme de nos gouvernemens ne les admet pas. Dans les républiques anciennes, un citoyen pouvait demander, soit au sénat, soit dans l'assemblée du peuple, le prix des services par lui rendus à la patrie ; il établissait les titres sur lesquels il appuyait sa demande, et ces titres étaient publiquement discutés. Le discours de Cicéron *pro Domo sua*, et celui de Démosthène *pour Ctésiphon*, appartiennent à ce genre de causes.

S'agit-il de récompense ? il y a deux choses à examiner : celui qui la demande en mérite-t-il une, et la mérite-t-il aussi grande ? ensuite, si c'est entre deux prétendans, *lequel en est plus digne ;* si c'est entre plusieurs, *lequel en est le plus digne.* Tout cela s'apprécie d'après le genre des services, en ayant égard non-seulement à l'action que l'on allègue et que l'on compare avec une autre, mais encore à la *personne.* Supposons, en effet, le meurtre d'un tyran ; il importe de savoir si le meurtrier était un jeune homme ou un vieillard, un homme ou une femme, un étranger ou un parent. On envisage aussi *le lieu* de bien des manières : le tyran a-t-il été tué dans une ville habituée à la servitude, ou dans une ville qui avait toujours été libre ? dans une forteresse ou dans une maison ? puis, *comment* le tyran a-t-il été tué ? par le fer ou par le poison ? *En quel temps ?* était-ce pendant la guerre ou pendant la paix ? Était-il sur le point de déposer la souveraine puissance, ou méditait-il quelque nouvel attentat ? On tient aussi compte du *prix* qui était attaché au service rendu, du *danger,* de la *difficulté* de l'entreprise. C'est ainsi qu'on juge

d'une libéralité par sa source, car elle est plus méritoire dans un pauvre que dans un riche, dans celui qui a l'initiative du bienfait que dans celui qui le rend, dans un père de famille que dans un homme sans enfans. Ensuite, quelle est la chose qu'on donne, dans quelle conjoncture, dans quelle vue? n'est-ce pas dans l'espérance d'un intérêt futur? Toutes les autres s'évaluent de même. (QUINTIL., liv. VII, chap. 4)

Page 279. *Il ne faut pas croire qu'en citant des exemples d'affaires plaidées devant le sénat, je m'écarte du genre judiciaire.* Quintilien a suivi le sentiment de Cicéron sur les rapports qu'ont entre eux les trois genres. On peut, dit-il, dans un même discours, faire l'éloge de la vertu (genre démonstratif), la défendre des accusations élevées contre elle (genre judiciaire), et exhorter les auditeurs à suivre toujours ses inspirations (genre délibératif). C'est ainsi que, dans le cours d'une plaidoirie, l'intérêt de la cause même exige l'emploi des deux autres genres.

Page 281. *L. Licinius Crassus, consul.* Le Crassus dont il s'agit en cet endroit est le même que Cicéron a introduit dans le livre de l'*Orateur*. Il fut consul l'an de Rome 658, et proconsul l'année suivante.

Désolaient la province. La Gaule Narbonnaise, réduite en province romaine l'an 122 avant J.-C.

XXXVIII. Page 283. *S'ils ne reposent que sur une fausse idée.* Les commentateurs ne sont pas d'accord sur la leçon à adopter ici. Quelques éditions portent *oratione*. Le dernier traducteur croit qu'il vaudrait mieux adopter *exornatione*, au lieu de *ratione*, qu'il conserve toutefois, et que nous adoptons comme lui, sans approuver de même la traduction qu'il en donne. Le texte dit : *Vera, an falsa quædam ex ratione honestentur.* Le sens que nous avons exprimé nous paraît tout naturel, et conforme aux expressions latines : S'ils sont réels, ou s'ils ne le sont pas.

Si l'action n'est pas telle qu'il pouvait mériter d'être puni en ne la faisant pas. Par exemple, si un Égyptien eût demandé une récompense pour avoir sauvé la vie d'un homme, quand la loi l'eût condamné à mort pour ne l'avoir pas sauvé; ou si un esclave se glorifiait de n'avoir ni volé ni pris la fuite.

XXXIX. Page 283: *Pour le genre de la récompense.* Voyez

Démosthène, dans sa *Harangue pour Ctésiphon*, et Cicéron lui-même, *pro Domo sua*.

XL. Page 287. *Il y a discussion sur un écrit quand la rédaction présente un sens douteux.* Voyez Quintil., *de l'Instit. orat.*, liv. 7, chap. 6. Cette interprétation, dit ce rhéteur, fit naître de fréquens débats entre les jurisconsultes, et c'est une partie considérable des controverses de droit. Aussi doit-on d'autant moins s'étonner qu'elle se produise aux écoles, où ces sortes de discussions sont même imaginées à dessein. La première espèce d'interprétation s'attache aux termes, à l'intention *de (scripto et voluntate quæritur)*; ce qui arrive, lorsqu'il y a dans la loi quelque obscurité, et que chaque partie soutient sa manière de voir, et combat celle de son adversaire, etc. *Voyez* aussi *de l'Invention*, liv. 1, chap. xiii, où l'auteur divise en cinq espèces ce genre de cause qui, dans les *Topiques*, n'en comprend que trois. *Voyez* chap. xxv; et *Rhétorique à Herennius*, liv. 1, chap. 2, et liv. 11, chap. 9.

Cela tient à l'ambiguité des termes. C'est ce que Quintilien nomme *état d'ambiguité* ou *amphibologie*. Il y a tant d'amphibologies, dit-il, que certains philosophes ont été jusqu'à prétendre qu'il n'y a pas un seul mot qui n'ait plusieurs significations. Quant aux causes qui les font naître, elles se réduisent à bien peu; car, ou ce sont des mots seuls qui les produisent, ou ce sont des mots joints ensemble.

Quand ce sont des mots seuls, on peut s'y tromper, s'ils s'appliquent à plusieurs choses ou à plusieurs personnes, ce qu'on appelle *homonymie*, comme *gallus*, qui signifie un volatile, une nation, un nom, un accident du corps, etc. Ce genre d'ambiguité, qui est très-varié, donne souvent matière a des procès, surtout dans les testamens.

A des lois contraires. Il faut parler maintenant des lois qui se contrarient, puisqu'il est reconnu par tous les maîtres de l'art, et, avec raison, que l'*antinomie* constitue deux états, fondés et sur les termes et sur l'intention. En effet, lorsqu'une loi est mise en opposition avec une autre, et que des deux côtés on argumente contre les termes en cherchant à expliquer l'intention, il en résulte, de part et d'autre, cette question : A laquelle des deux lois

doit-on s'arrêter? Personne n'ignore qu'une loi n'est jamais, en principe, contraire à une autre loi; car, s'il y en avait qui consacrassent deux points de droit directement opposés, il faudrait que l'une fût abrogée par l'autre; mais elles peuvent se heurter dans certains cas particuliers. (Liv. VII, chap. 9.)

Page 286. *Vasa magnifica et pretiose cælata.* Nous avons suivi la leçon des derniers éditeurs, parce que le sens nous paraît très-clair. D'après le passage correspondant de la *Rhétorique à Herennius*, il faudrait peut-être adopter la leçon d'Ernesti et de Schütz, qui proposent : *Vasa pretiosa ut magnifice cælata.* Voyez *Rhétorique à Herennius*, liv. I, chap. 12, *Vasa pretiosa ac cælata magnifice.* Du reste, le sens ne changerait pas; ce n'est là qu'une question de latinité.

Page 289. *Pour y chercher des inductions favorables au sens qu'on lui donne.* Ce qu'il y a d'évident, c'est que l'équivoque présente toujours un double sens, et que l'écrit ou la parole qui y donne lieu ouvre, de part et d'autre, un champ égal à la contestation. Il est, par conséquent, inutile de nous recommander des efforts pour tourner l'explication à notre avantage; car, si cela se pouvait, il n'y aurait plus d'équivoque. (QUINTILIEN, liv. VII, chap. 9.)

Montrez.... que le sens adopté par l'adversaire est bien moins raisonnable. Dans toute amphibologie, on fera quelquefois cette question : Lequel des deux sens est le plus naturel? Mais on insistera toujours sur celles-ci : Lequel est le plus équitable? Lequel est le plus conforme à la volonté présumée de celui qui a écrit ou parlé?

Une courtisane ne doit point avoir de couronne d'or. Hermogène, qui cite le même exemple, fait consister l'ambiguité dans l'accent : Ἑταίρα χρύσια εἰ φοροίη, δημόσια ἔστω. L'accusateur prononce le mot δημόσια avec l'accent sur la pénultième, et, par cela même, il prétend que la courtisane soit vendue, ou qu'elle devienne la propriété de la république. Le défenseur met l'accent sur l'antépénultième, et dit qu'il faut prononcer δημόσια, et par conséquent, que c'est l'or et non la courtisane que la loi ordonne de mettre en vente. (J. V. L.) — Les termes dont se sert ici Hermogène, traduits littéralement en latin, ne présenteraient plus la

même équivoque : *Meretrix aurea* (sous-entendu *ornamenta*) *si habeat, publica sint.* Ἔστω, troisième personne du singulier, s'emploie avec un nom neutre au pluriel.

XLI. Page 290. *Quod nos demonstrabimus.* Schütz, et Lambinus, avant lui, avaient remplacé *demonstrabimus* par *dicemus*. Il y a deux raisons d'approuver cette correction du texte : d'abord la répétition de *demonstrabimus* ne fait pas un heureux effet, quant au style : ensuite, ce mot nous paraît impropre dans le premier cas : il s'agit d'une allégation, d'un sens qu'on adopte, et dont il faut établir la vérité. Comme il y a deux choses différentes à exprimer, deux mots étaient nécessaires. Cependant comme les plus anciennes éditions portent deux fois *demonstrabimus*, nous avons cru devoir le conserver, en imitant la réserve des derniers éditeurs.

Communibus utrosque locis uti oportebit. Le texte a été légèrement altéré en cet endroit, mais le sens ne peut en souffrir. Quoique nous ayons conservé la leçon des derniers éditeurs, nous sommes loin de désapprouver ceux qui, pour *utrosque*, ont cru qu'il fallait écrire *utrumque* ou *utrinque*. Voyez liv. 1, chap. 53; et *Rhétorique à Herennius*, liv. 11, chap. 30. Il ne s'agit ici que de deux personnes, le demandeur et le défendeur ; *utrosque* nous semble, dans ce cas, moins exact que *utrumque*, pour dire *l'un et l'autre*.

XLII. Page 292. *Si mihi filius genitus unus, pluresve.* C'est la formule des testamens. Quelques éditeurs ont proposé de remplacer *genitus* par *gignitur*, ou par *genitur*, forme ancienne, mais conservée dans la langue du droit. Nous avons conservé *genitus*, sous-entendu *sit*, ou *fuerit*, qui se trouve écrit dans quelques éditions.

Tu mihi, dicebat, *secundus heres esto*. Des commentateurs ont pensé que l'auteur avait ajouté *nomen* à *dicebat*, et mis ces deux mots en parenthèse. Le sens serait alors : « Vous (et il ajoutait le nom de la personne) serez mon second héritier. »

Page 293. *Se tirent surtout de la question juridiciaire accessoire.* — *Voyez* plus haut, chap. 24 et 36.

Page 295. *Car tantôt on emploie l'alternative.* — *Voyez* plus haut, chapitres 24 et 26. — C'est encore une défense qui rentre

dans la question d'utilité, si l'on soutient que ce que l'on a fait a empêché un plus grand mal. Car, dans la comparaison de deux maux, le moindre devient un bien : comme si, par exemple, *Mancinus justifiait le traité fait avec Numance, en disant que, faute de ce traité, toute l'armée romaine aurait péri.* C'est ce que les Grecs appellent ἀντίστασις, et que nous nommons *genre de comparaison.* (QUINTIL., *Instit. orat.*, liv. VII, chap. 4, *de la Qualité.*)

Page 295. *Tantôt la récrimination.* — *Voyez* plus haut, chapitres 25 et 28.

A tué son tribun militaire pour se dérober à ses violences criminelles. Voyez le *Plaidoyer pour Milon*, chap. 4. Si jamais il est des circonstances, et il en est un grand nombre, où le meurtre soit légitime, assurément il est juste, il devient même nécessaire, lorsqu'on repousse la force par la force. Un tribun, parent de Marius, voulut attenter à la vertu d'un jeune soldat; il fut tué. Cet honnête jeune homme aima mieux hasarder ses jours que de subir une infamie; et son illustre général le déclara non coupable, et le délivra de tout danger.

Tantôt le recours. Cet exemple est cité plus haut, chap. 29.

Tantôt l'aveu avec justification fondée sur l'ignorance. — *Voyez* plus haut, chap. 31.

Comme dans le sacrifice du veau. — *Voyez* plus haut, ch. 31.

Ou sur la force majeure. — *Voyez* plus haut, chap. 32.

Ou sur le hasard. — *Voyez* plus haut, chap. 31.

XLIV. Page 297. *Comme dans l'affaire du testament cité plus haut.* — *Voyez* chap. 42.

Page 298. *Indicium nobis reliquerit suæ voluntatis.* Quelques manuscrits et éditions portent *judicium*, que les derniers éditeurs ont rejeté avec raison. *Judicium voluntatis* nous semble peu latin.

Page 299. *D'abord, il n'est jamais permis d'alléguer des raisons contraires au texte d'une loi.* — *Voyez* ce point développé plus bas, chap. 45.

Ensuite, quand toutes les autres lois. — *Voyez* plus bas, chapitre 46.

XLV. Page 300. *Neque quo pacto aliis improbare possint.* Nous avons été, pour ainsi dire, contraints de conserver *aliis impro-*

bare, par l'accord presque général des éditeurs et commentateurs à admettre cette leçon. *Improbare alicui* n'est pas latin, et nous ne connaissons aucun autre exemple de l'emploi de ce verbe avec le datif. Une manière de rectifier le texte serait de substituer *probare* à *improbare*, ce qui présenterait un sens tout aussi raisonnable que celui qui résulte de la phrase écrite comme elle est : *Neque quo pacto aliis probare possint quod contra legem judicarint;* « ni comment ils pourront justifier auprès des autres un jugement rendu contre les lois. » Ou bien encore il faudrait changer *aliis* en *alios*, et substituer *quum* à *quod*. Ce serait le même sens que nous avons donné, mais la phrase au moins serait plus régulière.

Page 301. *Et enfin, quand cette loi même en admettrait.* — *Voyez* plus bas, chap. 46.

Page 302. *Administravit.* Nul doute que ce mot ne doive remplacer *administrabit*, qui se lit mal-à-propos dans quelques éditions.

Ejus rei causam. Les commentateurs ne sont pas d'accord sur ce passage ; les uns veulent écrire *causæ*, d'autres *causa ;* d'autres enfin *causam*, que nous avons adopté, parce que nous avons trouvé plus haut : *Nisi quæ causa in lege scripta est.*

Page 303. *Sans que le peuple puisse délibérer sur cette mesure, l'approuver ou la rejeter.* Voyez liv. 1, chap. 33.

Page 304. *Se actiones videre ac dissuadere velle.* Aucun passage n'a plus embarrassé les commentateurs : Ernesti avoue qu'il ne l'a jamais compris, ni vu expliqué. Schütz croit qu'il faut lire : *Se captiones ostendere ac dissuadere velle.* Victorinus qui, dans son texte, a lu *captiones*, a cherché le sens de ce mot dans ces deux passages du *Brutus :* « Quanta esset in verbis captio, quum in ceteris rebus, tum in testamentis, si negligerentur voluntates. » (ch. 53.) — « Quam captivosum esset populo, quod scriptum esset negligi, et opinione quæri voluntates. » (chap. 52.) Il cite encore cet autre endroit des partitions oratoires : « Eamque sententiam quam significari posse dicet, nihil habere aut captionis aut vitii. »

Nous n'avons point songé à faire aucun changement au texte, et nous avons traduit *actiones* par *accusations*. En effet, l'abrogation injuste ou violente d'une loi romaine a donné lieu souvent

à de pareilles actions, ou accusations. Le dernier traducteur, qui paraît avoir pensé à peu près comme nous, traduit *se actiones videre* par *prévoir les suites de cette innovation.*

XLVI. Page 305. *La seconde partie.* — *Voyez* plus haut, ch. 44.

Non ipsa solum scripturæ causa. Le texte ici paraît altéré; *ipsa scriptura* suffisait pour le sens, au lieu de *ipsa scriptura causa*. Quoi qu'il en soit, le sens est fort clair, et il n'y aurait là qu'une question de style et d'élégance.

XLVII. Page 307. *Celui qui parle contre la lettre commencera par établir l'équité de sa cause.* Voyez *Rhétorique à Herennius*. liv. II, chap. 10.

Page 309. *Dans les ordres qu'on donne chez soi.* On ne s'entendra plus certainement dans les conversations familières, dans le plus simple entretien, si l'on veut soumettre les mots à ces ridicules épreuves. Enfin, nous ne pourrons plus commander dans nos maisons, si nos esclaves, avant de nous obéir, sont libres de s'attacher à la valeur rigoureuse des termes, et non pas au sens que leur donne l'usage. Voyez *Plaidoyer pour Cécina*, ch. 18.

XLVIII. Page 311. *Et comme j'ai dit qu'il était fort important pour celui qui défend la lettre.* — *Voyez* plus haut, ch. 46.

Au moyen de l'induction dont je parlais plus bas. — *Voyez* le ch. 50.

XLIX. Page 311. *Il y a discussion sur des lois contradictoires.* Voyez *Rhétorique à Herennius*, liv. II, ch. 10; QUINTILIEN, de *l'Institut. orat.*, liv. VII, ch. 7, *de l'Antinomie*, et les notes sur le chap. 40 de ce second livre.

La même récompense que les vainqueurs d'Olympie. Ce n'était pas seulement une couronne d'olivier qu'on décernait aux vainqueurs des jeux Olympiques, mais encore une statue, comme les historiens le rapportent à propos d'Harmodius et d'Aristogiton, et comme Pline l'Ancien paraît l'indiquer.

Page 315. *Il faut d'abord comparer ces lois.* Le point de droit sur lequel reposent ces lois, est ou reconnu de part et d'autre, ou controversé. S'il est reconnu, il ne reste guère qu'à examiner « laquelle des deux lois est la plus importante ; si elle intéresse

les dieux ou les hommes, l'état ou les particuliers ; si elle honore ou si elle punit ; si la matière en est grave ou légère ; si enfin elle a pour objet ou de permettre, ou de défendre, ou d'enjoindre. » On discute aussi *laquelle est la plus ancienne ;* mais surtout, et c'est le point capital, *laquelle recevra moins d'atteinte.* (QUINTILIEN, liv. VII, ch. 7.)

L. Page 317. *On a une question d'analogie quand, de ce qui est écrit quelque part, on cherche à déduire ce qui n'est point écrit.* C'est ce que Quintilien appelle *état de syllogisme* ou de *raisonnement.* — *Voyez* liv. VII, ch. 8.

L'état de syllogisme a quelque analogie avec celui qui se fonde sur la lettre de la loi et sur l'intention, parce que toujours l'une des deux parties s'attache à sa lettre, avec cette différence que là on parle contre les termes de la loi, et qu'ici on en étend le sens ; que là celui qui défend les termes veut qu'on les observe à la rigueur, et qu'ici tout ce qu'on demande, c'est qu'il ne soit pas fait autre chose que ce qui est écrit. Cet état a aussi une certaine affinité avec l'état de définition ; car si la définition est insuffisante, elle se résout en syllogisme.

Voyez les exemples qu'ajoute ici Quintilien à l'endroit cité plus haut.

Un homme est condamné comme parricide. — *Voyez* le même exemple cité *Rhétorique à Herennius,* liv. I, ch. 14. L'auteur nomme le parricide, le premier qui fut condamné à Rome, l'an 653 de sa fondation : il s'appelait Malleolus, et avait tué sa mère. Quintilien donne pour exemple de l'état de syllogisme, ou d'analogie, cette question : « La loi condamne à être cousu dans un sac l'homme qui a tué son père ; que faire à un fils qui a tué sa mère ? » Le supplice était le même, comme on le voit par la description qu'en fait l'auteur de la *Rhétorique à Herennius.* De même, chez nous, le meurtre de la mère est exprimé par le mot parricide.

Pages 317-319. *On charge ses pieds d'entraves.* Voyez *Rhétorique à Herennius,* liv. I, ch. 13. Le texte porte : *Ligneæ soleæ in pedes inductæ sunt.* Littéralement, on lui mit aux pieds des sandales de bois.

On lui couvre le visage d'un sac de cuir. L'auteur de la *Rhé-*

torique à Herennius, dit, à l'endroit déjà cité, que c'est avec une peau de loup qu'on lui couvre le visage, *folliculo lupino.*

LI. Page 323. *La loi porte que ceux qui, dans une tempête, etc.* — *Voyez* un exemple à peu près semblable, *Rhétorique à Herennius*, liv. I, ch. 11, où l'auteur le rapporte à propos des questions qui s'élèvent sur la lettre et sur l'intention.

Page 325. *Au genre délibératif, Aristote assigne pour but l'utilité, à laquelle je crois qu'il faut ajouter aussi l'honnêteté.* Je m'étonne, dit Quintilien, que quelques écrivains aient réduit à la seule utilité le genre délibératif : s'il fallait renfermer ce genre dans un seul objet, je préfèrerais penser, avec Cicéron, que la dignité est éminemment son partage. Au surplus, je ne doute pas que ceux qui sont de ce premier avis n'aient entendu, suivant la plus noble définition, qu'il n'y a d'utile que ce qui est honnête, et cela serait en effet très-vrai si l'on n'avait affaire qu'à des sages ; mais comme très-souvent on est dans le cas d'exprimer son opinion devant des ignorans, et surtout devant le peuple, dont la masse est généralement grossière, il faut bien faire des distinctions, et descendre à la portée des intelligences les plus communes. Que de gens n'estiment pas assez utile ce qui, d'ailleurs, leur paraît louable, et combien, séduits par l'apparence de quelque utilité, approuvent ce qu'ils savent être honteux ! témoin le traité de Numance et celui des Fourches-Caudines.

Aristote pensait que le genre démonstratif, et après lui le genre judiciaire, étaient les seuls propres à faire briller l'orateur : l'un, parce que son but unique est de produire de l'effet ; l'autre, parce que l'art y est nécessaire, fût-ce pour tromper, si l'intérêt de la cause l'exige ; tandis que les délibérations ne demandent que de la bonne-foi et de la sagesse. Cette opinion nous paraît peu fondée ; les *Philippiques* de Démosthène, qui appartiennent au genre délibératif, ne sont en rien inférieures à ses plaidoyers, et l'éloquence de Cicéron n'est pas moins admirable dans ses avis au sénat et dans ses harangues au Forum, que dans ses accusations et ses défenses devant les tribunaux.

Au démonstratif, l'honnêteté. Aristote, et à son exemple Théophraste, ont en quelque sorte isolé ce genre de la partie active et politique, et l'ont borné au seul plaisir des auditeurs ; c'est en

effet à quoi semble le restreindre son nom, qui n'exprime guère qu'une idée d'ostentation. Mais, chez les Romains, l'usage l'introduisit dans les affaires publiques; car souvent le simple devoir d'une charge, ou un sénatus-consulte confiait à des magistrats le soin de prononcer des éloges funèbres, etc. *Voyez* Quintilien, liv. III, ch. 7.

Le genre démonstratif des anciens est plus souvent appelé, chez nous, genre académique ou d'apparat.

LII. Page 325. *Les choses que l'honneur doit rechercher se divisent en trois genres.* — *Voyez*, sur ce passage, *Rhétorique à Herennius*, liv. III, ch. 2, et Quintilien, liv. III, ch. 6. — Cette classification nous paraît plus subtile que vraie, et Cicéron lui-même, dans un autre ouvrage, nous fournit des armes pour le combattre. « C'est renverser les bases posées par la nature même, dit-il au liv. III, ch. 28, *des Devoirs*, que de séparer l'utile de l'honnête; car nous sommes transportés, entraînés vers l'utile, et il n'est point en notre pouvoir de résister à ce penchant. Quel est celui qui rejette ce qui lui est utile, ou plutôt quel est celui qui ne le désire avec le plus d'ardeur? Mais, comme nous ne pouvons le trouver que dans ce qui est beau, glorieux et honnête, nous regardons l'honneur, la gloire et l'honnêteté, comme les premiers et les plus grands biens, et le nom d'utile nous paraît alors non-seulement honorable, mais encore nécessaire. »

Page 327. *La nécessité et l'affection.* Le texte porte *affectio*, littéralement la manière d'être affecté, ce qui serait trop long. Le dernier traducteur a rendu ce mot par *circonstances*; c'est bien l'idée au fond; mais comme ce terme a déjà été employé plus haut dans un sens différent, nous avons mieux aimé hasarder le mot affection, peu clair par lui-même, mais suffisamment expliqué à la fin du chap. 58.

LIII. Page 329. *Elle offre quatre parties.* Voyez *Partit. orat.*, c. 22, et *de Offic.*, lib. I, c. 5. Il y a quatre sources de l'honnête; toute honnêteté dérive de l'une d'elles, etc. *Voyez* aussi *de Finibus*, lib. I, c. 13 sqq., et liv. V, ch. 23, où se retrouvent exactement les mêmes définitions.

Page 329. *La prudence, la justice, la force, la tempérance.* Voyez *de Finibus*, lib. 1, c. 15 et 16.

Ou indifférent. Le texte porte *neutrarum*, qui n'est ni l'un ni l'autre, ni bien ni mal, c'est-à-dire indifférent.

Le droit naturel comprend ces notions. — *Voyez* plus haut, ch. 22. *La vengeance.* Nous ne pensons pas qu'il faille prendre ce mot dans l'étendue de la signification ordinaire. C'est plutôt le soin de la conservation que l'auteur met ici parmi les principes du droit naturel. Cependant il ne faut pas se laisser aveugler par les sympathies chrétiennes; la morale des païens ne condamnait pas la vengeance, et nous la voyons figurer ici comme un droit, peut-être même comme un devoir, dont le corrélatif est la reconnaissance.

LIV. Page 331. *La force est ce courage raisonné.* Voyez *Rhétorique à Herennius*, lib. III, ch. 2; *Tusculanes*, lib. v, ch. 14; *de Offic.*, liv. 1, c. 5 et 19; *de Finib.*, liv. v, c. 23, et ARIST., *Rhétor.*, liv. 1, ch. 9.

Page 333. *La modération consiste dans une morale douce et pure.* Le dernier traducteur nous semble avoir mal rendu ces expressions, *pudor honestus*. Il ne s'agit point de la pudeur proprement dite, mais de cette modération, de cette réserve, que son contraire *impudentia* fait mieux comprendre. Voyez dans les *Tusculanes*, liv. III, chap. 8, ce que Cicéron entendait par les mots *temperantia, moderatio, modestia,* qu'il traduisait en grec par le mot σωφροσύνη, pour les résumer dans un terme qui exprimât toute son idée. *Voyez* aussi *de Offic.*, lib. 1, cap. XL, où le mot *verecundia* se trouve employé dans le même sens : *Harum virtutum quæ pertinent ad verecundiam et ad eorum approbationem quibuscum vivimus.*

LV. Page 335. *Et l'on ne doit point m'en faire un reproche.* En effet, le *Traité de l'Amitié*, que Cicéron promet ici, mais qu'il ne composa que long-temps après, répond victorieusement au reproche qu'on pourrait lui faire, de ne considérer ce premier bien de l'homme que d'un point de vue inférieur et étroit; le sentiment délicat qui le porte à s'en défendre, quoique la matière même qu'il traite puisse en quelque sorte lui servir d'excuse, montre bien

tout ce que ce grand homme concevait de pureté, de grandeur, de noblesse, de désintéressement dans l'amitié.

LVI. Page 337. *Quant à l'utilité, il faut la considérer en nous-mêmes ou dans les choses extérieures.* Voyez *Partit. orat.*, chap. XXII. Nous ne sommes pas d'accord avec le dernier traducteur, qui croit que, par utilité extérieure, il s'agit de choses *qui ne nous concernent pas directement*. Cicéron distingue trois sortes d'avantages, ceux du corps, ceux de l'âme, exprimés ici par *in corpore posita*, renfermés dans la personne, et ceux placés en dehors de la personne. *Voyez* ARISTOTE, *Rhétorique*, liv. I, chap. 5, où cette division est parfaitement expliquée par des exemples qui, d'ailleurs, se trouvent répétés par Cicéron lui-même. *Voyez* plus bas, chap. LIX.

LVII. Page 339. *Il est nécessaire que Casilinum.* Sur le siège de Casilinum, ville de Campanie assiégée par Annibal, dans la seconde guerre punique, *voyez* TITE-LIVE, liv. XXII, ch. 15; et liv. XXIII, ch. 17.

Cette distinction des cas de nécessité. On distingue, dans le langage philosophique, deux sortes de nécessités : l'une simple et absolue, comme Cicéron l'appelle ici, l'autre conditionnelle, et purement relative, qui est la nécessité hypothétique des philosophes. Les exemples que donne ici notre auteur expliquent suffisamment cette différence.

LVIII. Page 345. *Dans le même dessein que l'a fait Ulysse..* Le motif qui porta Ulysse à passer à l'ennemi est suffisamment connu, c'était pour le trahir.

Avec la même pensée qu'Aristippe. On rapporte qu'Aristippe, s'étant aperçu un jour que le vaisseau sur lequel il était monté appartenait à des pirates, fit semblant de laisser tomber son argent dans la mer, disant qu'il valait mieux perdre son argent, que d'être perdu par lui. Le trait de ce philosophe qui jeta son argent à la mer, pour crier : *Je suis libre!* est aussi attribué à Aristippe, et se rapporterait aussi bien à ce que dit ici notre auteur. Aristippe, contemporain de Platon, et chef de la secte cyrénaïque ou cyrénéenne, était né à Cyrène, ville d'Afrique.

LIX. Page 345. *Dont j'ai parlé plus haut.* — *Voyez* chap. 36.

Page 345. *A l'âme appartient la vertu dont j'ai parlé tout-à-l'heure.* — *Voyez* chap. 53.

Mais dans le blâme ou dans l'éloge, il faudra moins s'attacher aux choses mêmes, corporelles ou extérieures, qu'à la manière dont la personne en a usé. La louange se tire des qualités de l'âme et du corps et des avantages purement extérieurs; mais comme les dons corporels et ceux que nous tenons du hasard sont de moindre valeur, il ne faut pas les envisager d'une manière absolue, etc. Quintil., liv. II, chap. 7, *du Genre démonstratif.*

En général, tous les biens qui ne dépendent pas de nous, dit le même auteur, et qui nous sont départis par le sort, ne sont pas un sujet d'éloge, par cela seul qu'on en a été favorisé, mais par l'usage honorable qu'on en a su faire; car les richesses, le pouvoir et la faveur, étant un puissant véhicule pour le bien comme pour le mal, sont pour nous la plus sûre des épreuves, et font de nous des hommes plus vertueux ou plus coupables.

Corporelles ou extérieures. Pour expliquer ceci, nous dirons que, par *corporelles*, nous n'avons pas entendu exprimer seulement les qualités physiques, mais les qualités physiques et morales tout ensemble, *quæ in corpore habueritis*, etc. Peut-être le mot *personnelles* eût-il mieux rendu l'idée.

Page 347. *Je renvoie aux (livres) suivans ce qui me reste à exposer.* Ces livres n'existent pas, soit qu'ils aient été perdus, soit que l'auteur, détourné par d'autres soins, ne les ait pas écrits. Ce qu'il y a de certain, c'est que les anciens n'ont jamais cité que deux livres de l'*Invention*. Si l'on admet que cet ouvrage est la refonte ou la seconde édition du précédent, la *Rhétorique à Herennius*, on peut croire que, désespérant de mieux faire, il laissa, comme il les avait composés d'abord, les deux derniers livres, qu'on regarde effectivement comme bien supérieurs aux premiers.

FIN DU DEUXIÈME VOLUME.

www.ingramcontent.com/pod-product-compliance
Lightning Source LLC
Chambersburg PA
CBHW052033230426
43671CB00011B/1636